KOI
manual básico de japonés

Yoko Nakazawa

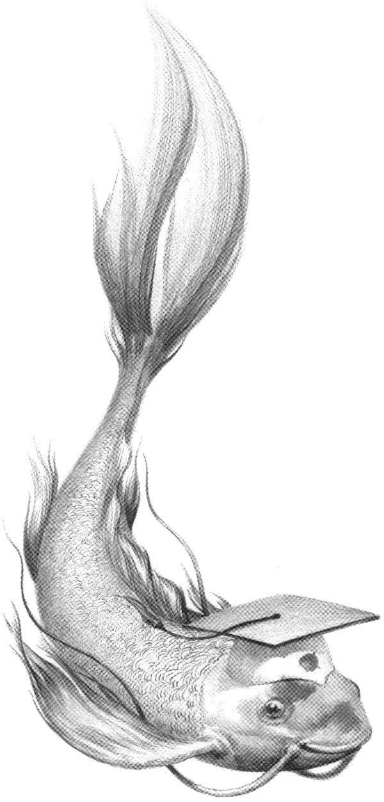

SATORI

Prólogo

Presentamos en esta ocasión la reedición del libro *Manual básico de japonés* de la profesora Yoko Nakazawa. Como es sabido, la profesora Nakazawa lleva largos años viviendo en Madrid y enseñando japonés a numerosos alumnos, muchos de los cuales destacan aplicando este idioma a diversas actividades profesionales.

La profesora Nakazawa ya ha publicado varios libros en castellano para la enseñanza del japonés. Entre éstos, la primera edición del *Manual de Japonés Básico* apareció como uno de los escasos libros adecuados para enseñar gramática japonesa a hispanohablantes, y ha sido utilizado por muchos y diversos estudiantes. En esta nueva versión se mantiene el concepto básico del libro, aunque se ha ampliado y mejorado su organización en capítulos, así como su contenido.

Además, como es común en los libros de esta autora, la temática es fresca e interesante, no sólo en cuanto a sus aspectos gramaticales, sino también con respecto a la cultura y actualidad de Japón. Los lectores tenéis la oportunidad de nuevos descubrimientos en cada página que abráis. Así queda asegurado por la larga carrera de esta profesora y por la profundidad y extensión de sus conocimientos (ha trabajado también como traductora y guía turística en Japón y en España).

Deseo recomendar esta nueva edición, con la certeza de que será de utilidad tanto para estudiantes de japonés en España como para diversas personas e instituciones dedicadas a la enseñanza de la lengua japonesa.

Shuji Taniguchi
Profesor de japonés de la Academia Torval'l
Antiguo profesor titular de la
Universidad Nacional de Oita

Agradecimientos

Cuando se publicó por vez primera este libro de Gramática Japonesa, las personas interesadas en aprender este idioma, en su mayoría eran estudiantes universitarios y jóvenes amantes del manga y anime.

Con el transcurso del tiempo, el perfil de los estudiantes ha ido cambiando, creciendo el interés por conocer no sólo el idioma, sino también la cultura y la manera de pensar de los japoneses. Se nota que, en los últimos años, los españoles tienen más interés por la cultura, el idioma, la gastronomía y todo lo relacionado con Japón.

Por esto, desde hace tiempo, quería publicar una nueva versión revisada y actualizada, que ayude tanto a los que comienzan a aprender el idioma, como a quienes desean reforzar sus conocimientos o prepararse para el nuevo examen Nihongo Noryoku Shiken, que ahora tiene más niveles, por lo cual el libro necesitaba una actualización.

Deseo expresar mi agradecimiento, de nuevo, a David López, que diseñó los dibujos de Hiragana y Katakana que facilitan memorizar y con ello pasar la primera fase sin dificultad. También agradezco a Víctor Luís del Río, Alexis Bartolomé Martín y Adrián Jiménez por su minuciosa corrección e incansable trabajo, y muy especialmente a Elsa Fernández por su gran ayuda.

Gracias también al profesor Shuji Taniguchi por sus valiosos consejos para mejorar esta nueva edición y a Pilar Arjona por la última revisión del texto.

Y, cómo no, gracias a la Editorial Satori, por darme la posibilidad de realizar de nuevo este proyecto.

Espero que a las personas que utilicen este libro les sirva para aprender de manera más fácil y divertida el idioma japonés.

Abril 2014

Yoko Nakazawa

Índice

Lista de abreviaturas		Lista de símbolos
Adj.(い) = adjetivo de forma *i* Adj.(な) = adjetivo de forma *na* Adv. = adverbio Af. = afirmativo C = complemento CD = complemento directo CI = complemento indirecto Ej.: = ejemplo Inf. = infinitivo	Lit. = literalmente Neg. = negativo Pág. = página Suj. = sujeto Suj. Ag. = sujeto agente Suj. P. = sujeto paciente Sust. = sustantivo V. = verbo V. Inf. = verbo en infinitivo V. Neg. = verbo en forma negativa	→ = véase Nota: = nota * = atención Ojo: = cuidado

Capítulo
1

Iniciación a la lengua japonesa

Unidad 1

Notas básicas

1.1 Respiración

La gran mayoría de los idiomas, en especial los europeos, se apoyan mucho en el diafragma, con lo que la pronunciación suena más abdominal, profunda. En cambio, la pronunciación en japonés resuena en la garganta y es más suave que en los idiomas europeos.

1.2 Acentuación

En japonés no existen los acentos ortográficos. La acentuación consiste en un cambio de tono y no de intensidad. Sin embargo, hay palabras con acento parecido. En estos casos es preciso recurrir al contexto o a la diferencia de los **Kanjis** utilizados.

ACENTO DESCENDENTE				ACENTO ASCENDENTE			
hiragana	kanji	acento	significado	hiragana	kanji	acento	significado
はし	箸	**ha** shi	palillos	はし	橋	ha **shi**	puente
かみ	神	**ka** mi	dios	かみ	紙	ka **mi**	papel
ふく	吹く	**fu** ku	soplar	ふく	拭く	fu **ku**	limpiar

Existe un gran número de homófonos. Ello se debe a que cuando los **Kanjis** fueron introducidos desde China, los japoneses los utilizaron como letras ideográficas; tomaron principalmente su significado, más que su sonido. Esto explica que haya muchas palabras del mismo sonido con diferentes significados y diferentes **Kanjis**.

1.3 Artículos

El japonés carece de artículos.

1.4 Adjetivos

Los adjetivos en japonés no concuerdan en género ni en número con el sustantivo al que califican. En cuanto al orden de las palabras en la frase, éstas siempre van delante del sustantivo al que califican.

Existen dos categorías de adjetivos:
• Adjetivos acabados en "**I**" [い]
• Adjetivos acabados en "**NA**" [な]

1.5 Sustantivos

El sustantivo en japonés carece de género y número.

1.6 Pronombres

La función que cumplen dentro de la oración está definida por la partícula que los acompaña.

A) Los pronombres personales más utilizados son:

singular						plural				
		Suj.	Posesivo	CI	CD		Suj.	Posesivo	CI	CD
1ª	わたし watashi ぼく boku yo					わたしたち watashitachi ぼくたち bokutachi ぼくら bokura nosotros				
2ª	あなた anata Vd. きみ kimi tú	は wa が ga	の no	に ni	を wo	あなたたち anatatachi Vds. きみたち kimitachi vosotros	は wa が ga	の no	に ni	を wo
3ª	かれ kare él かのじょ kanojo ella あのひと ano hito *あのかた ano kata aquella persona					かれら karera ellos かのじょたち kanojotachi ellas あのひとたち ano hito tachi *あのかたがた ano kata gata aquellas personas				

* (con respeto)

Nota 1: En primera persona se utilizan las palabras "boku" "bokutachi" "bokura". En segunda persona "kimi" y "kimitachi" generalmente se usa entre hombres del mismo nivel social y cuando se dirigen a otros niveles inferiores en situaciones de confianza.

Nota 2: あなた (anata): usted. Generalmente entre desconocidos. Si se conoce a la persona, se le llama por su nombre. En terrenos laborales o institucionales, se usa el cargo de cada uno.

Nota 3: さん (san), ちゃん (chan), くん (kun).

さん (san) es un sufijo de respeto que se añade a un apellido o nombre sin tener en cuenta sexo o estado civil. Puede ser Sr. Sra. Srta. También se emplea con cariño o familiaridad cuando llamamos al policía, おまわりさん (omawarisan), al pescadero さかなやさん (sakanayasan), al florista はなやさん (hanayasan), etc.

ちゃん (chan) se usa frecuentemente en nombres de niños y niñas, en vez de さん (san), es más cariñoso.

くん (kun) se utiliza para dirigirse a amigos y subordinados. Expresa más confianza que さん (san).

B) Los pronombres demostrativos son:

singular			plural		
これ	kore	éste, esto/a	これら	korera	éstos, éstas
それ	sore	ése, eso/a	それら	sorera	ésos, ésas
あれ	are	aquél, aquello/a	あれら	arera	aquéllos, aquéllas

1.7 Oraciones afirmativas, negativas e interrogativas

です se emplea para expresar juicio o afirmación al final de una oración atributiva de un adjetivo o sustantivo. Es similar a algunas funciones del verbo "ser" o "estar" en español. Asimismo, es una expresión de cortesía hacia el oyente.

afirmativo	です	desu
negativo	では/*じゃ ありません	dewa/ja arimasen

* じゃ se emplea en el lenguaje hablado.

わたしは スペインじんです。Watashiwa supeinjindesu. Soy español.

わたしは スペインじんではありません。(Neg.) Watashiwa supeinjin dewaarimasen. Yo no soy español.

No existen signos ortográficos de interrogación, solamente se añade か (ka) al final.

A: あなたは スペインじんですか。Anatawa supeinjindesuka. ¿Es usted español?

B: はい、そうです。Hai, soodesu. Sí, lo soy.

A: あのかたは どなたですか。Anokatawa donatadesuka. ¿Quién es aquella persona?

B: やまださん です。Yamadasan desu. Es el Sr. Yamada.

A: やまださんは かいしゃいんですか。Yamadasanwa kaishaindesuka. ¿El Sr. Yamada es empleado de la empresa?

B: いいえ、ぎんこういんです。Iie, ginkooindesu. No, es empleado del banco.

1.8 Verbos

En japonés sólo existen dos tiempos verbales: presente y pasado. La conjugación verbal japonesa carece de futuro propiamente dicho. Para dar idea de futuro se recurre al contexto o al uso de adverbios u otras partículas temporales.

	presente / futuro		pasado	
	Af.	Neg.	Af.	Neg.
comer	たべます tabe**masu** como	たべません tabe**masen** no como	たべました tabe**mashita** comí he comido	たべませんでした tabe**masendeshita** no comí no he comido
entender	わかります wakari**masu** entiendo	わかりません wakari**masen** no entiendo	わかりました wakari**mashita** entendí he entendido	わかりませんでした wakari**masendeshita** no entendí no he entendido

La negación no se expresa mediante un adverbio, sino que va incluida en la propia desinencia verbal.

わかりますか 。	Wakarimasuka	¿Entiende?
はい、わかります。	Hai, wakarimasu.	Sí, entiendo.
いいえ、わかりません。	Iie, wakarimasen.	No, no entiendo.

まいあさ	7じに おきます。	Maiasa shichijini oki**masu**.	**Todas las mañanas** me levanto a las 7.
あした	7じに おきます。	Ashita shichijini oki**masu**.	**Mañana** me levantaré a las 7.
けさ	7じに おきました。	Kesa shichijini oki**mashita**.	**Esta mañana** me he levantado a las 7.
きのう	7じに おきました。	Kinoo shichijini oki**mashita**.	**Ayer** me levanté a las 7.

El verbo japonés no tiene variaciones de persona, género ni número, y su forma gramatical no cambia. La partícula は (wa) indica que el sustantivo que precede es el tópico principal de la oración.

sujeto		partícula	verbo	
わたし あなた たなかさん わたしたち	Watashi Anata Tanakasan Watashitachi	は wa	**たべます。** **tabemasu**	Yo como. Usted come. El Sr. Tanaka come. Nosotros comemos. etc.

1.9 Omisión

En japonés es muy frecuente la omisión de términos en la frase. Se omite un sujeto o un objeto cuando se puede sobreentender el mismo por el contenido de la oración o cuando se quiere demostrar emoción o deseo.

A: やまださん、きましたか。	Yamadasan, kimashitaka.	¿Vino el Sr. Yamada?
B: はい、きました。	Hai, kimashita.	Sí, vino.

1.10 Oración básica

La oración básica se puede clasificar en tres tipos:

a) Explicativa: Sujeto は (wa)/ が (ga) sustantivo + です (desu).

わたしは がくせい です。	Watashiwa gakusei desu.	Yo soy estudiante.
これは おもしろい **ほんです。**	Korewa omoshiroi hondesu.	Éste es un libro interesante.

b) Descriptiva: Sujeto は (wa)/ が (ga) adjetivo + です (desu).

この **へやは あかるいです。**	Kono heyawa akaruidesu.	Esta habitación es luminosa.
ちちは いつも **いそがしいです。**	Chichiwa itsumo isogashiidesu.	Mi padre siempre está ocupado.

c) De movimiento o acción: Sujeto は (wa)/ が (ga) + verbo.

さくらの **はなが さきました。**	Sakurano hanaga sakimashita.	Los cerezos han florecido.
わたしは あさ コーヒーを **のみます。**	Watashiwa asa koohiiwo nomimasu.	Yo por la mañana tomo café.

1.11 Orden de las palabras

A) Sujeto + objeto + verbo.
B) El japonés es una lengua aglutinante, es decir, los términos sintácticos se forman con sufijos y a veces prefijos que se añaden a la raíz de cada palabra.
C) El verbo es la parte más importante y siempre va al final de la oración.

わたし**は** ともだち**と** くるま**で** かまくら**へ** いきました。
Watashi**wa** tomodachi**to** kuruma**de** Kamakura**e** ikimashita.
Yo fui a Kamakura en coche con mi amigo.

Nota: Las partículas van ortográficamente unidas en forma de sufijos a la palabra que acompañan.

Análisis:				
	わたし**は**	watashi**wa**	Yo	
	ともだち**と**	tomodachi**to**	con mi amigo	いきました。
	くるま**で**	kuruma**de**	en coche	ikimashita.
	かまくら**へ**	kamakura**e**	a Kamakura	fui.

ふじさんは とても きれいな やま です。
Fujisanwa totemo kireina yamadesu. El Monte Fuji es una montaña muy bonita.

ふじさん (Monte Fuji) ·············· nombre
は (wa) ································ partícula
とても (muy) ························ adverbio
きれいな (bonito) ···················· adjetivo
やま (montaña) ······················ nombre
です (ser) ···························· verbo

cuándo	dónde	quién	a quién	qué	verbo
きのう kinoo	がっこう**で** gakkoo**de**	ともだち**が** tomodachi**ga**	わたし**に** watashi**ni**	ほん**を** hon**wo**	くれました kuremashita

きのう がっこう**で** ともだち**が** わたし**に** ほん**を** くれました。
Kinoo gakkoode tomodachiga watashini honwo kuremashita.
Ayer en la escuela mi amigo me dio un libro.

ともだち**が** きのう がっこう**で** わたし**に** ほん**を** くれました。
Tomodachiga kinoo gakkoode watashini honwo kuremashita.
Mi amigo ayer me dio un libro en la escuela.

Es posible variar el orden de las palabras sin que cambie el sentido de la frase. Sin embargo, el orden de la primera frase es más natural.

1.12 Tipos de lenguaje

El japonés cuenta con varios niveles posibles de lenguaje cuya selección viene determinada por la relación de respeto o confianza entre los hablantes o por el sexo de los mismos. Es importante conocer cuándo se debe emplear cada uno de ellos, ya que cada nivel posee conjugaciones verbales y expresiones diferentes para un único significado:

- Nivel coloquial o informal: Utilizado entre hablantes que mantienen una relación de confianza o igualdad.
- Nivel cortés o formal: Utilizado por hablantes entre los que existe una situación de respeto o de jerarquía.
- Cortés (honorífico)
- Forma femenina o masculina del lenguaje: Constituida por una serie de términos que son utilizados exclusivamente por la mujer o por el hombre.

1.13 Repetición de kanji

En los sustantivos dobles, para no repetir el mismo kanji se usa 々 (じ ょ う ご **joogo).** Aporta el significado de "muchos" o "varios" .

時々 tokidoki	A veces	人々 hitobito	Mucha gente
国々 kuniguni	Muchos países	木々 kigi	Muchos árboles

1.14 Diminutivos y aumentativos

A diferencia del español, que utiliza sufijos (como -ita/-ito y -ón/-ona), en japonés se añaden prefijos, como los aumentativos おお **(oo-)** y だい **(dai-)** y los diminutivos こ **(ko-)** y しょう **(shoo-).**

Diminutivos		**Aumentativos**	
ことり **ko**tori	pajarito	おおごえ **oo**goe	vozarrón
こいし **ko**ishi	piedrecita	おおあめ **oo**ame	chaparrón
しょうがくせい **shoo**gakusei	estudiante de primaria	だいぶつ **dai**butsu	gran estatua de Buda
しょうねん **shoo**nen	chico, muchacho	だいがく **dai**gaku	universidad
しょうじょ **shoo**jo	chica, muchacha	だいとうりょう **dai**tooryoo	presidente

Unidad 2 Silabarios

Generalmente, la escritura japonesa discurre de arriba abajo, y de derecha a izquierda, como se puede comprobar en las novelas, revistas, periódicos, etc. Sin embargo, los documentos y los libros de carácter científico o social suelen ir escritos al modo occidental.

De la combinación de vocales y consonantes surgen tres clases distintas de sonidos en japonés.

2.1 せいおん sei-on　Sonidos puros

Se consideran como las 46 sílabas que componen el silabario japonés.

	わ・ぎょう	ら・ぎょう	や・ぎょう	ま・ぎょう	は・ぎょう	な・ぎょう	た・ぎょう	さ・ぎょう	か・ぎょう	あ・ぎょう	
	wa-gyoo	ra-gyoo	ya-gyoo	ma-gyoo	ha-gyoo	na-gyoo	ta-gyoo	sa-gyoo	ka-gyoo	a-gyoo	
ん	わ	ら	や	ま	は	な	た	さ	か	あ	あ・だん
n	wa	ra	ya	ma	ha	na	ta	sa	ka	a	a-dan
		り		み	ひ	に	ち	し	き	い	い・だん
		ri		mi	hi	ni	chi	shi	ki	i	i-dan
		る	ゆ	む	ふ	ぬ	つ	す	く	う	う・だん
		ru	yu	mu	fu	nu	tsu	su	ku	u	u-dan
		れ		め	へ	ね	て	せ	け	え	え・だん
		re		me	he	ne	te	se	ke	e	e-dan
	を	ろ	よ	も	ほ	の	と	そ	こ	お	お・だん
	wo	ro	yo	mo	ho	no	to	so	ko	o	o-dan

La tabla empieza por la あ y sigue el orden "alfabético" japonés, que es: A–Ka–Sa–Ta–Na–Ha–Ma–Ya–Ra–Wa. Los caracteres se leen de arriba abajo y de derecha a izquierda.

あぎょう (a- gyoo): La columna de la あ (a). Los nombres de cada columna provienen de la sílaba que aparece en primer lugar. Por ejemplo, el grupo de あ, い, う, え, お (a, i, u, e, o) se llama あぎょう (a-gyoo).

あだん (a-dan): La fila de la あ (a). El grupo de あ, か, さ, た, な, は, ま, や, ら, わ (a, ka, sa, ta, na, ha, ma, ya, ra, wa) se llama あだん (a-dan).

2.2 だくおん daku-on　Sonidos impuros

Ortográficamente se representan mediante dos comillas o un pequeño círculo junto a la sílaba en el lado superior derecho.
Los sonidos **pa, pi, pu, pe, po** se llaman **はんだくおん handaku-on**, y no suenan tan impuros, por lo que constituyen una excepción.

ぱ	ば	だ	ざ	が
pa	ba	da	za	ga
ぴ	び	ぢ	じ	ぎ
pi	bi	ji	ji	gi
ぷ	ぶ	づ	ず	ぐ
pu	bu	zu	zu	gu
ぺ	べ	で	ぜ	げ
pe	be	de	ze	ge
ぽ	ぼ	ど	ぞ	ご
po	bo	do	zo	go

2.3 ようおん yoo-on　Sonidos diptongales

Resultan de la combinación de un sonido consonántico de la fila い・だん con una de las sílabas や, ゆ, よ (casillas resaltadas de la tabla anterior). Ortográficamente se distinguen por escribirse la segunda con un tamaño menor y al pie de la sílaba a la que acompaña.
Se pronuncian como una sola sílaba. Por ejemplo, きゅ, しょ y にゃ no se pronuncian “ki-yu” , “shi-yo” ni “ni-ya”, sino “kyu”, “sho” y “nya” (como en “niña”).

りゃ
rya
りゅ
ryu
りょ
ryo

みゃ	ひゃ	にゃ	ちゃ	しゃ	きゃ
mya	hya	nya	cha	sha	kya
みゅ	ひゅ	にゅ	ちゅ	しゅ	きゅ
myu	hyu	nyu	chu	shu	kyu
みょ	ひょ	にょ	ちょ	しょ	きょ
myo	hyo	nyo	cho	sho	kyo

ぴゃ	びゃ
pya	bya
ぴゅ	びゅ
pyu	byu
ぴょ	びょ
pyo	byo

じゃ	ぎゃ
ja	gya
じゅ	ぎゅ
ju	gyu
じょ	ぎょ
jo	gyo

Sonidos puros	かさ kasa	paraguas	いぬ inu	perro
Sonidos impuros	かべ kabe	pared	ぼうし booshi	sombrero
Sonidos diptongales	じしょ jisho	diccionario	りょこう ryokoo	viaje

Unidad

3 はつおん hatsuon Pronunciación

3.1 母音　ぼいん boin　Las vocales

母音	a, e, o	⟶	casi igual que en español
(boin)	i, u	⟶	más suave que en español

Vocales largas y cortas:
Las cinco vocales japonesas pueden ser largas, en cuyo caso, hay que prolongar el sonido como si fuera una vocal doble.

corta			larga		
おばさん	obasan	tía	おばあさん	obaasan	abuela
いえ	ie	casa	いいえ	iie	no
ゆき	yuki	nieve	ゆうき	yuuki	valor
え	e	cuadro	ええ	ee	sí
おい	oi	sobrino	おおい	ooi	muchos

3.2 子音　しいん shi in　La consonante

3.2.1 Pronunciación de “ ん ” n

La ん (**n**) es consonante pero debido a su pronunciación equivale a una sílaba corta cuando va al final de la palabra o precede a otra consonante. Su pronunciación cambia por influencia del sonido que la sigue, pero esto no produce alteración en el significado de la palabra.

Se pronuncia [n] antes de **t, d, n**: La lengua se coloca en el paladar.
あんてい **ant**ei　estabilidad　　うんどう u**nd**oo　ejercicio　　おんな o**nn**a　mujer

Se pronuncia [m] antes de **p, b, m**: los labios se juntan.
さんぽ sa**np**o　paseo　　しんぶん shi**nb**un　periódico　　ぶんめい bu**nm**ei　civilización

Se pronuncia [ng] antes de **g, k**: los labios se abren.
ぶんがく bu**ng**aku　literatura　　さんかい sa**nk**ai　tres veces

3.2.2 Pronunciación de g, h, j, r, y y z .

g　Cuando la “g” está al principio de la palabra, se pronuncia como suena. Sin embargo, entre otras letras se pronuncia nasalizada, como si tuviera una –n débil delante.

がくせい	**ga**kusei	estudiante	でぐち	de**gu**chi	salida
ぐんかん	**gu**nkan	barco de guerra	はんが	han**ga**	estampa
ぎんこう	**gi**nkoo	banco	ありがとう	ari**ga**too	gracias

h Se pronuncia como una “j” aspirada suave. Pero **hu** se pronuncia como una “f” muy suave.

はい **h**ai sí　　ふうとう **fu**utoo sobre

j Nunca se pronuncia con la garganta. Equivale a una “y” consonántica española pronunciada un poco más fuerte de lo normal.

ジャム **j**amu mermelada　　じしん **j**ishin terremoto

r La “r” no se pronuncia tan fuerte como la “rr” del español. Es más parecida a la “r” en las palabras “cara” y “careta”. En japonés no existe la “l” ni la “rr”, ambas se sustituyen por “r”.

ラジオ **r**ajio radio　　リサイクル **r**isaikuru reciclaje

y **ya, yu, yo** se leen más bien como **ia, iu, io** pronunciando rápidamente.

やま **y**ama montaña　　ゆうがた **y**uugata tarde

z Como una “z” suave y vibrante, equivale al grupo **ds**. Los sonidos en castellano **za ce ci zo zu** no existen en japonés.

ざっし **z**asshi revista　　みず **miz**u agua

✱ 3.2.3 Doble consonante そくおん sokuon

Se trata de una ausencia momentánea de sonido, pero con la duración completa de una sílaba. Ortográficamente, se representa mediante una letra つ **(tsu)** pequeña al pie de la primera sílaba.

oto おと sonido o / to 2 sílabas	o**t**to おっと marido o / t - to 3 sílabas
しています shiteimasu estar haciendo shi / te - i - ma \ su 5 sílabas	しっています shi**t**teimasu saber conocer shi / t - te - i - ma \ su 6 sílabas

✱ 3.2.4 Consonante + ya, yu, yo o sh, ch + vocal (yoo-on)

k	+ ya, yu, yo	きゃ、きゅ、きょ	(kya, kyu, kyo)
g		ぎゃ、ぎゅ、ぎょ	(gya, gyu, gyo)
p		ぴゃ、ぴゅ、ぴょ	(pya, pyu, pyo)

sha, shu, sho しゃ、しゅ、しょ　　cha, chu, cho ちゃ、ちゅ、ちょ

ishiya いしや cantero i / shi - ya 3 sílabas	**isha** いしゃ médico i / sha 2 sílabas
biyooin びよういん peluquería bi / yo \ o - i - n 5 sílabas	**byo**oin びょういん hospital byo / o - i - n 4 sílabas
✱ しゃ(sha), びょ(byo) tienen la misma intensidad y duración.	

3.3 Comparaciones de sonidos

3.3.1 sa, su, so さ、す、そ y za, zu, zo ざ、ず、ぞ

saru	さる	mono	**za**ru	ざる	cesta de bambú
sushi	すし	sushi	**zu**shi	ずし	capilleta budista
soogaku	そうがく	total	**zo**ogaku	ぞうがく	aumento

La "s" es sorda y la "z" es sonora. Se debe tener cuidado con la "z" japonesa, ya que es un sonido inexistente en español.

3.3.2 sha, shu, sho しゃ、しゅ、しょ y ja, ju, jo じゃ、じゅ、じょ

shashin	しゃしん	fotografía	**ja**shin	じゃしん	mala intención
ka**shu**	かしゅ	cantante	ka**ju**	かじゅ	árbol frutal
shoodan	しょうだん	negocio	**jo**odan	じょうだん	broma

3.3.3 ya, yu, yo や、ゆ、よ y ja, ju, jo じゃ、じゅ、じょ

yama	やま	montaña	**ja**ma	じゃま	estorbo
yushi	ゆし	aceite y grasa	**ju**shi	じゅし	resina
yoodan	ようだん	conversación	**jo**odan	じょうだん	broma

3.3.4 su す y tsu つ

Es difícil para los hispanohablantes distinguir entre estos sonidos, tendiendo a pronunciar **su** o **chu** en lugar de **tsu**.

i**su**	いす	silla	i**tsu**	いつ	cuándo
suki	すき	gustar	**tsu**ki	つき	luna
suzuki	すずき	lubina	**tsu**zuki	つづき	continuación

3.4 Pérdida de sonido de las vocales i y u

Cuando **i** o **u** van entre consonantes sordas, como **k, s, t, p** o **h**, dichas vocales no suenan, pero la duración de la sílaba se mantiene. En estos casos, hay que tener cuidado de no pronunciarlas, como se puede ver en los ejemplos.

ウィスキー wisuki → wiski
スペイン supein → spein

También ocurre con los verbos. La **u** y la **i** se pronuncia muy profundizada en las lenguas europeas, en japonés casi no suena.

ます (masu) se pronuncia **mas**
です (desu) se pronuncia **des**
でした (deshita) se pronuncia **deshta**

3.5 Sonorización de consonantes

Cuando dos palabras forman una palabra compuesta, la primera consonante de la segunda palabra se sonoriza (cambia de sonido puro a impuro).

めざまし + **と**けい = めざまし**ど**けい
mezamashi + **to**kei = mezamashi**do**kei
acto de despertarse + reloj = despertador

かいもの + **ふ**くろ = かいもの**ぶ**くろ
kaimono + **fu**kuro = kaimono**bu**kuro
compra + bolsa = bolsa de la compra

たび + **ひ**と = たび**び**と
tabi + **hi**to = tabi**bi**to
viaje + persona = viajero

ほん + **は**こ = ほん**ば**こ
hon + **ha**ko = hon**ba**ko
libro + caja = estantería

Las palabras de origen extranjero pueden formar palabras compuestas, la parte extranjera va en Katakana y la parte japonesa va en Hiragana.

は + ブラシ = はブラシ
ha + burashi = haburashi
diente + cepillo = cepillo de dientes

けし + ゴム = けしゴム
keshi + gomu = keshigomu
borrar + goma = goma de borrar

うちゅう + ステーション = うちゅうステーション
uchuu + suteeshon = uchuusuteeshon
espacial + estación = estación espacial

くだもの + ナイフ = くだものナイフ
kudamono + naifu = kudamononaifu
fruta + cuchillo = cuchillo para frutas

Unidad

4 文字 moji Escritura

En japonés, se utilizan tres formas de escribir.

4.1 ひらがな Hiragana

El silabario Hiragana comprende 46 signos en total. Cada signo representa una sílaba. Se utilizan en combinación con los Kanjis.

4.2 カタカナ Katakana

El silabario katakana consta de 46 signos. Se usa para escribir palabras tomadas de un idioma extranjero, (excepto el chino), lugares, nombres propios, onomatopeyas, sonidos miméticos y, a veces, con nombres de insectos, animales, plantas, etc. Hoy en día, debido a la gran influencia extranjera, la cultura japonesa está inundada de katakana (Japanglish).

Portugués	カステラ	kasutera	bizcocho	パン	pan	pan
Holandés	コーヒー	koohii	café	ビール	biiru	cerveza
Francés	アトリエ	atorie	taller, estudio	コンクール	konkuuru	concurso
Alemán	アルバイト	arubaito	trabajo por horas	ガーゼ	gaaze	gasa
Inglés	ストレス	sutoresu	estrés	トラブル	toraburu	problema
Español	フラメンコ	furamenko	flamenco	パエリャ	paerya	paella

おとうとが　すきなスポーツは　サッカー、アイススケート、スキーです。

Otootoga sukinasupootsuwa sakkaa, aisusukeeto, sukii desu.
Los deportes que le gustan a mi hermano son el fútbol, el hockey sobre hielo y el esquí.

わかいひとが　すきなたべものは　ハンバーガー、ビーフステーキです。

Wakaihitoga sukinatabemonowa hanbaagaa, biifusuteeki desu.
Los platos preferidos de la gente joven son hamburguesas y bistec.

Es muy común en katakana ver palabras que acaban en ～ック. Suelen representar palabras inglesas que acaban en "-ck" o "-ic", por ejemplo: キック kikku patada, パニック panikku pánico, スナック sunakku snack, etc.

Las vocales largas se escriben con el símbolo "ー", como en コンピューター konpyuutaa ordenador, エネルギー enerugii energía, エレベーター erebeetaa ascensor, ギター guitaa guitarra.

Hay sonidos de idiomas extranjeros que no existen en el japonés (por ejemplo: fa, fe, fi, fo, di, ti, che, etc.) y hay que adaptarlos de la siguiente manera:

フェリッペ	ferippe	Felipe	フォークダンス	fookudansu	bailes folclóricos
パーティー	paatii	fiesta	ディズニーランド	dizuniirando	Disneylandia
チェック	chekku	chequeo			

4.3 漢字 Kanji

Son los signos ideográficos, en su mayoría de origen chino, que representan ideas u objetos. Los Kanjis de origen chino admiten una doble lectura:

音よみ	on-yomi:	Pronunciación china originaria. Para palabras compuestas.
	Ej.: 休日	kyuujitsu día de descanso
訓よみ	kun-yomi:	Se utiliza el Kanji para dar vida o grafía a un sonido japonés. Para palabras simples (como regla general).
	Ej.: 休**む**	yasu**mu** descansar

Okurigana: La raíz de los verbos y adjetivos en japonés es la parte que nunca varía y se escribe con Kanji. La desinencia es la parte que sí varía y se escribe con hiragana, que en este caso se denomina okurigana. El okurigana se añade sólo a las lecturas kun-yomi de los kanji.

Verbos:	行く iku ir	食べる taberu comer	飛ぶ tobu volar
Adj:	白い shiroi blanco	安い yasui barato	明るい akarui claro, luminoso

En los adjetivos que acaban en 〜しい, es habitual que esto forme parte del okurigana.
美しい utsukushii hermoso　　楽しい tanoshii alegre　　新しい atarashii nuevo

Ojo: con el okurigana hay muchas excepciones, al aprender los kanji hay que memorizar la forma correcta.

Nota: El japonés y el chino.
En España se suele creer que el japonés y el chino son parecidos, pero en realidad son gramaticalmente muy diferentes, sólo se parecen en que ambos utilizan Kanji.
Por ejemplo, ありがとう arigatoo gracias, en chino es 謝謝 she she, y en japonés el kanji 謝 (sha) significa agradecimiento.
Por tanto si un japonés ve un texto escrito en chino, por los kanji puede entender en parte el significado del texto aunque no sepa leerlo, porque la pronunciación será diferente

4.4 Romaji: Caracteres romanos

Para transcribir el idioma japonés se utilizan las letras latinas. En este libro se utiliza el sistema de transcripción Hepburn. En Romaji hay una polémica acerca de la transcripción de algunas palabras japonesas, por ejemplo, Tokyo (Tokio) realmente se pronuncia Tookyoo al igual que sudoku, cuya pronunciación es suudoku.

KANJI	HIRAGANA	KATAKANA	ROMAJI
日本語	にほんご	ニホンゴ	nihongo

4.5 Escritura y pronunciación

は y へ son una excepción en el uso habitual del Hiragana porque tienen dos pronunciaciones posibles. Conservan su pronunciación habitual cuando son parte de una palabra, pero si funcionan como partículas gramaticales su pronunciación pasa a ser わ (wa) y え (e) respectivamente.

1. Cuando actúa como partícula, は se transcribe y se pronuncia **wa**.

わたし**は**	watashi**wa**	yo
こんにち**は**	konnichi**wa**	buenos días

2. Cuando actúa como partícula, へ se transcribe y se pronuncia **e**.

わたしは がっこう**へ** いきます。 Voy al colegio.
Watashiwa gakkou **e** ikimasu.

3. La partícula を, aunque siempre se transcribe **wo**, se pronuncia habitualmente **o**.

まいにち ミルク**を** のみます。 Bebo leche todos los días.
Mainichi miruku **wo** (**o**) nomimasu.

Ojo: **を** se pronuncia wo con las palabras que acaban en ん:
ほんを よみます。 Leo un libro.
Hon **wo** yomimasu.

Hay que tener cuidado con la pronunciación de estos dos casos especiales, que no coinciden con la escritura:

1. Las sílabas terminadas en sonido **-o** + la sílaba **う** se pronuncian **-oo**.

おと**う**さん	oto**o**san	padre	ぶど**う**	budo**o**	uva
そ**う**です。	so**o**desu	así es	おめでと**う**	omedeto**o**	felicidades

El sonido **-oo** habitualmente corresponde a **-o** + **う**, aunque hay algunas excepciones:

おおい	ooi	mucho	おおかみ	ookami	lobo	おおきい	ookii	grande
こおり	koori	hielo	とおか	tooka	día 10	とおい	tooi	lejos
とおり	toori	calle	とおる	tooru	pasar			

2. Las sílabas terminadas en sonido **-e** + sílaba **い** se transcriben **-ei** pero se pronuncian **-ee**.

せんせい	sensei (sensee)	profesor	とけい	tokei (tokee)	reloj
えいご	eigo (eego)	inglés	えいが	eiga(eega)	película

Hay que tener cuidado con estos caracteres:

じ、**ぢ** **ji**: Su pronunciación es idéntica pero conservan la diferencia ortográfica.

ず、**づ** **zu**: Igual que en el caso anterior se conserva la diferencia ortográfica pero no la fonética.

- Generalmente se usa más **じ** y **ず** que ぢ y づ.
  か**じ** kaji incendio　**じ**めん jimen tierra　ち**ず** chizu mapa　**ず**あん zuan diseño
- Se conservan ぢ y づ cuando son producto de sonorización de ち y つ.
  かた**づ**ける katazukeru　かた forma + つける poner = arreglar, ordenar
  はな**ぢ** hanaji　はな nariz + ち sangre = sangre de la nariz
- Después de ち o つ si es consonante sonora se escribirá ちぢ o つづ y se pronunciará ji o zu.
  つづく **tsuzu**ku continuar　**ちぢ**む **chiji**mu encogerse

Típico letrero de estación en las ciudades grandes:

ゆうらくちょう 有楽町 Yurakucho	←	**とうきょう** **東京** **Tokyo**	→	かんだ 神田 Kanda

Los caracteres que aparecen encima de los Kanjis se llaman ふりがな **furigana**, o también よみがな **yomigana**, y sirven para poder leerlos correctamente.

Ejemplos de Kanjis y su origen			
Significado	**Representa**	**Dibujo**	**Kanji**
Sol, día			日 hi
Luna			月 tsuki
Montaña			山 yama
Río			川 kawa
Persona	Una persona apoyándose en otra		人 hito
Campo	Separación en parcelas de cultivo		田 ta
Fuerza			力 chikara
Hombre	Fuerza + trabajar en el campo		男 otoko
Mujer	Mujer dando de mamar al niño		女 onna
Ama de casa	Mujer en casa	女＋家	嫁 yome
Suegra	Mujer vieja	女＋古	姑 shuutome
Ruidoso	Tres mujeres juntas	姦	姦しい kashimashii
Árbol			木 ki
Bosque	Varios árboles juntos	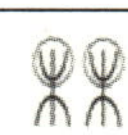	林 hayashi
Selva	Muchos árboles juntos	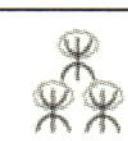	森 mori
Este	Sol que sale de entre los árboles		東 higashi
Lluvia			雨 ame
Niño			子 ko
Mano			手 te
Fuego			火 hi

Más ejemplos:

日	+	月			=	明		
El sol	y	la luna				Claridad		
女	+	子			=	好		
Mujer	y	niño				Gustar		
山	+	上	y	下	=	峠		
Montaña,		subir	y	bajar		Puerto		
川		氵	→	海	湖	涙	油	
Río		líquido		Mar	Lago	Lágrimas	Aceite	
魚			→	鱈	鯖	鰯		
Pez				pez + nieve	pez + azul	pez + flojo		
				Bacalao	Caballa	Sardina		
木			→	桜	松	杉	柿	桃
Árbol				Cerezo	Pino	Cedro japonés	Kaki	Melocotonero
イ			→	仏	住む	作る	休む	
Persona				Buda	vivir	hacer	descansar	
言			→	話	語	詩	読む	
palabra o habla				cuento	idioma	poema	leer	
手			→	持つ	払う	打つ	投げる	
mano				sostener	pagar	golpear	tirar	

4.6 Origen de los silabarios Hiragana y Katakana

El japonés primitivo carecía de sistema de escritura. Se piensa que los caracteres chinos (Kanji) se introdujeron en Japón hace más de 1600 años. Nuestros antepasados, al utilizar el Kanji mezclaron tanto su lectura originaria china (おんよみ on-yomi) como la nueva lectura adaptada al japonés (くんよみ kun-yomi).

El Hiragana comenzó a emplearse al principio de la era Heian (794 -1192). Como puede verse en la tabla, los caracteres del Hiragana derivan de la escritura curvilínea que las mujeres hacían del Kanji. Por eso, era llamado "letras de mujer". Sin embargo, muchas letras curvilíneas eran muy diferentes del actual Hiragana.

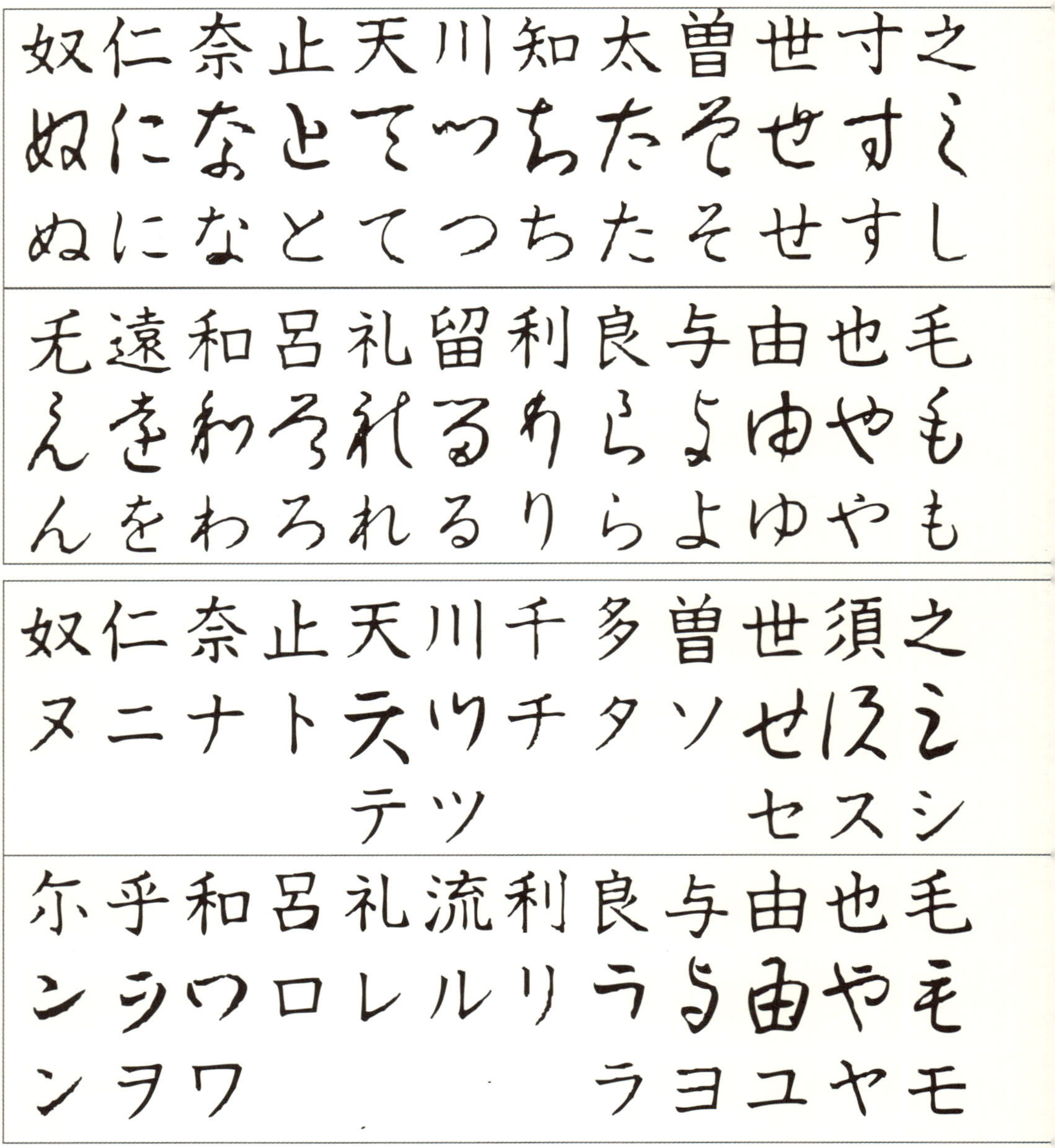

Por otra parte, el Katakana proviene de la escritura abreviada del Kanji que era principalmente usada por hombres. El Katakana suele tomar una parte integrante del Kanji; así, algunos radicales へん **hen** (situados a la izquierda del Kanji), o つくり **tsukuri** (a la derecha), son en sí mismos signos del Katakana. El uso de estas letras se orientaba a facilitar la lectura del carácter original del chino clásico.

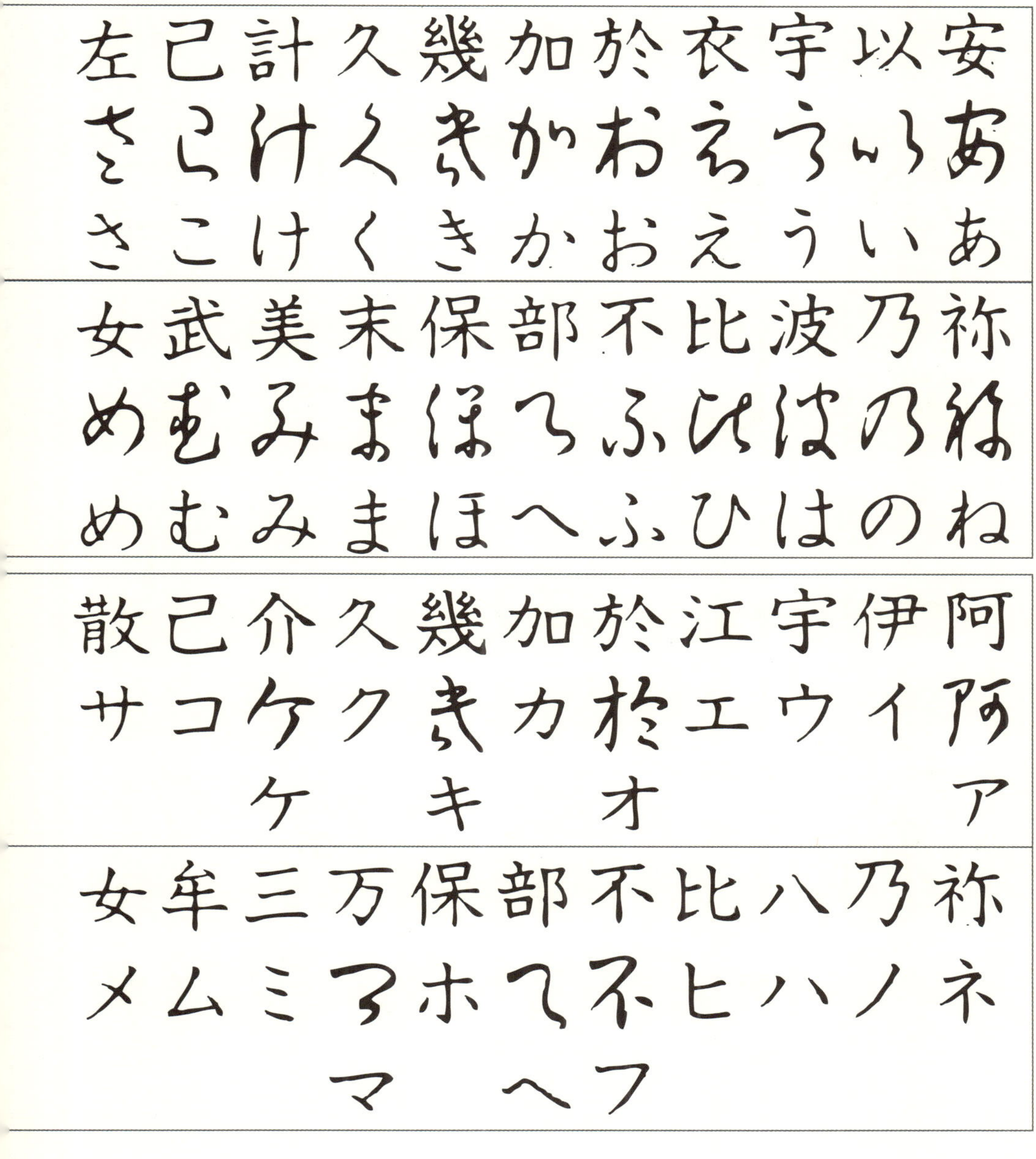

ひらがなのおこり
El origen del Hiragana

カタカナのおこり
El origen del Katakana

4.7 Ayuda nemotécnica para aprender los silabarios Hiragana y Katakana

4.7.1 Hiragana

Vamos a aprender hiragana y katakana de una manera fácil y divertida con la ayuda de dibujos.

Letras parecidas en Hiragana:

a あ	o お	te て	so そ	sa さ	ki き	ta た	na な	wa わ	re れ	yu ゆ	me め
ha は	ho ほ	ma ま	yo よ	se せ	ya や	me め	nu ぬ	ne ね	so そ	ro ろ	ru る

4.7.2 Katakana

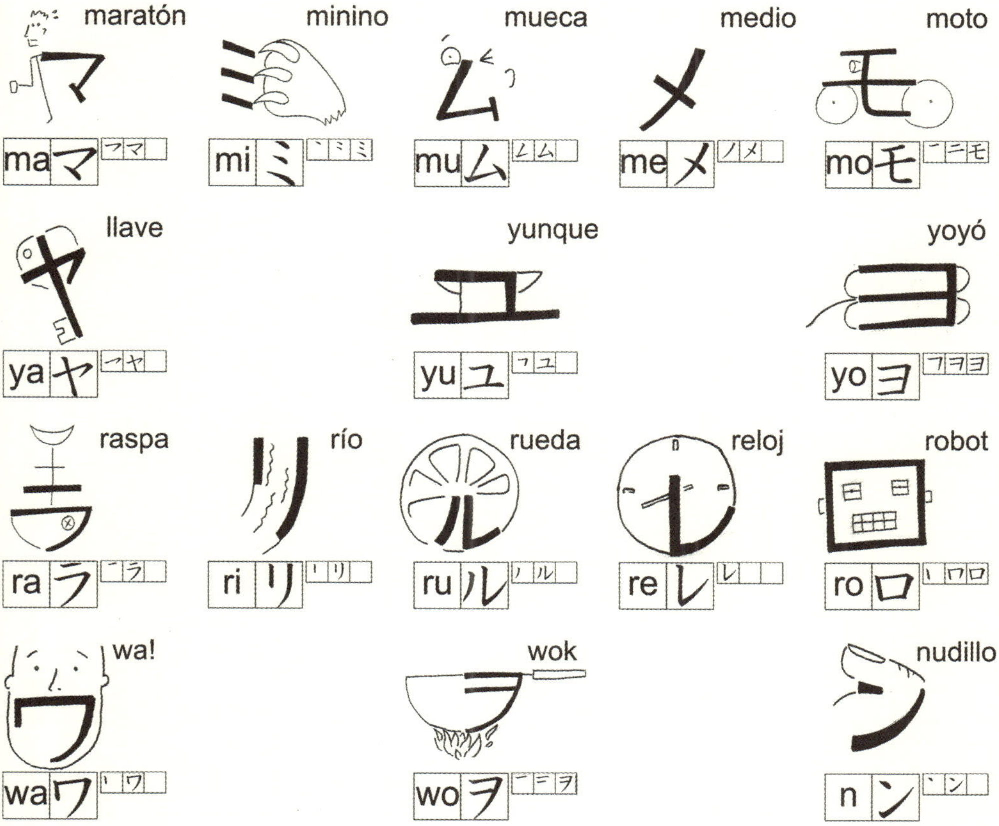

Ojo: Es muy fácil confundir los caracteres シ shi ツ tsu ソ so ン n

Una forma de recordar su sentido de la escritura es fijarse en sus equivalentes en hiragana:

シ (de arriba a abajo, como el hiragana し)	ン (de arriba a abajo)
ツ (de izquierda a derecha, como el hiragana つ)	ソ (de izquierda a derecha)

Letras parecidas en Katakana:

u ウ	wa ワ	ku ク	ta タ	no ノ	me メ	na ナ	sa サ	shi シ	tsu ツ	so ソ	n ン
a ア	ma マ	ya ヤ	fu フ	su ス	nu ヌ	to ト	se セ	ya ヤ	mi ミ		
ra ラ	ru ル	re レ	wa ワ	ni ニ	ko コ	hi ヒ	e エ	yu ユ			

4.7.3 Orden de los trazos

Los trazos de los caracteres japoneses han de escribirse siguiendo un orden fijado. En las siguientes tablas se muestra el orden correspondiente tanto en Hiragana como en Katakana.

A) ひらがな

a	あ	一	十	あ	
i	い	ｌ	い		
u	う	ヽ	う		
e	え	ヽ	え		
o	お	一	お	お	
ka	か	つ	カ	か	
ki	き	一	二	キ	き
ku	く	く			
ke	け	ｌ	に	け	
ko	こ	一	こ		
sa	さ	一	ナ	さ	
shi	し	し			
su	す	一	す		
se	せ	一	ナ	せ	
so	そ	そ			

ta	た	一	ナ	た	た
chi	ち	一	ち		
tsu	つ	つ			
te	て	て			
to	と	ヽ	と		
na	な	一	ナ	な	な
ni	に	ｌ	に	に	
nu	ぬ	ヽ	ぬ		
ne	ね	ｌ	ね		
no	の	の			
ha	は	ｌ	に	は	
hi	ひ	ひ			
fu	ふ	ヽ	ふ	ふ	ふ
he	へ	へ			
ho	ほ	ｌ	に	に	ほ

ma	ま	一	二	ま	
mi	み	み	み		
mu	む	一	む	む	
me	め	＼	め		
mo	も	し	も	も	
ya	や	つ	や	や	
yu	ゆ	ゆ	ゆ		
yo	よ	一	よ		
ra	ら	丶	ら		
ri	り	｜	り		
ru	る	る			
re	れ	｜	れ		
ro	ろ	ろ			
wa	わ	｜	わ		
wo	を	一	ち	を	
n	ん	ん			

	-a	-i	-u	-e	-o
g-	が	ぎ	ぐ	げ	ご
z-	ざ	じ	ず	ぜ	ぞ
d-	だ	ぢ	づ	で	ど
b-	ば	び	ぶ	べ	ぼ
p-	ぱ	ぴ	ぷ	ぺ	ぽ

	-a	-u	-o
ky-	きゃ	きゅ	きょ
gy-	ぎゃ	ぎゅ	ぎょ
sh-	しゃ	しゅ	しょ
j-	じゃ	じゅ	じょ
ch-	ちゃ	ちゅ	ちょ
ny-	にゃ	にゅ	にょ
hy-	ひゃ	ひゅ	ひょ
by-	びゃ	びゅ	びょ
my-	みゃ	みゅ	みょ
ry-	りゃ	りゅ	りょ

B) カタカナ

a	ア	㇇	ア		
i	イ	ノ	イ		
u	ウ	丶	丷	ウ	
e	エ	一	丅	エ	
o	オ	一	亅	オ	
ka	カ	フ	カ		
ki	キ	一	二	キ	
ku	ク	ノ	ク		
ke	ケ	ノ	𠂉	ケ	
ko	コ	フ	コ		
sa	サ	一	十	サ	
shi	シ	丶	冫	シ	
su	ス	フ	ス		
se	セ	㇇	セ		
so	ソ	丶	ソ		

ta	タ	ノ	ク	タ	
chi	チ	ノ	二	チ	
tsu	ツ	丶	丷	ツ	
te	テ	一	二	テ	
to	ト	丨	ト		
na	ナ	一	ナ		
ni	ニ	一	ニ		
nu	ヌ	フ	ヌ		
ne	ネ	丶	ラ	ネ	ネ
no	ノ	ノ			
ha	ハ	ノ	ハ		
hi	ヒ	一	ヒ		
fu	フ	フ			
he	ヘ	ヘ			
ho	ホ	一	亅	才	ホ

ma	マ	フ	マ		
mi	ミ	丶	⺀	ミ	
mu	ム	∠	ム		
me	メ	ノ	メ		
mo	モ	一	ニ	モ	
ya	ヤ	乛	ヤ		
yu	ユ	フ	ユ		
yo	ヨ	フ	ヲ	ヨ	
ra	ラ	一	ラ		
ri	リ	丨	リ		
ru	ル	ノ	ル		
re	レ	レ			
ro	ロ	丨	冂	ロ	
wa	ワ	丨	ワ		
wo	ヲ	一	二	ヲ	
n	ン	丶	ン		

	-a	-i	-u	-e	-o
g-	ガ	ギ	グ	ゲ	ゴ
z-	ザ	ジ	ズ	ゼ	ゾ
d-	ダ	ヂ	ヅ	デ	ド
b-	バ	ビ	ブ	ベ	ボ
p-	パ	ピ	プ	ペ	ポ

	-a	-u	-o
ky-	キャ	キュ	キョ
gy-	ギャ	ギュ	ギョ
sh-	シャ	シュ	ショ
j-	ジャ	ジュ	ジョ
ch-	チャ	チュ	チョ
ny-	ニャ	ニュ	ニョ
hy-	ヒャ	ヒュ	ヒョ
by-	ビャ	ビュ	ビョ
my-	ミャ	ミュ	ミョ
ry-	リャ	リュ	リョ

Unidad

5 あいさつ aisatsu
Saludos

En japonés existe casi siempre una frase preparada de antemano para cada ocasión. Estas expresiones facilitan la vida cotidiana. Se trata de conversaciones estereotipadas de uso frecuente. En japonés no existe equivalente a la expresión "¡Hola!" , empleándose en su lugar あら ara (usado por mujeres), o やあ yaa (usado por hombres).

やあ / あら / どうも	Yaa / Ara / Doomo	¡Hola!
おはようございます。	Ohayoo gozaimasu	¡Buenos días!
こんにちは。	Konnichiwa	Buenos días / Hola
こんばんは。	Konbanwa	Buenas tardes / Buenas noches
おやすみなさい。	Oyasuminasai	Buenas noches (al acostarse)

A: (お)げんきですか。 (O)genkidesuka. ¿Cómo está usted?
B: はい、おかげさまで、げんきです。
Hai, okagesamade, genkidesu. Estoy bien, gracias.

A: (ご)かぞくのみなさんも おげんきですか。
(Go)kazokuno minasanmo ogenkidesuka. ¿Su familia también está bien?
B: はい、みんなげんきです。
Hai, minna genkidesu. Están todos bien.

A: (お)ひさしぶりですね (O)hisashiburidesune. ¡Cuánto tiempo sin vernos!
B: そうですね。 Soodesune. Es verdad, cuánto tiempo.

Agradecimiento

A: どうも ありがとうございます。./ ございました。
Doomo arigatoogozaimasu./ gozaimashita. Muchas gracias.
どうも ありがとう。 Doomo arigatoo
ありがとう。 Arigatoo
どうも Doomo

B: どういたしまして。 Dooitashimashite No hay de qué.

> どうも
> Expresa un ligero agradecimiento al usarlo independientemente

(ご)しんせつ(に) ありがとうございます。
(Go)shinsetsu (ni) arigatoogozaimasu. Gracias por su amabilidad

Presentación

A: わたしは　ミゲルです。はじめまして。
Watashiwa Migerudesu. Hajimemashite. Soy Miguel. Encantado de conocerle.
B: わたしは　たなかです。どうぞよろしく。
Watashiwa Tanakadesu. Doozoyoroshiku. Soy Tanaka. Un placer.

Teléfono

A: もしもし。Moshi moshi. — ¿Diga?
B: はい、どちらさまですか。Hai, dochirasamadesuka. — ¿Con quién hablo?
A: ミゲルですが、たなかさんを　おねがいします。
Migerudesuga Tanakasanwo onegaishimasu. — Soy Miguel. ¿Puedo hablar con Tanaka?
B: しょうしょう　おまちください。
Shooshoo omachikudasai. — Espere un momento, por favor.
ちょっと　おまちちください。
Chotto omachikudasai. — Espere un momento, por favor.

Despedida

さようなら。	Sayoonara	Adiós
では / じゃ (あ) また。	Dewa / ja (a) mata	Hasta luego
また げつようびに。	Mata getsuyoobini	Hasta el lunes
また あした。	Mata ashita	Hasta mañana
また らいしゅう。	Mata raishuu	Hasta la semana que viene
(お) げんきで。	(O)genkide	¡Qué vaya bien!
しつれいします。	Shitsureishimasu	Disculpe, me tengo que ir

A: もう　そろそろ　しつれいします。
Moo sorosoro shitsureishimasu. — Es hora de marcharme.
B: (お) きをつけて。　(O)kiwotsukete. — Cuídate (se utiliza como frase de despedida)

- En el lugar de trabajo:

A: おさきに　しつれいします。
Osakini shitsureishimasu. — Con permiso, me marcho (al salir antes que los demás)

B: おつかれさま（でした .）。
Otsukaresama (deshita). — Que descanses.

Disculpas

どうもすみません / すみませんでした。
Doomo sumimasen / sumimasendeshita. — Disculpe.

すみません。Sumimasen. — Disculpe / Con permiso.

もうしわけ ありませんでした。
Mooshiwakearimasendeshita. — Lo lamento mucho. / No tengo excusa.

A: おまたせして すみません / すみませんでした。
Omataseshite sumimasen / sumimasendeshita. — Perdón por haberle hecho esperar.
B: いいえ（どういたしまして）。
Iie (dooitashimashite). — No pasa nada / No se preocupe.

Felicitaciones

Se emplean en gran variedad de ocasiones: cumpleaños, bodas, logros académicos, altas hospitalarias, etc.

A: たんじょうび / (ご) けっこん / しけんごうかく / (ご) たいいん　おめでとうございます。
Tanjoobi / (go)kekkon / shikengookaku / (go)taiin omedetoogozaimasu.
Enhorabuena por el cumpleaños / la boda / aprobar el examen / el alta hospitalaria.

B: どうも　ありがとう　ございます。
Doomo arigatoo gozaimasu. Muchas gracias.

- Para felicitar la Navidad se utiliza la adaptación al katakana de la palabra inglesa "*Merry Christmas*".
  メリークリスマス。Merii kurisumasu. Feliz Navidad
  あけまして　おめでとうございます。
  Akemashite omedetoogozaimasu. Feliz Año Nuevo
  En estos casos se responde con el mismo saludo.

En las comidas

さあ、たべましょう。　Saa, tabemashoo　¡A comer!

いただきます。　Itadakimasu　Con permiso (antes de comer)

ごちそうさまでした。　Gochisoosamadeshita　Estaba todo muy bueno (después de comer)

Salidas y llegadas

A: いってまいります。/ いってきます。　Hasta luego.
Itte mairimasu./ Ittekimasu.

B: いって（い）らっしゃい。　Itter(i)rasshai.　Que te vaya bien

A: ただいま。 Tadaima.　Ya estoy de vuelta.

B: おかえりなさい。 Okaerinasai.　Bienvenido.

Dar recuerdos

はやしさんに　よろしく おつたえください。　Dele recuerdos de mi parte al Sr. Hayashi.
Hayashisan ni yoroshiku otsutaekudasai.

みなさんに　よろしく。Minasan ni yoroshiku.　Recuerdos a todos.

あなたに よろしく と　いっていました。　Me ha dicho que te dé recuerdos de su parte.
Anatani yoroshiku to itteimashita.

よろしく : Expresión empleada con la intención de entablar una amistad, relación laboral, etc.
Otro significado podría ser "Recuerdos a...."; "Por favor , sea amable conmigo".

Preguntar por la salud

A: かおいろが　わるいですね、どうしましたか。 Tienes mala cara, ¿qué te pasa?
Kaoiroga waruidesune, dooshimashitaka.

B: ちょっと　かぜをひきました。 Estoy un poco resfriado
Chotto kazewo hikimashita.

A: おだいじに。　Odaijini. Que te mejores.

A: いかがですか。　Ikagadesuka. ¿Cómo se encuentra?

B: はい、おかげさまで　よくなりました。 Estoy mejor, gracias (por preguntar)
Hai. Okagesamade yokunarimashita.

だいぶ　よくなりました。 Estoy mucho mejor.
Daibu yoku narimashita.

A: では　おだいじに。　Dewa odaijini. Bueno, que te mejores.
むりをしないほうが　いいですよ。 No hagas muchos esfuerzos.
Muriwo shinaihooga iidesuyo.

B: どうもありがとうございます。 Muchas gracias.
Doomo arigatoogozaimasu.

En las tiendas

A: いらっしゃいませ。なにかおさがしですか。 Bienvenido, ¿en qué puedo ayudarle?
Irasshaimase. Nanika osagashidesuka.

B: いいえ、ちょっとみているだけです。 No, sólo estoy mirando.
Iie, chotto miteirudakedesu.

Visita a casa de alguien

A: いらっしゃいませ。　Irasshaimase　Bienvenido

B: おじゃまします。　Ojamashimasu　Gracias, con permiso (le voy a molestar)

A: どうぞ。　Doozo　Adelante

Unidad
6 Exclamaciones y expresiones útiles

あっ	a	¡Ah! ¡Vaya! ¡Ay!
ああ	aa	¡Ah!
わあ	waa	¡Hala! ¡Vaya! (sorpresa)
え、ええ	e, ee	¿Eh? ¿Qué? ¿Cómo?
へえ、ふうん	hee, fuun	Ah, ¿sí? (pronunciar con entonación ascendente)
ほら	hora	¡Mira!
さあ	saa	¡Venga! ¡Anda! ¡Vamos!
ねえ	nee	¡Oye! ¡Escucha!
ええと	eeto	Pues...
はい （ええ、うん）	hai (ee, un)	Sí （“ee” y “un” son coloquiales)
いいえ （ううん）	iie (uun)	No (“uun” es coloquial)
そうそう	soosoo	¡Así es! ¡Eso es!
おい	oi	¡Oye, tú!
こらっ	kora	¡Niño! ¿Qué haces? ¡Fuera!
あれ	are	¿Qué? ¿Cómo? (sorpresa)
あのう	anoo	(para llamar la atención)

A: あのう、それ， わたしのかさなんですが ,,, — Oiga, ese es mi paraguas...
Anoo, sore watashino kasa nandesuga···

B: ああ、すみません。しつれいしました。 — Ah, lo siento, me he confundido.
Aa, sumimasen. Shitsureishimashita.

A: あれ、たなかさんは。 — Are, Tanakasanwa — Eh... ¿y el Sr. Tanaka?

B: ええと、ちょっとわかりません。 — Eeto, chotto wakarimasen. — Pues... no lo sé.

Preguntas negativas

Si una pregunta es formulada en forma negativa, puede haber algún problema en la interpretación de la respuesta, por lo que es conveniente no usarlas hasta tener seguridad en su uso.

A: しつもんは ありませんか。
Shitsumon wa arimasenka.
¿No hay preguntas?
B: はい、ありません。
Hai, arimasen.
Sí, no las hay.

A: さむくありませんか。
Samuku arimasenka.
¿No tiene frío?
B: はい。
Hai.
Sí (no tengo frío).

Expresiones útiles:

たすけて。	Tasukete	¡Ayuda! ¡Socorro!
どろぼう。	Doroboo	¡Al ladrón!
かじです。	Kaji desu	¡Fuego!
けいさつを　よんで。	Keisatsuwo yonde	¡Llama a la policía!
おねがいです。	Onegaidesu	Por favor / Se lo ruego
しつれいですが ,,,,	Shitsurei desu ga...	Disculpe, pero...
きぶんが　わるいです。	Kibunga warui desu	Me encuentro mal
トイレは　どこですか。	Toirewa dokodesuka	¿Dónde está el aseo?
てつだって　ください。	Tetsudatte kudasai.	Ayúdeme, por favor.
みちに　まよいました。	Michini mayoimashita.	Me he perdido.
さいふを　なくしました。	Saifuwo nakushimashita.	He perdido la cartera.

Otras expresiones:

かんぱい。	Kanpai	¡Salud! (al brindar)
がんばって。	Ganbatte	¡Ánimo!
さあ　がんばろう。	Saa, ganbaroo	¡Ánimo!
げんきを　だして。	Genkiwo dashite	¡Anímate! ¡Alégrate!
しずかに。	Shizukani	¡Silencio!
さあ、しっかり。	Saa, shikkari	¡Vamos!
どうぞ。	Doozo	Adelante / Pase, por favor
ごくろうさま。	Gokuroosama	Gracias por su esfuerzo
たいへんですね。	Taihen desu ne	Debe de ser muy duro
(これから) おせわになります。	(Korekara) osewani narimasu	Gracias de antemano
(いろいろ) おせわになりました。	(Iroiro) osewani narimashita	Gracias por todo
これ　ほんのきもちです。	Kore hon no kimochi desu.	Esto es un pequeño detalle
ざんねんですね。	Zannen desune	¡Qué lástima!
しかたがありません。	Shikataga arimasen	No hay más remedio
わかりました。	Wakarimashita	Entendido
がんばって ください。	Ganbatte kudasai	¡Hazlo lo mejor que puedas!
できるだけやってみます。	Dekirudake yattemimasu	Haré lo que pueda

Tanjoobi たんじょうび
Sukii ryokoo　スキーりょこう
(O)henji　(お) へんじ
Oaisuru no　おあいするの
} を　たのしみにしています。
wo tanoshimini shiteimasu.

Estoy deseando {
que llegue el cumpleaños.
el viaje de esquí.
tu respuesta.
verte.

Unidad 7

かず kazu
Los números

7.1 Los números cardinales

En japonés los números se construyen de forma sencilla. Los elementos básicos son los números del 1 al 9 junto con 10, 100, 1.000 y 10.000. Se leen diciendo los dígitos comenzando por las posiciones de mayor valor e ignorando los ceros.

				10			100	
0	零	れい	rei	十	juu		百	hyaku
1	一	いち	ichi	10	じゅう		100	ひゃく
2	二	に	ni	20	に		200	にひゃく
3	三	さん	san	30	さん		**300**	**さんびゃく**
4	四	よん（し）	yon (shi)	40	よん		400	よんひゃく
5	五	ご	go	50	ご	じゅう	500	ごひゃく
6	六	ろく	roku	60	ろく		**600**	**ろっぴゃく**
7	七	なな（しち）	nana (sichi)	70	なな		700	ななひゃく
8	八	はち	hachi	80	はち		**800**	**はっぴゃく**
9	九	きゅう（く）	kyuu (ku)	90	きゅう		900	きゅうひゃく

2	ni
25	nijuu go
318	sanbyaku juu hachi
6,591	rokusen gohyaku kyuujuu ichi
14,200	ichiman yonsen nihyaku
967,000	kyuujuurokuman nanasen
1,856,250	hyakuhachijuugoman rokusen nihyaku gojuu

さん san	La terminación en ん origina cambios en la 1ª consonante siguiente:
ろく roku	Contracción o asimilación fonética de la siguiente consonante:
はち hachi	

Nota: "Mil" se puede decir únicamente せん sen cuando no lleva más dígitos a la izquierda, pero si los lleva tiene que decirse いっせん issen.

1.300 せんさんびゃく sensanbyaku 201.000 にじゅうまんいっせん nijuumanissen

1.000			10.000			100.000			1.000.000		
千	sen		万	man		十万	juuman		百万	hyakuman	
1,000	せん(いっせん)		10,000	いち		100,000	じゅうまん		1,000,000	ひゃく	
2,000	にせん		20,000	に		200,000	に		2,000,000	にひゃく	
3,000	**さんぜん**		30,000	さん		300,000	さん		**3,000,000**	**さんびゃく**	
4,000	よん		40,000	よん		400,000	よん		4,000,000	よんひゃく	
5,000	ご		50,000	ご	まん	500,000	ご		5,000,000	ごひゃく	まん
6,000	ろく	せん	60,000	ろく		600,000	ろく	じゅうまん	**6,000,000**	**ろっぴゃく**	
7,000	なな		70,000	なな		700,000	なな		7,000,000	ななひゃく	
8,000	**はっ**		80,000	はち		800,000	はち		**8,000,000**	**はっぴゃく**	
9,000	きゅう		90,000	きゅう		900,000	きゅう		9,000,000	きゅうひゃく	

Otros números		
1,500	せんごひゃく	sengohyaku
81,000	はちまんいっせん	hachiman issen
10,000,000	いっせんまん	issenman
100,000,000	いちおく	ichioku

Ojo: A diferencia de la numeración occidental, donde se separan los números en grupos de 3 dígitos, en japonés se separan cada 4 dígitos y se repite el esquema de 10, 100 y 1.000. Así, por ejemplo, un millón se escribe como "cien diez miles".

さん+せん san + sen	→	さん**ぜん** san**zen**	さん+ひゃく san + hyaku	→	さん**びゃく** san**byaku**
– –		– –	ろく+ひゃく roku + hyaku	→	ろ**っぴゃく** ro**ppyaku**
はち+せん hachi + sen	→	**はっ**せん **has**sen	はち+ひゃく hachi + hyaku	→	は**っぴゃく** ha**ppyaku**

7.2 Contadores

En japonés, la formación de numerales cardinales es muy compleja, ya que según la naturaleza de los objetos que se numeren, se emplea un determinado sufijo numeral.

	Grupo A			Grupo B	
	No cambia ni el número ni el sufijo:			Los números cambian pero el sufijo no:	
1 いち	いち	ばん	ban nº ordinal	いち	
2 に	に	まい	mai cosas planas	に	
3 さん	さん	ばい	bai número de veces	さん	
4 よん/し	よん	だい	dai vehículos, máquinas	**よ**	
5 ご	ご			ご	ねん nen año
6 ろく	ろく	ど	do frecuencia, temperatura	ろく	えん en unidad monetaria japonesa
7 なな/しち	なな	ぎょう	gyoo línea	なな	
8 はち	はち	キロメートル	kiromeetoru km	はち	
9 きゅう/く	きゅう	キログラム	kiroguramu kg	きゅう	
10 じゅう	じゅう			じゅう	
Interrogación	なんばん	nan-ban		なんねん	nan-nen
Ojo	6 km 10 km	ろっキロメートル じっキロメートル		いくら	ikura ¿Cuánto?

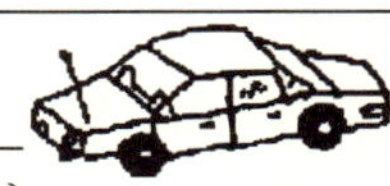

Nota: El número 10 generalmente se pueden usar indistintamente じゅっ ju y じっ ji, pero en algunos casos solamente se usa じゅっ ju.

ノートを **じっさつ** かいました。 — Compré diez cuadernos.
Nootowo **jissatsu** kaimashita.

だい**じっか**を ひらいて ください。 — Abra la lección décima, por favor.
Dai**jikka**wo hiraite kudasai.

Grupo C					
Cuando el sufijo empieza por **-s, -p, -t, -k,** hay que prestar atención a los números que cambian:					
-s -p -t			**-k**		
いっ	さい	sai edad	**いっ**	かい	kai plantas, pisos, frecuencia
に	さつ	satsu libros, cuadernos	に		
さん	ページ	peeji páginas	さん	か	ka lección
よん	つう	tsuu documentos	よん		
ご	とう	too animales grandes	ご	かげつ	kagetsu duración de meses
ろく	しゅうかん	shuukan duración semanas	**ろっ**	けん	ken casas
なな	センチメートル	senchimeetoru cm	なな	こ	ko objetos pequeños
はっ	パーセント	paasento %	**はっ**		
きゅう			きゅう	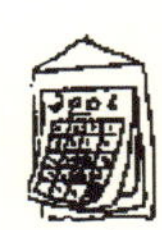	
じっ/じゅっ			**じっ/じゅっ**		
Interrogación	なんさい	nan-sai	なんかい	nan-kai	
Ojo	はたち	hatachi 20 años	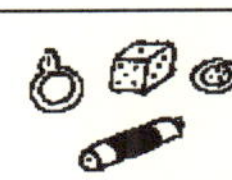		

りんごを **ななこ** ください。 Deme siete manzanas, por favor.
Ringowo nanako kudasai.

シャツが **さんまい** あります。 Hay tres camisetas.
Shatsuga sanmai arimasu.

しゃしんを **じゅうまい** とりました。 Sacó diez fotos.
Shashinwo juumai torimashita.

Grupo D:				
Los números y los sufijos cambian:				
-p -h				**-s**
いっ	**ぽん**	**ぴき**	**ぱい**	そく
に	ほん	ひき	はい	そく
さん	**ぼん**	**びき**	**ばい**	**ぞく**
よん	ほん	ひき	はい	そく
ご	ほん	ひき	はい	そく
ろっ	**ぽん**	**ぴき**	**ぱい**	**ろく**そく
なな	ほん	ひき	はい	そく
はっ	**ぽん**	**ぴき**	**ぱい**	そく
きゅう	ほん	ひき 	はい	そく
じっ/じゅっ	**ぽん**	**ぴき**	**ぱい**	そく
なんぼん nan-bon		なんびき nan-biki	なんばい nan-bai	なんぞく nan-zoku
ほん hon ぼん bon ぽん pon Objetos cilíndricos o alargados 		ひき hiki びき biki ぴき piki Animales pequeños	はい hai ばい bai ぱい pai  Contenido en líquido, polvo	そく soku ぞく zoku Todo tipo de calzados y calcetines

Grupo E:		
Otros casos:		
ひとり hitori ふたり futari さん よ ご ろく なな / しち はち きゅう じゅう (さん – じゅう) にん	いちにち ふつか みっか よっか いつか むいか なのか ようか ここのか とおか (ふつか – とおか) かん	ひとつ ふたつ みっつ よっつ いつつ むっつ ななつ やっつ ここのつ とお
なんにん nan-nin	なんにち nan-nichi	いくつ ikutsu
にん nin persona	かん kan período	Forma tradicional de los números cardinales. Se puede usar para contar objetos pequeños, pero también cosas grandes como muebles, edificios, etc.
Excepto: ひとり hitori una persona ふたり futari dos personas 	período de días, meses, etc. いっしゅうかん isshukan una semana いっかげつかん ikkagetsukan un mes いちねんかん ichinenkan un año Excepto: いちにち ichinichi un día (que no lleva kan)	

7.3 Los números ordinales

Para construir los números ordinales se añade el sufijo ～目 (-me) a los números cardinales.

	FORMA GENERALIZADA				FORMA TRADICIONAL			
1	いち		ichi		ひとつ		hitotsu	
2	に		ni		ふたつ		futastu	
3	さん		san		みっつ		mittsu	
4	よん		yon		よっつ		yottsu	
5	ご	ばん 目	go	ban me	いつつ	目	itsutsu	me
6	ろく		roku		むっつ		muttsu	
7	なな		nana		ななつ		nanatsu	
8	はち		hachi		やっつ		yattsu	
9	きゅう		kyuu		ここのつ		kokonotsu	
10	じゅう		juu		じゅうばん		juuban	
¿?	なんばん目		nanban-me		いくつ目		ikutsu-me	

Comienzo, principio, origen	はじめ	hajime
Por primera vez	はじめて	hajimete
Al principio	はじめは/さいしょは	hajimewa/saishowa
El/la primero/a	はじめの/さいしょの	hajimeno/saishono
Penúltimo	さいごから にばんめの	saigokara nibanmeno
Último	さいごの	saigono
Siguiente	つぎの	tsugino
Para empezar	はじめに/さいしょに	hajimeni/saishoni
A continuación	つぎに	tsugini
Por último	さいごに	saigoni

さいしょに スープをのみました。**つぎに** さかなをたべて、それから デザートをたべて、**さいごに** コーヒーをのみました。
Saishoni suupu wo nomimashita. **Tsugini** sakana wo tabete, sorekara dezaato wo tabete, **saigoni** koohii wo nomimashita.

Primero tomé sopa. A continuación comí pescado, después tomé el postre, y por último bebí café.

Otros usos		
Dinastías	世（せい） sei	
Isabel II	イサベル２世（にせい）	isaberu nisei
Carlos V	カルロス５世（ごせい）	karurosu gosei
Siglos	世紀（せいき） seiki	
El siglo XVIII	１８世紀（じゅうはっせいき）	juuhasseiki
El siglo XXV	２５世紀（にじゅうごせいき）	nijuugoseiki
Periodos de tiempo	期間（きかん） kikan	
Tercer año	３年目（さんねんめ）	sannenme
Tercer día	３日目（みっかめ）	mikkame

A: 日本は **はじめて** ですか。
Nihon wa **hajimete** desuka.
¿Es su primera visita a Japón?

B: －はい、**はじめて** です。
Hai, **hajimete** desu.
Sí, es la primera vez.

－いいえ、**にかいめ** です。
Iie, **nikaime** desu.
No, es mi segunda visita.

ひだりから **さんばんめ**が わたしの ちち です。
Hidarikara **sanbanme**ga watashino chichidesu.
El tercero por la izquierda es mi padre.

うえから **にぎょうめ**の ぶん
Uekara **nigyome**no bun
la segunda línea desde arriba

かどから **よんけんめ**の いえ
Kadokara **yonkenme**no ie
la cuarta casa desde la esquina

ひだりから **みっつめ**の カメラ
Hidarikara **mittsume**no kamera
la tercera cámara de la izquierda

たなのうえに ほんが**さんさつ** あります。
Tananoueni honga **sansatsu** arimasu.
Hay tres libros en la estantería.

かれは **さんどめに** せいこうしました。
Karewa **sandomeni** seikoushimashita.
Tuvo éxito en el tercer intento.

にほんに **にかげつ** いました。
Nihon ni **nikagetsu** imashita.
Estuve en Japón dos meses.

スペインにすんで **にかげつめ** です。
Supeinnisunde **nikagetsume** desu.
Es el segundo mes que estoy en España.

Unidad 8 カレンダー Calendario

8.1 Los meses del año

Los meses del año (número de mes + gatsu)				
Enero	いち	がつ 月	ichi	gatsu
Febrero	に		ni	
Marzo	さん		san	
Abril	**し**		**shi**	
Mayo	ご		go	
Junio	ろく		roku	
Julio	しち		shichi	
Agosto	はち		hachi	
Septiembre	**く**		**ku**	
Octubre	じゅう		juu	
Noviembre	じゅういち		juuichi	
Diciembre	じゅうに		juuni	
¿Qué mes?	なん月		nan-gatsu	

A: きょうは **なんにち** ですか。 Kyoowa **nannichi** desuka.	¿Qué día es hoy?
B: きょうは **4がつ10か** です。 Kyoowa **shigatsutooka** desu.	Hoy es 10 de abril.
A: あなたの たんじょうびは いつですか。 Anatano tanjoobiwa itsudesuka.	¿Qué día es su cumpleaños?
B: (わたしの たんじょうびは) **1がつ9か** です。 Watashino tanjoobiwa **ichigatsukokonoka** desu.	Es el 9 de enero.
A: いつ なごやへ いきますか。 Itsu Nagoya e ikimasuka.	¿Cuándo va a ir a Nagoya?
B: **9がつ20か** です。 **Kugatsu hatsuka** desu.	El día 20 de septiembre.

8.2 Los días del mes

Los días del mes					
1	ついたち	**tsuitachi**	17	じゅうしち にち	juushichi nichi
2	ふつか	**futsuka**	18	じゅうはち にち	juuhachi nichi
3	みっか	**mikka**	**19**	**じゅうく にち**	**juuku nichi**
4	よっか	**yokka**	**20**	**はつか**	**hatsuka**
5	いつか	**itsuka**	21	にじゅういち にち	nijuuichi nichi
6	むいか	**muika**	22	にじゅうに にち	nijuuni nichi
7	なのか	**nanoka**	23	にじゅうさん にち	nijuusan nichi
8	ようか	**yooka**	**24**	**にじゅうよっか**	**nijuuyokka**
9	ここのか	**kokonoka**	25	にじゅうご にち	nijuugo nichi
10	とおか	**tooka**	26	にじゅうろくにち	nijuuroku nichi
11	じゅういち にち	juuichi nichi	27	にじゅうしちにち	nijuushichi nichi
12	じゅうに にち	juuni nichi	28	にじゅうはちにち	nijuuhachi nichi
13	じゅうさん にち	juusan nichi	**29**	**にじゅうく にち**	**nijuuku nichi**
14	**じゅうよっか**	**juuyokka**	30	さんじゅう にち	sanjuu nichi
15	じゅうご にち	juugo nichi	31	さんじゅういち にち	sanjuuichi nichi
16	じゅうろくにち	juuroku nichi	¿Qué fecha?	なんにち	nan-nichi

5がつ5かは　こどものひ　です。 **Gogatsu itsuka**wa kodomonohi desu.	El día 5 de mayo es el Día de los Niños.
8がつ4かは　ちちのたんじょうび　です。 **Hachigatsu yokka**wa chichinotanjoobi desu.	El día 8 de agosto es el cumpleaños de mi padre.
１１がつ3かは　ぶんかのひ　です。 **Juuichigatsu mikka** wa bunkanohi desu.	El tres de noviembre es el Día de la Cultura.
にほんでは　がっこうは４がつに　はじまります。 Nihondewa gakkoo wa **shigatsuni** hajimarimasu.	En Japón el año escolar empieza en abril.

かこ kako pasado	←	げんざい genzai presente	→	みらい mirai futuro

年(とし)toshi año				
おととし ototoshi hace dos años	* きょねん kyonen el año pasado	**ことし** **kotoshi** **este año**	らいねん rainen el año que viene	さらいねん sa rainen dentro de dos años

* No confundir con きょうねん kyoonen, que significa “edad de la muerte”.

月(つき)tsuki mes				
せんせんげつ sensen getsu hace dos meses	せんげつ sengetsu el mes pasado	**こんげつ** **kongetsu** **este mes**	らいげつ raigetsu el mes que viene	さらいげつ sa raigetsu dentro de dos meses

週(しゅう)shuu semana				
せんせんしゅう sensen shuu hace dos semanas	せんしゅう senshuu la semana pasada	**こんしゅう** **konshuu** **esta semana**	らいしゅう raishuu la semana que viene	さらいしゅう sa raishuu dentro de dos semanas

日(ひ)hi día / 曜日(ようび) yoobi día de la semana

↓

3月(さんがつ) **sangatsu marzo**						
にち **日**ようび **nichi**yoobi Domingo	げつ **月**ようび **getsu**yoobi Lunes	か **火**ようび **ka**yoobi Martes	すい **水**ようび **sui**yoobi Miércoles	もく **木**ようび **moku**yoobi Jueves	きん **金**ようび **kin** yoobi Viernes	ど **土**ようび **do**yoobi Sábado
	1	2	3	4	5	6
7	8	9	10	11	12	13
14	**15**	**16** **おととい** **ototoi** **Anteayer**	**17** **きのう** **kinoo** **Ayer**	**18** **きょう** **kyoo** **Hoy**	**19** **あした** **ashita** **Mañana**	**20** **あさって** **asatte** **Pasado mañana**
21	22	23	24	25	26	27
28	29	30	31			

Nota: En Japón el calendario está organizado de forma que la semana empieza el domingo.

おととい ototoi	hace dos días	の　あさ no asa por la mañana	ゆうべ yuube	anoche
きのう kinoo	ayer		けさ kesa	esta mañana
あした ashita	mañana	の　ばん no ban por la tarde	こんばん konban	esta tarde
あさって asatte	pasado mañana		こんや kon ya	esta noche

らいねんの　9がつに　イギリスへ　いきます。
Rainenno kugatsuni igirisue ikimasu.

En septiembre del año que viene voy a Inglaterra.

らいしゅうの　しゅうまつ　うちで　パーティをします。
Raishuuno shuumatsu uchide paatiiwoshimasu.

El fin de semana que viene voy a hacer una fiesta en mi casa.

あさって　みんなで　おはなみに　いきます。
Asatte minnade ohanamini ikimasu.

Pasado mañana nos vamos todos al hanami.

A：いつ　にほんへ　きましたか。　¿Cuándo vino a Japón?
Itsu Nihon e kimashitaka.
B：**きょねん**の　**3がつ**に　きました。　Vine en marzo del año pasado.
Kyonenno **sangatsu**ni kimashita.

A：いつ　メキシコへ　いきますか。　¿Cuándo va a México?
Itsu Mekishiko e ikimasuka.
B：-**らいしゅう**の　**きんようび**に　いきます。　Voy el viernes que viene.
Raishuuno **kin yoobi**ni ikimasu.
-**あした**の　**あさ**です。　Mañana por la mañana.
Ashitano asa desu.

8.3 Vocabulario útil

住所	じゅうしょ	juusho	dirección
年月日	ねんがっぴ	nengappi	fecha completa
生年月日	せいねんがっぴ	seinengappi	fecha de nacimiento
2010年4月1日	nisenjuunen shigatsu tsuitachi	1 de abril de 2010	
電話番号	でんわばんごう	denwabangoo	número de teléfono
03-3123-4567	zerosan no sanichinisan no yongorokunana		

Números de teléfono útiles

けいさつ(しょ) Keisatsu(sho) Tradicionalmente se dice así, y no hyakujuu.	comisaría	110 ひゃくとうばん hyakutooban
しょうぼう (かじ、きゅうきゅうしゃ) Shooboo (kaji, kyuukyuusha)	parque de bomberos, urgencias	119 いちいちきゅう ichiichikyuu
じほう Jihoo	información horaria	117 いちいちなな ichiichinana
てんきよほう Tenkiyohoo	información meteorológica	177 いちななwhile ichinananana
でんわばんごう あんない Denwabangoo annai	guía telefónica	104 いちれいよん ichireiyon

A: すみません。しやくしょの でんわばんごうは なんばんですか。
Sumimasen. Shiyakushono denwabangoowa nanbandesuka.
Disculpe, ¿cuál es el número de teléfono del Ayuntamiento?

B: しやくしょですね。 045-578-6523 です。
Shiyakushodesune. Zeroyongo no gonanahachi no rokugonisan desu.
Del Ayuntamiento, ¿verdad? Es el 045-578-6523.

A: ありがとう ございました。
Arigatoo gozaimashita.
Muchas gracias.

Forma de escribir una dirección:

ゆうびんばんごう
郵便番号
155-0031 ⟵ código postal

ciudad ↘ distrito ↙ barrio ↙

とうきょうと 東京都　せたがやく 世田谷区　きたざわ 北沢　4-14-23 ↙

4	núm. de barrio
14	núm. de calle
23	núm. de casa

きたざわ　ごう
北沢ハイツ205号 ⟵ nombre del edificio, planta y número

やまだたろうさま
山田太郎 様 ⟵ nombre de la persona

Las fechas en japonés

En los documentos o escritos, sobre todo si son de alcance exclusivamente nacional, se utilizan las fechas correspondientes a la Era del Emperador reinante.

Era +	año +	mes +	día		
平成	24年	1月	1日	=	2012年 1月 1日
Heisei	nijuuyonen	ichigatsu	tsuitachi		nisenjuuninen
					1 de Enero de 2012

Eras más recientes

明治 (Meiji)	1868 -1912	Reforma o restauración Meiji
大正 (Taishoo)	1912-1926	1923, terremoto de Tokyo y Yokohama
昭和 (Showa)	1926-1989	1941, Guerra del Pacífico 1945, bombas atómicas sobre Hiroshima y Nagasaki
平成 (Heisei)	**1989~** **(año 1 de Heisei)**	Era del Emperador Akihito 1995, terremoto de Kobe y Osaka 2011 (平成２３年３月１１日) Toohoku daishinsai. Catástrofe de Fukushima (gran terremoto y tsunami en el noreste de Japón)

Todos los días **Todas las semanas** **Todos los meses** **Todos los años**	まい 毎 { にち / しゅう / つき / とし	**mai** { nichi / shuu / tsuki / toshi
Todas las mañanas **Todas las noches**	まい 毎 { あさ / ばん	**mai** { asa / ban
Todo el día **Toda la noche** **Todo el año**	一日 / 一晩 / 一年 } じゅう 中	ichinichi / hitoban / ichinen } **juu**
Por la mañana **Hacia el mediodía** **A mediodía** **Tarde**	ごぜんちゅう ひるごろ しょうご / (お)ひる ゆうがた	gozenchuu hirugoro shoogo, (o)hiru yuugata
Antes del mediodía **Después del mediodía** **Esta tarde** **Esta noche**	ごぜん ごご こんばん こんや	gozen gogo konban kon ya
Por la noche **Anoche** **Medianoche**	よる さくや / ゆうべ (ま)よなか	yoru sakuya, yuube (ma)yonaka
Fin de semana **Fin de mes** **Finales de año** **Puente**	しゅう / げつ / ねん } **まつ** れんきゅう	shuu / getsu / nen } **matsu** renkyuu
Periodo de 1 año **Siglo**	ねんかん せいき	nenkan seiki
Calendario **Fecha**	カレンダー ひづけ / ひにち	karendaa hizuke, hinichi
Año bisiesto	うるうどし	uruudoshi

まいばん　テレビで　ニュースをみます。
Maiban terebide nyuusu wo mimasu.

Todas las tardes veo las noticias en la televisión.

れんきゅうに　ほっかいどうを　りょこうします。
Renkyuu ni Hokkaidoo wo ryokooshimasu.

En el puente haré un viaje a Hokkaido.

Estaciones

LAS ESTACIONES

四季(しき) **shiki** 春夏秋冬(しゅんかしゅうとう) **shunka shuutoo** las cuatro estaciones

春
はる
haru- primavera

夏
なつ
natsu-verano

秋
あき
aki-otoño

冬
ふゆ
fuyu-invierno

Duración

tres días una semana un mes un año	みっか いっしゅう いっかげつ いちねん } かん	mikka isshuu ikkagestsu ichinen } kan
medio { día / mes / año	はん { にち / つき / とし	han { nichi / tsuki / toshi
a principios de mes a mediados de mes a finales de mes	じょう ちゅう げ } じゅん	joo chuu ge } jun

Antes

Hace una semana Hace un año	いっしゅうかん いちねん } まえ	isshuukan ichinen } mae

Después

Después de una semana Después de un año	いっしゅうかん いちねん } ご	isshuukan ichinen } go

夏(冬)休み natsu(fuyu)yasumi vacaciones de verano(invierno)

いちにちおきに	ichinichiokini	cada dos días
いちじかん みっか } ごとに/おきに	ichijikan mikka } gotoni /okini	cada hora cada tres días
いちにちに さんかい	ichinichi ni sankai	tres veces al día
いっしゅうかんに にかい	isshuukan ni nikai	dos veces a la semana
よねんに いちど	yonen ni ichido	una vez cada cuatro años

Unidad 9

じかん jikan
La hora

	Horas		Minutos	
1	**いち** じ	ichi ji	いっぷん	ip-pun
2	に じ	ni ji	にふん	ni-fun
3	さん じ	san ji	さんぷん	san-pun
4	**よ** じ	**yo** ji	よんぷん	yon-pun
5	ご じ	go ji	ごふん	go-fun
6	ろく じ	roku ji	ろっぷん	rop-pun
7	しち じ	shichi ji	ななふん	nana-fun
8	はち じ	hachi ji	はっぷん	hap-pun
9	**く** じ	**ku** ji	きゅうふん	kyuu-fun
10	じゅう じ	juu ji	じっぷん / じゅっぷん	jip-pun, jup-pun
11	じゅういち じ	juuichi ji	じゅういっぷん	juuip-pun
12	じゅうに じ	juuni ji	じゅうにふん	juuni-fun
15	じゅうご じ	juugo ji	じゅうごふん	juugo-fun
20	にじゅう じ	nijuu ji	にじっぷん / にじゅっぷん	nijip-pun, nijup-pun
¿?	**なんじ**	**nan-ji**	**なんぷん**	**nan-pun**

Confusión en el uso de pun y fun.

Hay una manera de recordar cual de las 2 formas debemos emplear al expresar los minutos cuando hablamos de la hora. Si el número que expresa los minutos acaba en consonante se usa el sufijo **pun**, en caso de que acabe en vocal se usa **fun**.

duración	かん	kan			
ji	じ	hora	ごふん	gofun	5 minutos
fun, pun	ふん / ぷん	minuto	にじっぷん	nijip-pun	20 minutos
byoo	びょう	segundo	ごびょう	gobyoo	5 segundos

"kan" significa duración, sin embargo se utiliza generalmente como sufijo de la duración en horas. No se usa para indicar un período de duración en minutos.

A: あなたの　うちから　ここまで　どのくらい　かかりますか。
Anatano uchikara kokomade donokurai kakarimasuka.
¿Cuánto tiempo se tarda desde su casa hasta aquí?

B: –1 じかん　かかります。　Ichijikan kakarimasu.　Se tarda una hora.
–1じかん20ぷん　かかります。　Ichijikan nijippun kakarimasu.　Se tarda una hora y veinte minutos.
–1じかんはん　かかります。　Ichijikan han kakarimasu.　Se tarda una hora y media.

12:00

ちょうど じゅうにじ です。
choodo juuniji desu.

5:30

ごじ **はん** です。
goji **han** desu.

5:45

ろくじ じゅうごふん **まえ** です。
rokuji juugofun**mae** desu.

9:15

くじ じゅうごふん です。
kuji juugofun desu.

4:10

よじ じっぷん です。
yoji jippun desu.

11:55
12:03

じゅうにじ **ちょっとまえ** です。
12ji **chottomae** desu. → Son casi las doce.

じゅうにじ **ちょっとすぎ** です。
12ji **chottosugi** desu. → Son las doce pasadas.

じゅうにじ **ごろ** です。
12ji **goro** desu. → Son más o menos las doce.

A: すみません、いま **なんじ**ですか。 — Perdón, ¿qué hora es?
Sumimasen, ima**nanji**desuka.
B: 10じ20ぷん です。 — Son las diez y veinte.
Juuji nijippun desu.
A: どうも ありがとうございました。 — Muchas gracias.
Doomo arigatoogozaimashita.
B: いいえ、(どういたしまして)。 — De nada.
Iie, (doo itashimashite).

A: まどぐちは **なんじに** あきますか。 — ¿A qué hora abre la ventanilla?
Madoguchiwa nanjini akimasuka.
B: **9じに**あきます。 — Abre a las nueve.
Kujini akimasu.

A: **なんじに** あいましょうか。 — ¿A qué hora quedamos?
Nanjini aimashooka.
B: **5じごろ** あいましょう。 — Quedemos sobre las cinco.
Gojigoro aimashoo.

Capítulo 2

Gramática

Unidad 1 こそあど Demostrativos

1.1 Formación de los demostrativos

No modificadores					
	Situación del objeto al que se refieren	Pronombre demostrativo	*Adverbio de lugar	lado, dirección	
				formal	informal
こ	cerca del hablante	これ esto, éste	ここ aquí	こちら	こっち
				por aquí	
そ	cerca del oyente	それ eso, ése	そこ ahí	そちら	そっち
				por ahí	
あ	lejos de los dos	あれ aquello, aquél	あそこ allá, allí	あちら	あっち
				por allá, allí	
ど	interrogativo	どれ ¿cuál?	どこ ¿dónde?	どちら ¿qué lado?	どっち ¿por dónde?

Pronombre demostrativo

A: **これは** なんですか。
¿Qué es esto?

B: **それは**...です。
Eso es...

A: **それは** なんですか。
¿Qué es eso?

B: **これは**...です。
Esto es...

A: **あれは** なんですか。
¿Qué es aquello?

B: **あれは**...です。
Aquello es...

Adverbio de lugar

A: もうすこし みぎ。
Un poco más a la derecha.

B: **ここ**。
¿Aquí?

A: うん **そこ**。
Sí, ahí.

おてあらいは **あちら**です。
El servicio está por allá.

こちらは たなかさんです。
Éste es el Sr. Tanaka.

Ojo: Cuando se trata de personas, こちら, そちら, あちら se emplean para presentar a alguien con cortesía.

Nota 1: Cuando nos referimos a algo en plural, a veces se emplean これら、それら、あれら、pero habitualmente se utilizan これ、それ、あれ。
これは（これらは） わたしのほんです。　Estos son mis libros.

Nota 2: En realidad se trata de pronombres demostrativos de lugar, y como tales necesitan una partícula que indique su función.
Ej.: koko ni ("en este lugar", "aquí"), "soko e" ("hacia ese lugar", "hacia allí")
ここは スペインです。　Aquí (esto) es España.

Modificadores		
Adjetivo demostrativo	Adjetivo indefinido	Adverbio de modo
この este	こんな tal como éste	こう así, de este modo
その ese	そんな tal como ése	そう de ese modo
あの aquel	あんな tal como aquél	ああ de aquel modo
どの ¿qué...?/¿cuál...?	どんな ¿como qué? ¿de qué tipo?	どう ¿cómo?

Adjetivo demostrativo

この その あの	ほん	Este Ese Aquel	libro
どのほん		¿Qué libro?	

Nota:

No es correcto:

~~これ~~ほん → **この**ほん

Para formar el genitivo posesivo de これ,それ, あれ, どれ se usa **この, その, あの, どの**.

Adjetivo indefinido. Manifiesta la clase y el estado o condición de las cosas, etc.

こんなところ	Un lugar como éste
そんなばかな	Tan absurdo como eso
あんなひと	Un hombre como aquél
どんなくだもの	Qué tipo de fruta

A: としょかんは　**どの**たてものですか。	¿Cuál de esos edificios es la biblioteca?
B: **あの**たてものです。	Es aquel edificio.
A: **これ**は　にほんごで　なんですか。	¿Cómo se dice esto en japonés?
B: えんぴつです。	Se dice lápiz.
A: **どこ**で　やすみましょうか。	¿Dónde descansamos?
B: ああ、**あそこ**で　やすみましょう。	Ah, descansemos allí.

Ojo: Recordad que en japonés no existe el género ni el número.

1.2 Los adjetivos demostrativos

desconocido

Se usa para referirse a personas o cosas ausentes, conocidas por el hablante pero no por su interlocutor.

その X

A: わたしの からての せんせいは もりというひとです。
Mi profesor de karate es el Sr. Mori.

B: **その**ひとは どこの しゅっしんですか。
¿De dónde es esa persona?

A: きのう りょうりの とてもおいしい レストランへ いきました。
Ayer fui a un restaurante donde la comida estaba muy buena.

B: **その** レストランは どこにありますか。
¿Dónde está ese restaurante?

conocido

Se usa para referirse a personas o cosas ausentes, conocidas tanto por el hablante como por su interlocutor.

あの X

A: ひさしぶりに **セルヒオ**に あいました。
Vi a Sergio después de mucho tiempo.

B: **あの**ひとは いま どこに すんでいますか。
¿Dónde vive ahora él?

A: きのう えきまえの レストランで しょくじしました。
Ayer comí en el restaurante de enfrente de la estación.

B: ああ、**あの**レストラン、**あの**レストランは おいしいです。
Ah, aquel restaurante, se come bien en aquel restaurante.

Al referirse de nuevo a algo que ya se ha mencionado previamente (un lugar, un objeto, etc.), el hablante debe utilizar siempre その. Por ejemplo:

いもうとは ケーキやで アルバイトをしています。 **その**ケーキやのケーキは とてもおいしいです。
Mi hermana está trabajando en una pastelería. En esa pastelería tienen pasteles muy buenos.

1.3 Otros

どういう + Sust. y どんな + Sust.

どういう〜 se usa con un sentido parecido al de どんな〜, pero se usa más habitualmente en aquellos casos que requieren de una explicación más detallada acerca del contenido de cierta materia.

A: きんえんは **どういう** いみですか。
¿Qué significa "kin-en"?

B: たばこを すっては いけない ***という**いみです。
Significa "se ruega no fumar".

* という ...quiere decir

A: きょうとは **どんな**ところですか。 ¿Cómo es la ciudad de Kioto?

B: とてもふるい まちです。 Es una ciudad muy antigua.

〜という + Sust.

Equivale a la estructura "un + Sust. + llamado...", y sirve para referirse a una expresión o palabra que el oyente no conoce bien.

〜というところ un lugar que se llama...

わたしの ともだちは とうきょうの しもきたざわ **というところ**に すんでいます。
Mi amiga vive en un lugar llamado Shimo Kitazawa en Tokyo.

〜 というえいが una película que se titula...

7人の さむらい **というえいが**を みたことが ありますか。
¿Ha visto una película titulada "shichinin no samurai" ?

Ojo:

〜 というひと

さっき **たなかさん というひと**が きました。
Hace un rato ha venido un señor llamado Tanaka.

るすの あいだに **たなかさん**が きました。
Durante su ausencia ha venido el Sr. Tanaka.

Unidad

2 Interrogativos e indefinidos

2.1 Interrogativos

Pronombres interrogativos	なに/ なん	Qué (objetos)	なにが } ありますか。 なにか } ありますか。	¿Qué hay? ¿Hay algo?
			これは **なん**ですか。	¿Qué es ésto?
			なんばんですか。	¿Qué número?
			Nota: なん se utiliza para facilitar la pronunciación y suele preceder a palabras que empiezan por t, d, n, etc. Ej: **なんと**いいましたか。¿Qué has dicho?	
	だれ/ *どなた *(con respeto)	Quién	あなたは **だれ/どなた** } ですか。	¿Quién es Vd.?
			あのひと (かた) は **どなた** } ですか。 (respeto)	¿Quién es él?
	どれ	Cuál	あなたの ほんは **どれ**ですか。	¿Cuál es su libro? (entre más de dos)
	どちら		あなたの ほんは **どちら**ですか。	¿Cuál de los dos es su libro? (cuando hay dos)
Adverbios interrogativos	いつ	Cuándo	**いつ** にほんへ いきますか。 ¿Cuándo va Vd. a Japón?	
	どこ	Dónde	ゴメスさんの じむしょは **どこ**ですか。 ¿Dónde está el despacho del Sr. Gómez?	
	どう	Cómo	このことばは **どう**よみますか。 ¿Cómo se lee esta palabra?	
	なぜ/ どうして	Por qué	**なぜ/どうして** かれは こないのですか。 ¿Por qué no viene él?	
	いくら/ cantidad exacta	Cuánto	これは **いくら**ですか。 ¿Cuánto cuesta ésto?	
	どのくらい cantidad aprox.		ここから えきまで **どのくらい**かかりますか。 ¿Cuánto se tarda de aquí a la estación?	

2.2 Adjetivos interrogativos

いくら / なん	どんな	どの / どちらの
¿cuánto?	¿qué tipo?	¿cuál?

2.3 Indefinido

2.3.1 Pronombres indefinidos

Se forman añadiendo las siguientes partículas:

	indeterminación 〜か	generalización 〜でも	generalización absoluta 〜も	CD 〜を
なに objetos	algo なにか	cualquier cosa * なんでも	nada なにも	qué なにを
だれ personas	alguien だれか	cualquier persona だれでも	nadie だれ（に）も	a quién だれを
selección どれ (varios)	alguno どれか	cualquiera どれでも	ninguno de esos どれも	a / cuál どれを
どちら (dos)	uno u otro どちらか	cualquiera de los dos どちらでも	los dos (afirmativo), ninguno de los dos (negativo) どちらも	a / cuál どれを a / cuál de los dos どちらを

* En caso de なにでも se cambia por なんでも.

A: たんじょうびのプレゼントは　なにがいいですか。 ¿Qué quieres de regalo de cumpleaños?

B: なんでも　いいです。 Cualquier cosa está bien.

2.3.2 Adverbios indefinidos

	〜か	〜でも	〜も
いつ	alguna vez, algún día いつか	cualquier momento いつでも	siempre いつも
どこ	alguna parte, algún lugar どこか	cualquier parte, dondequiera どこでも	ningún lugar + V. negativo どこも

Con las palabras interrogativas con función de sujeto, siempre se usa la partícula が nunca は.

いもうとのでんわは　いつも　ながいです。
Las llamadas telefónicas de mi hermana siempre son muy largas.

このしゅうまつは、どこも　いきません。
Este fin de semana no voy a ir a ningún lugar.

Unidad

3 います / あります
Estar, haber

Es esencial utilizar adecuadamente estos dos verbos, ya que indican si se trata de un ser vivo o inerte. En especial es muy importante no equivocarse cuando se habla de personas, ya que el error podría ser considerado ofensivo.

3.1 います se utiliza para seres animados

PERSONA		
	A: だれが いますか。 B: さとうさんが います。 だれも いません。	**¿Quién** está (en la habitación)? **Está** el Sr. Sato. No hay nadie.
へやに dentro de la habitación	A: だれか いますか。 B: はい、さとうさんが います。 いいえ、だれも いません。	¿**Hay** alguien (en la habitación)? **Sí**, está el Sr. Sato. **No**, no hay nadie.

ANIMAL		
	A: なにが いますか。 B: ねこが います。 なにも いません。	¿**Qué** hay (debajo de la mesa)? **Hay** un gato. No hay nada.
テーブルの したに debajo de la mesa	A: なにか いますか。 B: はい、ねこが います。 いいえ、なにも いません。	¿**Hay** algo (debajo de la mesa)? **Sí**, Hay un gato. **No**, no hay nada.

3.2 あります se utiliza para seres inanimados

COSAS		
	A: なにが ありますか。 B: ほんが あります。 なにも ありません。	¿**Qué** hay (sobre la mesa)? **Hay** un libro. No hay nada.
テーブルのうえに sobre la mesa	A: なにか ありますか。 B: はい、ほんが あります。 いいえ、なにも ありません。	¿**Hay** algo (sobre la mesa)? **Sí,** hay un libro. **No,** no hay nada.

Nota:

にあります / ～にいます pueden sustituirse por **です**.

じしょは つくえの うえ **にあります。**
↓
じしょは つくえの うえ**です。**
El diccionario está sobre la mesa.

かとうさんは じむしょ **にいます。**
↓
かとうさんは じむしょ **です。**
El Sr. Kato está en el despacho.

A: ゆうびんきょくは どこ**にあります**か。 — ¿Dónde está la oficina de Correos?
↓
ゆうびんきょくは どこ**です**か。

B: あそこ**にあります。** — Está allí.
↓
あそこ**です。**

Resumen

Lugar に algo が → あります alguien が → います	Sujeto は lugar に → あります → います
Lugar に なにも → ありません だれも → いません	Sujeto は lugar です

3.3 Locuciones preposicionales

～の	うえ	に	sobre / encima de
	した		debajo de
	あいだ		entre
	まえ		delante de / enfrente de
	うしろ		detrás de
	となり		junto a
	そば		al lado de
	ちかく		cerca de
	とおく		lejos de
	そと		fuera de
	なか		dentro de
	みぎ		a la derecha de
	ひだり		a la izquierda de
	ところ		cerca de
	すみ		rincón
	かど		esquina
	まんなか		centro

A: くずかごは、どこにありますか。 — ¿Dónde está la papelera?
B: つくえのひだりに　あります。 — Está a la izquierda del escritorio.

A: へやにテレビが　ありますか。 — ¿Hay una televisión en la habitación?
B: いいえ、ありません。 — No, no hay.

A: つくえのしたに　なにかいますか。 — ¿Hay algún animal bajo el escritorio?
B: いいえ、なにもいません。 — No, no hay ninguno.

A: いぬは　どこにいますか。 — ¿Dónde está el perro?
B: ベッドのそばに　います。 — Está al lado de la cama.

A: テーブルのうえに　なにがありますか。 — ¿Qué hay encima de la mesa?
B: めがねや、かぎが　あります。 — Hay unas gafas, unas llaves, etcétera.

A: ベッドのうえに　なにがありますか。 — ¿Qué hay encima de la cama?
B: ざっしと、けいたいでんわが　あります。 — Hay una revista y un teléfono móvil.

と se utiliza para hacer una lista cerrada y や para hacer una lista abierta.

AとBとC	A, B y C (solamente)
AやBやC	A, B, C y más cosas

Unidad

4 どうし Verbos

4.1 Usos y conjugación de los verbos

4.1.1 Características de los verbos

En japonés, los verbos en infinitivo siempre terminan con la vocal ‘u’. Están compuestos por raíz y terminación verbal. La terminación verbal no varía según la persona ni el número.
Para indicar el tiempo sólo existen las formas presente y pasado. El futuro se expresa con la forma presente. Habitualmente se acompañan de palabras que lo aclaran (もう、あした、いま、etc.)
La negación se indica mediante la terminación verbal, no mediante un adverbio.

V. ir　いく

まいにち 9じに かいしゃへ **いきます。** (presente)
Todos los días voy a la empresa a las 9.

きのう どうぶつえんへ **いきました。** (pasado)
Ayer fui al zoo.

あしたは どこへも **いきません。** (futuro negativo)
Mañana no voy a ir a ningún sitio.

こんどの なつやすみに サンタンデールへ **いこう**と おもいます。 (intención)
Tengo pensado ir a Santander las próximas vacaciones de verano.

あなたが**いけば** みんな よろこぶでしょう。 (condicional - ば)
Si usted va, la gente se alegrará.

デパートへ **いって** くつを かいました。 (forma - て)
He ido a unos grandes almacenes y me he comprado unos zapatos.

> Al haber únicamente una forma de pasado, al traducirlo al español hay que utilizar el tiempo correcto según el contexto. Para expresar el futuro se añaden adverbios temporales.
>
> A: こづつみは **もう** つきましたか。　¿Ya ha llegado el paquete?
> B: はい、**けさ** つきました。　Sí, ha llegado esta mañana.
> はい、**きのう** つきました。　Sí, llegó ayer.
>
> **あした** ともだちと でかけます。　Mañana saldré con una amiga.

El infinitivo de los verbos en japonés resulta fundamental por ser empleado con frecuencia, tanto en el lenguaje escrito como en conversación.

Hay tres tipos de verbos según su forma de conjugación.

⇨ Tipos de verbos:

- Grupo I　5だんどうし　el infinitivo termina en **-u.**
- Grupo II　1だんどうし
  - いだん (el infinitivo termina en **-iru**).
  - えだん (el infinitivo termina en **-eru**).
- Grupo III　ふきそくどうし (irregulares)　"する" (hacer)　"くる" (venir) (sólo hay estos dos)

4.1.2 Forma cortés y forma coloquial (forma corta)

				forma cortés		forma corta	
				presente	**pasado**	**presente**	**pasado**
Grupo I	5だんどうし		Af.	かきます　escribir	かきました	かく	かいた
			Neg.	かきません	かきませんでした	かかない	かかなかった
			Af.	よみます　leer	よみました	よむ	よんだ
			Neg.	よみません	よみませんでした	よまない	よまなかった
			Af.	あいます　encontrarse	あいました	あう	あった
			Neg.	あいません	あいませんでした	あわない	あわなかった
Grupo II	1だんどうし	いだん	Af.	おきます　levantarse	おきました	おきる	おきた
			Neg.	おきません	おきませんでした	おきない	おきなかった
			Af.	みます　ver	みました	みる	みた
			Neg.	みません	みませんでした	みない	みなかった
		えだん	Af.	たべます　comer	たべました	たべる	たべた
			Neg.	たべません	たべませんでした	たべない	たべなかった
			Af.	ねます　acostarse	ねました	ねる	ねた
			Neg.	ねません	ねませんでした	ねない	ねなかった
Grupo III	ふきそくどうし		Af.	きます　venir	きました	くる	きた
			Neg.	きません	きませんでした	こない	こなかった
			Af.	します　hacer	しました	する	した
			Neg.	しません	しませんでした	しない	しなかった

Nota: La mayoría de verbos japoneses pertenecen al Grupo I.

4.1.3 Conjugación de los verbos

	Grupo I 5だんどうし	Grupo II 1だんどうし		Grupo III irregulares ふきそくどうし	
		いだん	えだん		
Verbo	かく	おきる	たべる	くる	する
～ない negativo	かかない	おきない	たべない	こない	しない
～ます forma cortés	かきます	おきます	たべます	きます	します
infinitivo	かく	おきる	たべる	くる	する
～ば / れば condicional	かけば	おきれば	たべれば	くれば	すれば
～う / よう intencional	かこう	おきよう	たべよう	こよう	しよう
	かぎょう 5だん V. Columna [か] 5 líneas	かぎょう いだん V. Columna [か] línea い	ばぎょう えだん V. Columna [か] línea え		
	La raíz cambia	La raíz no cambia. Sólo cambia la terminación verbal			

Nota: Para conjugar la forma negativa de un verbo cuyo infinitivo termina en う, ha de sustituirse esta última, por la silaba **わ** antes de la terminación ～ない.

Infinitivo		Negativo
あう	(encontrarse)	あ**わ**ない
いう	(decir)	い**わ**ない
うたう	(cantar)	うた**わ**ない
すう	(fumar)	す**わ**ない

Nota: Hay que prestar especial atención a estos verbos:			
Grupo I 5だんどうし		**Grupo II** 1だんどうし	
*きる (切る)	cortar	*きる (着る)	vestirse
いる (要る)	necesitar	いる (居る)	estar
はいる (入る)	entrar		
はしる (走る)	correr		
しる (知る)	saber		
*かえる (帰る)	regresar	*かえる (変える)	cambiar
すべる (滑る)	resbalar		

* Ojo: acento

4.1.4 Sustantivo + する

"する" se usa en combinación con ciertos nombres y adverbios con un nuevo sentido verbal. Cuando significa "hacer", se puede usar para construir otra clase de verbos añadiendo sustantivos.

1. Palabra de origen extranjero + する			2. Sustantivo + する		
チェック	する	comprobar	べんきょう	する	hacer + estudios = estudiar
キャンセル		anular / cancelar	うんてん		hacer + conducción = conducir
			けっこん		hacer + matrimonio = casarse
			よやく		hacer + reserva = reservar

Últimamente, cada vez es más frecuente que los jóvenes utilicen palabras de origen extranjero (sobre todo del inglés), junto a する, como por ejemplo: カット**する** cortar el pelo, トライ**する** intentar, etc.

4.1.5 Sustantivación de verbos. V. + こと

Los verbos en infinitivo seguidos de la palabra こと (hecho, acción) se convierten en sustantivos.

およぐ	nadar	→	およぐこと	el nadar
きく	escuchar	→	きくこと	el escuchar
よむ	leer	→	よむこと	el leer
つかう	usar	→	つかうこと	el usar

ルイスは　かんじを　**よむことが**　できます。
Luis sabe leer kanji.

このプールは　いちねんじゅう　**およぐことが**　できます。
En esta piscina se puede nadar todo el año.

ちちは　パソコンを　**つかうことが**　できません。
Mi padre no sabe utilizar el ordenador.

わたしの　しゅみは　おんがくを　**きくこと**です。
Mi hobby es escuchar música.

4.1.6 Las formas verbales

Formación

El japonés, a diferencia del español, carece de irregularidades en sus formas verbales, salvo por los verbos del Grupo III, que hay que aprender de memoria.

<table>
<tr><th colspan="3"></th><th colspan="2">infinitivo</th><th colspan="2">negativo
～ない</th></tr>
<tr><td rowspan="3">Grupo I</td><td colspan="2" rowspan="3">5だんどうし
Inf.
(u)</td><td>よむ</td><td>leer</td><td>よまない</td><td>（まみむめも）</td></tr>
<tr><td>かく</td><td>escribir</td><td>かかない</td><td>（かきくけこ）</td></tr>
<tr><td>はなす</td><td>hablar</td><td>はなさない</td><td>（さしすせそ）</td></tr>
<tr><td rowspan="2">Grupo II</td><td rowspan="2">1だんどうし</td><td>いだん</td><td>おきる
おりる
みる</td><td>levantarse
bajar
ver</td><td>おき
おり
み</td><td rowspan="2">ない</td></tr>
<tr><td>えだん</td><td>あける
たべる
ねる</td><td>abrir
comer
acostarse</td><td>あけ
たべ
ね</td></tr>
<tr><td rowspan="2">Grupo III</td><td colspan="2" rowspan="2">ふきそくどうし</td><td>くる</td><td>venir</td><td colspan="2">こない</td></tr>
<tr><td>する</td><td>hacer</td><td colspan="2">しない</td></tr>
</table>

Formación del negativo en japonés:

- Grupo 1: a partir de la forma de infinitivo, se quita la terminación –u, se cambia por una –a y se añade la terminación negativa –nai:
  kaku → kakanai hanasu → hanasanai
  Nota: hay que tener especial cuidado con los verbos acabados en –u y en –tsu:
  au → awanai matsu → matanai

- Grupo 2: basta con cambiar la terminación –ru por –nai:
  taberu → tabenai miru → minai

La forma ～ない en pasado, en todos los verbos, se convierte en la terminación ～なかった.

	forma cortés ～ます	orden, mandato	condicional ～ば/～れば	intencional ～う/～よう
	よみます	よめ	よめ かけ はなせ } ば	よも かこ はなそ } う
	かきます	かけ		
	はなします	はなせ		
	おき おり み あけ たべ ね } ます	おき おり み あけ たべ ね } ろ	おき おり み あけ たべ ね } れば	おき おり み あけ たべ ね } よう
	きます	こい	くれば	こよう
	します	しろ	すれば	しよう

Formación de la forma –masu:

- Grupo 1: a partir de la forma de infinitivo, se quita la terminación –u, se cambia por una –i y se añade la terminación –masu:
  kaku → kakimasu   yomu → yomimasu
  Nota: hay que tener especial cuidado con los verbos acabados en –su y en –tsu:
  hanasu → hanashimasu   matsu → machimasu

- Grupo 2: se cambia la terminación –ru por –masu:
  taberu → tabemasu   miru → mimasu

4.2 Formas básicas

4.2.1 Formación de la forma ～て / ～た

Grupo I ５だんどうし					
	V. Inf.		forma	てけい	たけい
a) ～う,～つ,～る Los verbos acabados en う, つ, る, suprimen esta última sílaba y sustituyen por ～って.	かう comprar	～う	～って	かって	かった
	まつ esperar	～つ	～って	まって	まった
	つくる hacer	～る	～って	つくって	つくった
b) ～ぶ, ～む, ～ぬ Los verbos acabados en ぶ, む, ぬ, suprimen esta última sílaba y la sustituyen por ～んで.	あそぶ jugar	～ぶ	～んで	あそんで	あそんだ
	よむ leer	～む	～んで	よんで	よんだ
	しぬ morir	～ぬ	～んで	しんで	しんだ
c) ～く, ～ぐ Los verbos acabados en く suprimen esta sílaba por ～いて, y los terminados en ぐ, la sustituyen por ～いで.	かく escribir	～く	～いて	かいて	かいた
	いそぐ darse prisa	～ぐ	～いで	いそいで	いそいだ
	Excepción: la forma て del verbo いく ir, es いって, y no い~~い~~て				
d) ～す Los verbos acabados en ～す, suprimen esta última sílaba y la sustituyen por ～して.	かす prestar	～す	～して	かして	かした
	はなす hablar	～す	～して	はなして	はなした

Forma ～て

La forma ～て tiene multitud de funciones en japonés. Una de ellas es unir dos frases que expresan acciones sucesivas. También se usa en combinación con otros verbos añadiendo un nuevo significado a la acción, como veremos a continuación.

Grupo II　1だんどうし　　いだん / えだん					
	V. Inf.		forma	てけい	たけい
いだん					
vestirse	きる	き	～て	きて	きた
levantarse	おきる	おき		おきて	おきた
ducharse	あびる	あび		あびて	あびた
ver	みる	み		みて	みた
bajar	おりる	おり		おりて	おりた
pedir prestado	かりる	かり		かりて	かりた
えだん					
enseñar	おしえる	おしえ	～て	おしえて	おしえた
abrir	あける	あけ		あけて	あけた
mostrar	みせる	みせ		みせて	みせた
salir	でる	で		でて	でた
comer	たべる	たべ		たべて	たべた
dormir	ねる	ね		ねて	ねた
coleccionar	あつめる	あつめ		あつめて	あつめた
Grupo III　(irregulares)　ふきそくどうし					
venir	くる			きて	きた
hacer	する			して	した

Forma ～た

La forma ～ た se utiliza de manera coloquial para expresar el verbo en pasado (afirmativo), o para expresar una acción ya sucedida, así como en varias expresiones como ～ た + ことがあります (experiencia), ～た + ほうがいいです (consejo), etc., que se estudiarán en el capítulo 3.

✱ 4.2.2 Forma ～ています

Se construye a partir de la forma ～て y el verbo いる (estar). Se usa con varios significados:

a)	Acción continua estar + gerundio 	ちちは いま でんわを かけ**て**います。 A: ゆきこさんは いま なにを **して**いますか。 B: −てがみを か**いて**います。 −コンビニで でんちを かっています。
b)	Acción habitual o costumbre	わたしは まいあさ ジョギングを **して**います。 あねは アカデミアで にほんごを べんきょう**して**います。 うけつけで きってを う**って**います。
c)	Indica el estado actual de algo estar + participio	あには もう けっこん**して** います。 あのとけいは こわれ**て**います。 さいふが おち**て**います。 このふくろは あながあい**て**います。
d)	Profesión o posición en el tiempo prolongado (vivir, trabajar, pertenecer, etc.)	たにさんは びょういんに つとめ**て**います。 わたしの かぞくは マドリッドの こうがいに す**んで**います。 わたしは いいカメラを も**って**います。
e)	Se indica una característica permanente de algo	このナイフは さきが とが**って**います。 あのみちは まが**って**います。

Ojo:
しっています(saber, estar enterado, conocer, etc.) se usa en forma contínua.
En cambio, para la negación se emplea しりません. Hay que tener cuidado de no decir しっ~~てい~~ません.

Nota:
En muchas ocasiones se emplea しっています con el sentido de わかります.
En negativo es preferible responder con わかりません, que suena más suave que しりません.

	Mi padre está llamando por teléfono ahora. ¿Qué está haciendo la Srta. Yukiko ahora? Está escribiendo una carta. Está comprando pilas en el supermercado.
	Hago jogging todas las mañanas. Mi hermana mayor estudia japonés en una academia. Se venden sellos en recepción.
	Mi hermano mayor ya está casado. Aquel reloj está roto. Hay una cartera caída. En esta bolsa hay un agujero.
	El Sr. Tani trabaja en el hospital. Mi familia vive a las afueras de Madrid. Tengo una buena cámara.
	Este cuchillo tiene la punta afilada. Aquel camino tiene curvas.
	A: トヨタの　やまかわさんを　しっていますか。 ¿Conoce al Sr. Yamakawa de Toyota? B: −はい、**しっています。** Sí, le conozco. −いいえ、**しりません。** No, no le conozco. A: としょかんは　どこですか。 ¿Dónde está la biblioteca? B: ちょっと**わかりません。** Lo siento, no lo sé.

4.2.3 Forma ～て + ください

a)	forma ～てください Se utiliza para solicitar cortésmente que se lleve a cabo una acción. Por favor… Se usa cuando se recomienda o se ofrece algo a otra persona.
b)	forma ～ないでください

Nota 1: forma cortés

¿Podría hacer…? て / で ＋くださいませんか。

¿No le importaría…? て / で ＋ いただけませんか。

(Se trata de la petición más cortés posible para conseguir algo de alguien.)

~**かた** : La manera o el modo de hacer las cosas

–つかい~~ます~~→ つかい**かた**	La forma de usar
–ギターをひき~~ます~~→ ギターのひき**かた**	La manera de tocar la guitarra
–きものをき~~ます~~→ きもののき**かた**	La manera de ponerse el kimono

Nota 2: forma coloquial

Entre amigos y en familia, coloquialmente se suprime ください o くださいませんか, o bien se utiliza en su lugar くれ (hombres) o くれない (mujeres), con entonación ascendente

	ちょっと まって**て**ください。	Espere un momento, por favor.
	ここに なまえを かい**て**ください。	Escriba su nombre aquí, por favor.
	すみませんが タクシーをよん**で**ください。	Por favor, llame un taxi.
	どうぞ ケーキを たべ**て**ください。	Coma esta tarta, por favor.
	ここで タバコを すわ**ないで** ください。	No fume aquí, por favor.
	にもつは ここにおか**ないで** ください。	No deje aquí su maleta, por favor.
	まどを あけ**て** くださいませんか。	¿Podría abrir la ventana?
	コンピューターの つかいかたを おしえ**て** いただけませんか。	¿No le importaría enseñarme la forma de usar el ordenador? (le importaría)
	きものの きかたを	¿Podría enseñarme cómo ponerme el kimono?
	てんぷらの つくりかたを　おしえ**て** いただけませんか。	¿Podría enseñarme cómo se hace tempura?
	かんじの かきかたを	¿Podría enseñarme cómo se escribe Kanji?
	しんぶんを　とって(**くれ**/**くれない**)。	¡Pásame el periódico!
	ちょっと てつだって。	¡Ayúdame un rato!
	いっしょに いって。	¡Acompáñame!
	おくれないで。	¡No llegues tarde!
	しんぱいしないで。	¡No te preocupes!
	かいものに いってきて。	¡Ve a por la compra!

4.3 Otros usos de la forma ～て

4.3.1 ～ておく / ～てある

Están compuestas por la combinación de la forma ～て y el verbo おく (poner) o ある (estar). La expresión ～て+おく pone énfasis en la acción y en quién la realiza, mientras que ～て+ある pone el énfasis en el estado de algo sin importar demasiado quién lo haya hecho.

～ておく	～てある
Se trata de los preparativos que se van a realizar para un acontecimiento futuro.	Los preparativos ya han sido realizados.
Vas a dar una fiesta en tu casa. ¿Cómo vas a prepararla? いえを そうじして おきます。 Voy a dejar la casa limpia. はなを かざって おきます。 Voy a poner flores. ケーキを かって おきます。 Voy a dejar la tarta comprada.	Has preparado tu casa para una fiesta. ¿Cómo está preparada? いえが そうじして あります。 La casa está limpia. はなが かざって あります。 Las flores están dispuestas. ケーキが かって あります。 La tarta está comprada.

La forma ～ておく también se usa para:

1. Dejar algo en el estado anterior.

はさみは　ひきだしにいれて**おいて**ください。　Deja las tijeras en el cajón como estaban, por favor

じしょを つかったら もとのところへ **おいておいて**ください。　Ponga el diccionario en su sitio después de utilizarlo.

2. Abandono: dejar a alguien o a algo.

そっと**しておき**ましょう。　Dejémoslo solo.
そのままに**しておいて**ください。　Déjelo así por favor.
ほって**おいてください**。　Déjeme solo, por favor.

4.3.2 ～てみる Intentar, tratar de hacer

Está compuesta por la forma ～て y el verbo みる (mirar). Se usa con el significado de intentar o probar a hacer algo y ver el resultado.

そのくつを　はい**てみ**ます。　Voy a probarme esos zapatos.
もういちど　かんがえ**てみ**ます。　Lo pensaré de nuevo
にほんごの　しんぶんを　よん**でみ**ます。　Voy a intentar leer el periódico en japonés.

Como みます es verbo, se emplea conjugándolo igual que los verbos en general.

たべる → たべてみる → たべてみて

ちょっと たべ**てみても**いいですか。	¿Podría probar un poco?
かんじで てがみを かい**てみて**ください。	Intenta escribir una carta en Kanji, por favor.
これ、にほんのおかしです。たべ**てみ**てください。	Estos son unos dulces japoneses. Pruébelos.

4.3.3 ～てくる y ～ていく Cambio de estado

Están compuestas por la combinación de la forma ～て y el verbo くる (venir) o いく (ir). Se usan con varios significados

～て / でくる	～て / でいく
 かこ → げんざい pasado presente	 げんざい → みらい presente futuro
• Acompaña a verbos que expresan un cambio de estado o de situación, desde el pasado hacia el presente. いいかんがえが うかん**でき**ました。 Estoy teniendo una buena idea. あつくなっ**てき**ましたね。 Ya va haciendo calor, ¿verdad? • Comienzo de una acción. あめが ふっ**てき**ました。 Ha empezado a llover. おゆが　わい**てき**ました。 El agua ha empezado a hervir. ぶっかが　あんていし**てき**ました。 Los precios se han ido estabilizando. • Continuación hasta este momento. いままで まいにち かんじを べんきょうし**てき**ました。 Hasta este momento he estudiado “Kanji” cada día.	• Acompaña a verbos que expresan un cambio de estado o de situación, que tendrá lugar de ahora en adelante. だんだん くらくなっ**ていき**ます。 Poco a poco va oscureciendo. ふねが ちいさくなっ**ていき**ます。 El barco se va empequeñeciendo en el mar. あしたから いそがしくなっ**ていき**ます。 Desde mañana estaré más ocupado. ひこうきが　やまのむこうに とん**でいき**ます。 El avión va volando más allá de las montañas. シャボンだまが　きえ**ていき**ます。 Las pompas de jabón van desapareciendo. こどもが　どんどん おおきくなっ**ていき**ます。 Los niños se van haciendo cada vez más grandes. たいようが　しずん**でいき**ます。 El sol se va poniendo.

〜てくる y 〜ていく expresan el modo en el que se viene y se va a un lugar.

〜てくる	〜ていく
manera de venir	manera de ir
えきから はしっ**てき**ました。 He venido corriendo desde la estación.	えきへ はしっ**ていき**ました。 Ha ido corriendo hacia la estación.
traer (Lit. venir teniendo)	llevar (Lit. ir llevando)
かさを もっ**てき**ました。 He traído el paraguas.	あめがふりそうだから かさを もっ**ていき**ます。 Parece que va a llover, me llevo el paraguas.
つかれていたので、 タクシーにのっ**てき**ました。 Como estaba cansado, vine en taxi.	かいしゃへいくとき、いつもでんしゃのなかでたっ**ていき**ます。 Cuando voy a la oficina, siempre voy de pie en el tren.

Un verbo en forma 〜て seguido de くる o いく puede expresar la idea de "traer" o "llevar" , dos verbos que no existen como tal en japonés. 〜ていく significa que se hace algo yendo o de camino y 〜てくる que se hace algo viniendo o que se hace algo y se vuelve.

かっ**ていく**	ir + comprando	かっ**てくる**	venir + comprando
もっ**ていく**	ir + llevando	もっ**てくる**	venir + teniendo

えきまえの はなやで はなを かっ**ていき**ました。
Compré flores de paso en la floristería que está enfrente de la estación.

1. おべんとうを かっ**ていき**ます。　Yendo a...comprar comida.

Ir a un lugar → Hacer algo → Llegar a algún sitio

A: のみものが　すこしたりません。　Falta un poco de bebida.
B: じゃ、とちゅうでかっていきます。　Entonces compro por el camino.

2. おべんとうを かって**き**ました。　He comprado la comida de paso.

Salir hacia un lugar → Hacer algo → Venir

[A: ひるごはんは。　¿Has comido?
[B: ひるごはんは　とちゅうでたべてきました。　Ya he comido de camino.

3. パンを かって**き**ます。　Voy a por el pan.

Ir a donde venden pan → Comprar pan → Volver al lugar de partida

かくものを とって**き**ます。
Voy a por algo para escribir.

たばこを かって**き**ます。
Voy a por tabaco.

ちょっと　しょくじを　して**き**ます。
Voy a comer y vuelvo.

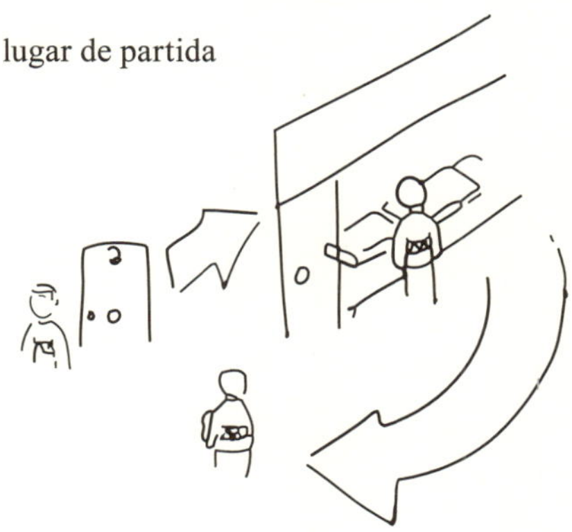

4.3.4 ～てしまう

Tiene dos significados:

a) Indica que la acción se ha llevado a cabo totalmente.	**b)** Expresa lamento o pena por algo que ha ocurrido contra la propia voluntad.
がくせいは みんな かえって**しまい**ました。 Todos los escolares han regresado ya. さくぶんは ぜんぶ かいて**しまい**ました。 Ya he escrito toda la redacción. かんじの しゅくだいは もう やって**しまい**ました。 Yo ya hice mis deberes de Kanji. ともだちにもらったケーキを ぜんぶたべて**しまい**ました。 Me he comido toda la tarta que me dio mi amigo.	コーヒーが さめて**しまい**ました。 El café ya se ha enfriado. パスポートを なくして**しまい**ました。 He perdido el pasaporte. でんしゃに かさを わすれて**しまい**ました。 Dejé olvidado el paraguas en el tren. かったばかりのコーヒーカップを わって**しまい**ました。 He roto la taza de café que me acababa de comprar.

4.4 Verbos transitivos e intransitivos

En japonés existen, igual que en español, verbos transitivos e intransitivos.

a) Los **verbos transitivos** son verbos que llevan Complemento Directo (たべる comer, のむ beber, よむ leer, etc.). Por lo general el complemento es un sustantivo que precede al verbo, y al que se le añade la partícula **を** como sufijo, lo que indica que cumple la función de complemento directo en la oración.

みず**を** のみます。	Bebo agua.
てがみ**を** かきます。	Escribo una carta.
しんぶん**を** よみます。	Leo un periódico.

b) Los **verbos intransitivos** son verbos que no llevan Complemento Directo (いく ir, さく florecer, くる venir, ある haber, いる estar, etc.). El sustantivo que les acompaña cumple función del sujeto y se añade la partícula **が** como sufijo.

ねこ**が** います。	Hay un gato.
テーブルの うえに ほん**が** あります。	Sobre la mesa hay un libro.
かとうさん**が** きました。	Vino el Sr. Kato.

Cuando el verbo する funciona como verbo independiente, hay que poner la partícula **を** para indicar el objeto.

にほんご**を** べんきょうする。	Estudio japonés.
にほんごの べんきょう**を** する。	Hago estudios de japonés.

En el caso de べんきょうをする (べんきょう es el objeto del verbo する), tiene casi el mismo sentido que el verbo estudiar.

Sin embargo, する puede actuar como verbo intransitivo en determinadas expresiones que son difíciles de traducir literalmente al español. Estas expresiones aluden a sensaciones originadas por agentes externos (olores, ruidos, etc.) o a sensaciones interiores (me da la impresión de que..., me parece que...). La partícula **が** indica la inmediata conexión con el verbo cumpliendo la función de sujeto.

レモンのあじ**が** します。	Sabe a limón.
ガソリンの におい**が** します。	Huele a gasolina.
へんな おと**が** しました。	Se produjo un ruido raro. (Se oyó un ruido raro.)
おいしそうな におい**が** します。	Huele muy bien.

c) Verbos que tienen la misma raíz, pero que actúan como transitivos o intransitivos dependiendo de su terminación.

transitivo **Acción provocada**		**intransitivo** **Acción sin intervención**	
しめる けす	cerrar apagar	しまる きえる	cerrarse apagarse
を		が	
ドア**を** しめます。 Alguien cierra la puerta. でんき**を** けしました。 Apagué la luz.		ドア**が** しまります。 Se cierra la puerta. でんき**が** きえました。 Se apagó la luz.	

En la siguiente tabla, aparecen ejemplos de estas parejas de verbos:

verbos transitivos		**verbos intransitivos**	
ドア**を** あける	abrir la puerta	ドア**が** あく	abrirse la puerta
でんき**を** つける	encender la luz	でんき**が** つく	encenderse la luz
タクシー**を** とめる	parar un taxi	タクシー**が** とまる	pararse un taxi
かぜ**を** いれる	dejar entrar el aire	かぜ**が** はいる	entrar aire
みず**を** だす	dejar salir el agua	みず**が** でる	salir el agua

くらいので　へやのでんきを　**つけ**ました。（つける）
Como estaba oscuro, encendí la luz.

こうえんの　でんきは　くらくなると　じどうてきに　**つき**ます。（つく）
La luz del parque se enciende automáticamente cuando oscurece.

いぬが　わたしのズボンを　**よごし**ました。（よごす）
El perro me ha ensuciado los pantalones.

テーブルクロスが　**よごれ**ています。（よごれる）
El mantel está sucio.

テーブルのうえに　おさらを**ならべ**ました。（ならべる）
Coloqué los platos encima de la mesa.

えいがかんのまえに　ひとがたくさん**ならん**でいます。（ならぶ）
Hay mucha gente haciendo cola enfrente del cine.

4.4.1 Formación

Lista de los grupos más representativos de esta clase de verbos:

VT	VI	VT	VI
-eru	**-u**	**-u**	**-eru**
あける abrir	あく abrirse	うむ dar a luz	うまれる nacer
たてる levantar, izar	たつ ponerse de pie, levantarse, izarse	おる romper	おれる romperse
つける encender	つく encenderse	きる cortar	きれる cortarse, agotarse
つづける continuar	つづく continuar, durar	とる tomar, coger	とれる desprenderse
とどける enviar, hacer llegar	とどく llegar, recibirse, ser entregado	にる cocer, guisar	にえる cocerse
ならべる alinear, poner en fila	ならぶ ponerse en fila, alinearse	やぶる desgarrar	やぶれる desgarrarse
		わる romper, quebrar	われる romperse
		たおす derribar	たおれる caerse
-eru	**-aru**	**-asu**	**-eru**
あたためる calentar	あたたまる calentarse	さます enfriar (cosas calientes)	さめる enfriarse
あつめる reunir	あつまる reunirse	ひやす enfriar	ひえる enfriarse
かける colgar, echar la llave	かかる estar colgado, estar cerrado con llave	こわす romper, destruir	こわれる romperse
きめる decidir	きまる decidirse	ぬらす mojar	ぬれる mojarse
しめる cerrar	しまる cerrarse		
とめる parar, alojar	とまる pararse, alojarse		
はじめる empezar	はじまる empezar		
まげる doblar	まがる doblarse		
-osu	**-iru**	**Otros**	
おこす levantar	おきる levantarse; ocurrir	いれる meter, introducir	はいる entrar, caber
おとす dejar caer	おちる caerse	けす apagar, borrar	きえる apagarse
おろす bajar	おりる bajar, descender	こぼす derramar	こぼれる derramarse
		だす sacar	でる salir
		なおす arreglar	なおる arreglarse
		よごす manchar	よごれる mancharse
		わかす hervir, calentar	わく hervir, calentarse

✱ 4.4.2 ～てある / ～ている

Están compuestas por la combinación de la forma ～て y el verbo ある (haber) o いる (estar). ある se utiliza con verbos transitivos mientras que いる se utiliza con verbos intransitivos. Ambas expresiones expresan un estado, con la diferencia de que ある indica que eso está así porque ha sido puesto por alguien.

～てある	～ている
Los siguientes ejemplos indican preparación o existencia de algo.	Estos ejemplos indican solamente estado o situación.
まもなく　このへやで　かいぎが　あるので　ドアが　あけて**あり**ます。 Como enseguida habrá una reunión en esta sala, la puerta está abierta.	このテープレコーダーは こわれ**てい**ます。 Esta grabadora está rota.
こくばんに なにが かい**てあり**ますか。 ¿Qué pone en la pizarra?	あのとけいは とまっ**てい**ます。 Aquel reloj está parado.
かべに ポスターが　はっ**てあり**ます。 En la pared hay un póster pegado.	このいすは　よごれ**てい**ます。 Esta silla está sucia.
つくえのうえに　メモが　おい**てあり**ました。 Hay una nota puesta en el escritorio.	けさは　みちが　こん**でい**ました。 Esta mañana la calle estaba atascada.
カレンダーに　こんげつのよていが　かい**てあり**ます。 En el calendario está escrito el programa de este mes	おおゆきで　でんしゃが　とまっ**てい**ます。 El tren está parado a causa de la gran nevada.
	きょうしつのまどが　あい**てい**ました。 La ventana de la clase estaba abierta.

V. forma ～て	(transitivos) ＋ ある (intransitivos) ＋ いる

transitivo + objeto Alguien realiza la acción.	たなかさんは まどを **しめ**ます。
transitivo ＋ ～てある Indica un estado producido por la acción de alguien.	まどが **しめてあり**ます。
intransitivo La acción se realiza pero no importa quién la realiza.	まどが **しまり**ます。
intransitivo ＋ ～ている Indica un estado sin importar quién lo ha producido.	まどが **しまってい**ます。

れいぞうこに ビールが
- **ひやして** あります。 (V. transitivo ひやす) — Se deja enfriar la cerveza en la nevera.
- **ひえて** います。 (V. intransitivo ひえる) — En la nevera la cerveza está fría. (ya se ha enfriado)

A: せんぬきは どこにありますか。 ¿Dónde está el sacacorchos?

B: ひきだしに **いれて**あります。 Está metido (alguien o yo lo metió / metí) en el cajón.
(V. transitivo いれる)

A: せんぬきは どこにありますか。 ¿Dónde está el sacacorchos?

B: ひきだしに **はいってい**ます。 Está en el cajón.
(V. intransitivo はいる)

	El Sr. Tanaka cierra la ventana.	
	La ventana ha sido cerrada.	
	La ventana se cierra.	
	La ventana está cerrada.	

デパートのまえで　タクシーを**とめ**ました。（とめる）
Paré un taxi delante de los grandes almacenes.

しんごうがあかになったので　タクシーが**とまり**ました。（とまる）
Un taxi paró cuando el semáforo se puso en rojo.

ケーキのローソクのひを　**けし**ました。（けす）
Soplé las velas de la tarta.

かぜで　ローソクのひが　**きえ**ました。（きえる）
El viento apagó la vela.

4.5 かのうひょうげん
Posibilidad, capacidad

En japonés, la idea de poder tiene dos significados: la capacidad de realizar una acción que tiene un sujeto y la posibilidad de realizar una acción en una determinada circunstancia.

4.5.1 Sustantivo + ができます

En este caso el sustantivo se refiere a idiomas, habilidades o acciones con movimiento como compras, visitas, etc.

ちちは テニス**ができます。**	Mi padre sabe jugar al tenis. (capacidad)
わたしは　くるまのうんてん**ができます。**	Yo sé conducir (coches).
このやまは　なつでもスキー**ができます。**	En esta montaña se puede esquiar aunque sea verano
このみせ*では カードで かいもの**ができません。**	En esta tienda no se pueden hacer compras con tarjeta. (posibilidad)
このびじゅつかんは 10じから けんがく**ができます。**	Este museo se puede visitar a partir de las diez.

4.5.2 V. Inf. + ことができます

Significa que "se puede hacer" o "se tiene la posibilidad o capacidad de hacer algo".

やまださんは テレビを なおす**ことができます。**	El señor Yamada sabe como arreglar la televisión. (capacidad)
スサナは かんじを かく**ことができます。**	Susana puede escribir Kanji.
このへやは　なんじまで　つかうことが**できますか。**	¿Hasta qué hora se puede usar esta habitación? (posibilidad)
ばいてん *で きってを かう**ことができますか。**	¿Se puede comprar sellos en el kiosco? (posibilidad)
びょういんの まえに くるまを とめる**ことができません。**	No se puede aparcar delante del hospital. (posibilidad)
いっしょに いくことが **できませんでした。**	No pudimos ir juntos.

Nota: Lugar

* En frases negativas se utiliza では.
En frases afirmativas, únicamente で.

4.5.3 Forma potencial

La forma potencial se construye como se muestra en la tabla. En español equivale a la forma “poder + verbo” . El nuevo verbo resultante de la forma potencial se conjuga como cualquier verbo del Grupo II.

<table>
<tr><th>Grupo I　5だんどうし</th><th colspan="2">Grupo II　1だんどうし</th></tr>
<tr><td>V. Inf.
sustituye la u por eru</td><td colspan="2">る ⟶ られる</td></tr>
<tr><td>(leer)　よむ　yomu　　よめる　yomeru
(hablar)はなす hanasu　はなせる　hanaseru</td><td colspan="2" rowspan="3">(levantarse) おき
(comer) たべ
(acostarse) ね
→ <s>る</s> → られる
Neg. られない</td></tr>
<tr><td>Grupo III (irregulares) ふきそくどうし</td></tr>
<tr><td>(venir) くる → こられる
(hacer) する → できる</td></tr>
<tr><td rowspan="4">Neg. よめ / はなせ / こられ / でき → <s>る</s>→ ない
よめない
はなせない
こられない
できない</td><td>Pasado</td><td>Pasado Neg.</td></tr>
<tr><td>よめた</td><td>よめなかった</td></tr>
<tr><td>おきられた</td><td>おきられなかった</td></tr>
<tr><td>ねられた</td><td>ねられなかった</td></tr>
</table>

わたしは　まだかんじはよく**よめ**ません。(よむ)
Todavía no sé leer bien los kanji.

あのぎんこうで　ドルがえんに**かえられ**ます。(かえる)
En aquel banco se pueden cambiar dólares por yenes.

まいにちいそがしくて　ともだちに**あえ**ません。(あう)
Todos los días estoy muy ocupado y no puedo ver a mis amigos.

このはこは　おもくてひとりでは**はこべ**ません。(はこぶ)
Esta caja es muy pesada y no la puede llevar una sola persona.

たなかさんは　スペインごもフランスごも**はなせ**ます。(はなす)
El Sr. Tanaka sabe hablar tanto español como francés.

このきのこは　**たべられ**ません。(たべる)
Esta seta no se puede comer.

ワインは**のめ**ますが、ビールは**のめ**ません。(のむ)
Puedo beber vino, pero no puedo beber cerveza.

4.5.4 Otros usos de できる

a) hacer, acabar, completar	しょくじの ようい が **でき**ました。 La comida está preparada.
b) construir edificios, organizar o fundar	あのたてものは いつ **でき**ましたか。 ¿Cuándo fue construído aquel edificio?
c) hacer amigos	にほんじんの ともだちが たくさん**でき**ました。 He hecho muchos amigos japoneses.
d) aparecer, salir	にきびが **でき**ました。 しわが **でき**ました。 Me salieron granos. Me salieron arrugas.
e) surgir, aparecer	ようじが **でき**ました。 Me surgió un asunto.

4.5.5 Verse, ver / oírse, oír

Los verbos みる (ver) y きく (oír) tienen otra forma especial de potencial.
La forma normal indica que algo se puede ver u oír expresamente, con intención de hacerlo, mientras que las formas especiales みえる y きこえる indican que algo se ve (es visible) o se oye (es audible), aunque no haya intención.

a) みえる / みられる verse, ver

わたしの へやから こうえんが **みえ**ます。
Se ve (se puede ver) el parque desde mi habitación. [se ve sin intención de verlo]

そのえいがは どこで **みられ**ますか。 [intención]
¿Dónde se puede ver esa película?

このびょういんでは 11 じすぎは テレビは **みられ**ません。
No se puede ver la televisión a partir de las 11 en este hospital.

ロンドンにいけば ビッグベンが **みられ**ます。
Si va a Londres puede ver el Big Ben.

ホテルの まどから ビッグベンが **みえ**ます。
Desde la ventana de mi hotel se ve el Big Ben.

b) きこえる / きける oírse, oir

しずかなので とりの なきごえが よく**きこえ**ます。
Como está muy tranquilo, se oye el canto de los pájaros bien. [se oye sin intención de oírlo]

いまなら いいせきで コンサートが **きけ**ます。
Ahora mismo se puede escuchar el concierto en un buen asiento.

テレビの おとが うるさくて でんわの こえが よく**きこえ**ません。
La televisión está muy alta, no se puede oír bien la voz del teléfono.

4.5.6 Cambio de estado

Expresa que el sujeto ha adquirido o perdido la capacidad de realizar una acción determinada.

Llegar a conseguir

V. potencial { たべられる / ひける + **ように** ; のめ~~る~~ → **なく** } + なる / なった (pasado)

- **ように** + なる / なった: De no poder a poder
- **なく** + なる / なった → De poder a no poder

たべる comer → たべられる**ように** } なりました
のむ beber → のめ**なく** } なりました

やっと さしみが たべ**られるように**なりました。
Por fin he conseguido comer pescado crudo.

ギターが ひ**けるように**なりました。
He conseguido tocar la guitarra.

やっと カタカナが か**けるように**なりました。
Por fin sé escribir Katakana.

このごろ　にほんのテレビのニュースが　わか**るように**なりました。
Recientemente he conseguido entender las noticias de la televisión de Japón.

こどもが 1 さいになりました。 もうすぐ ある**けるように** なるでしょう。
Mi hijo ha cumplido un año. Dentro de poco podrá andar.

このみずは **のめなく**なりました。
Esta agua ya no se puede beber.

さいきん　ちいさいじが　**よめなく**なりました。
Últimamente ya no soy capaz de leer las letras pequeñas.

Nota: En el caso del ejemplo siguiente, aunque referido al futuro, el verbo va en pasado porque indica consecuencia de algo ya ocurrido.

あした てんらんかいへ **いけなく**なりました。
Resulta que mañana no podré ir a la exposición.

むかしはここから　ふじさんがよく**みえ**ましたが、
いまは**みえなく**なりました。
Antes se veía el monte Fuji desde aquí, pero ahora ya no se ve.

4.6 うけみけい
Voz pasiva　れる / られる

En japonés, la estructura pasiva se usa más frecuentemente que en español y algunos casos son exclusivos del idioma japonés. Además, existen diferencias con respecto a la forma de construcción.
El verbo en forma pasiva va precedido de la partícula に y a ésta le sigue el agente de la oración.

4.6.1 Formación

Grupo I　５だんどうし				Grupo II　１だんどうし			
V. Inf. forma Neg. ~~ない~~ → れる				~~る~~ → られる			
escribir　かく	かか	~~ない~~	かか**れる**	ver　み	~~る~~	み	**られる**
apagar　けす	けさ		けさ**れる**	alabar　ほめ		ほめ	
leer　よむ	よま		よま**れる**	comer　たべ		たべ	
empujar　おす	おさ		おさ**れる**				
Grupo III (irregulares) ふきそくどうし							
venir　くる→**こられる**				つれてくる→つれて**こられる**　ser traído			
hacer　する→**される**				しつもんする→しつもん**される**　ser preguntado			

4.6.2 Tipos de oraciones pasivas

En cuanto a su uso, se pueden distinguir cuatro tipos:

◇ I　Las características del tipo I son:

a)

いぬは ねこを おいかけました。　El perro persiguió al gato.

→ ねこは いぬに **おいかけられ**ました。　El gato fue perseguido por el perro.

みんなが あのこを あいしています。　Todo el mundo quiere a aquella niña.

→ あのこは みんなに **あいされて**います。　Aquella niña es querida por todos.

せんせい　は　わたし　を　ほめました。　El profesor me elogió.
Suj.Ag.　CD

→ わたし　は　せんせい　に　ほめられました。　Yo fui elogiada por el profesor.
Suj. P.　CI

Frase activa
A (sujeto agente)　は / が　B (sujeto paciente)　を　〜する

Frase pasiva
B (sujeto paciente)　は / が　A (sujeto agente)　に / から　〜(ら)れる
(V. transitivo)

b)

がいこくじん　は　わたし　に　みち　を　ききました。
S　CI　CD
Un extranjero me preguntó el camino.

→ わたし　は　がいこくじん　に　みち　を　きかれました。
S　CI　CD
Yo fui preguntado por el camino por un extranjero. (se me preguntó)

あねは　わたしにかいものをたのみました。
Mi hermana me pidió que fuera de compras.

→ わたしは　あねに　かいものを**たのまれ**ました。
Mi hermana me pidió ("yo fui pedido por mi hermana") ir de compras.

A　は / が　B　に　〜を　〜する

B　は / が　A　に / から　〜を　〜(ら)れる
(V. transitivo)

◇ II Las características del tipo II son:

a) El sujeto de la frase pasiva no es el objeto de la frase activa sino el que posee el objeto, normalmente una persona. Es decir, el objeto de la frase activa pasa a dividirse en la frase pasiva. = sujeto paciente y objeto.

b) La oración normalmente implica inconveniencia para la persona afectada.

どろぼう は (いもうと **の**) かばん を ぬすみました。
Suj.Ag. — CD
Un ladrón robó el bolso de mi hermana.

いもうと は どろぼう に かばん を **ぬすまれました。**
Suj. P. — Suj.Ag. — CD
Lit. Mi hermana pequeña, por un ladrón el bolso fue robado.

A mi hermana pequeña le fue robado el bolso por un ladrón.

おとうとは わたしのケーキを たべました。
Mi hermano pequeño se comió mi pastel.

わたしは おとうとに ケーキを **たべられました。**
Lit.: El pastel fue comido por mi hermano pequeño.

でんしゃのなかで だれかが わたしのあしをふみました。
Alguien me pisó el pie en el tren.

わたしは でんしゃのなかで だれかに あしを**ふまれました。**
En el tren me pisaron en el pie ("yo fui pisado en el pie").

むすこは わたしのパソコンをこわしました。
Mi hijo rompió mi ordenador.

わたしは むすこに パソコンを **こわされました。**
Mi hijo me rompió el ordenador ("a mí me fue roto el ordenador por mi hijo").

A (sujeto agente) は / が	B (cosas o partes del cuerpo) の	~を	～する
B (sujeto paciente) は / が	A (sujeto agente) に	(cosas o partes del cuerpo) ~を	(V. transitivo) ～(ら)れる

Ojo: わたしのケーキ, いもうとのかばん, etc., no se convierten en el sujeto de la oración.

◇ Ⅲ Las características del tipo Ⅲ son:

El tercer tipo de oración pasiva se usa solamente con algunos verbos intransitivos. Este tipo de oración es propia del idioma japonés y su función es mostrar molestia ante el hecho recibido por el sujeto.

a) El sujeto es una persona o fenómeno.

b) El sujeto, a consecuencia de la acción, es afectado por el sufrimiento o el inconveniente.

c) Los verbos usados en la frase pasiva son intransitivos.

きのう がっこうへいく とちゅう あめ **が** ふりました。 Ayer, camino de la escuela llovió.

Suj. V.

→ あめ **に** **ふられました** 。

Ayer, camino de la escuela me llovió (me mojé y me molestó).

18 さいのとき はは **が** しにました。 Cuando tenía 18 años, murió mi madre.

→ はは **に** **しなれました。**

Cuando tenía 18 años, se murió mi madre (me afectó y me apenó).

けんかして、こいびとに で**ていかれ**ました。
Después de discutir mi novia se ha ido de casa (y me afectó mucho).

A (sujeto agente)	が	～する	
	↓		V. intransitivo
A (sujeto agente)	～に	～(ら)れる	

◇ IV Las características del tipo IV de oraciones son:

Implican objetividad, no hace falta poner sujeto porque se trata de acciones, creencias o hechos sociales.

a) El sujeto de la oración pasiva es un ser inanimado o vegetal.

b) La atención no se centra en el actor, sino en el "dónde" y en el "cuándo".

c) La oración implica objetividad por el simple uso de la voz pasiva.

（ひとびとは） ３００ねんまえに　このてらをたてました。
Este templo, alguien lo construyó hace 300 años.

→ このてらは　３００ねんまえに　**たてられました。**
Este templo fue construido hace 300 años.

ひとびと**は** このざっし**を** よくよんでいます。	La gente lee bastante esta revista.
→ このざっし **はよくよまれています。**	Esta revista es bastante leída.
このうた **は** まつりのときに **うたわれます。**	Esta canción se canta durante la fiesta.
えいご **は** いろいろなくにで **はなされています。**	El inglés es hablado en varios países.

En algunos casos una frase en voz pasiva puede traducirse en español como un verbo reflexivo.

てづかおさむは "まんがのかみさま" と**よばれ**ています。
A Osamu Tezuka se le llama ("es llamado") "El dios del manga".

めは "こころのまど" と**いわれ**ています。
Se dice que los ojos son ("se los llama") "la ventana del alma".

En este tipo de oraciones el agente viene indicado normalmente mediante * に o で, pero si se desea enfatizar el agente de la oración pasiva, se debe de emplear によって.

アメリカ は コロンブス**によって** はっけんされました。
América fue descubierta por Colón.

このまちは いみん**によって** つくられました。
Este pueblo fue construido por los inmigrantes.

げんじものがたりは　むらさきしきぶ**によって**　かかれました。
"La historia de Genji" fue escrita por Murasaki Shikibu.

* に se usa cuando el agente es una persona.
で se usa cuando el agente (causa) es una cosa o fenómeno.

Ej.: たいふう**で** うちが ながされました。Las casas fueron arrasadas por el tifón.

El sujeto no es una persona o personas específicas y no aparece ni en las oraciones activas ni en las pasivas.

パーティーは 10 じから ひらかれます。
La fiesta se celebrará a partir de las 10.

あたらしいほんが しゅっぱん されました。
Un nuevo libro se ha publicado.

しけんのけっかが　はっぴょうされました。
Se anunciaron los resultados del examen.

Nota 1: Algunas oraciones en español con "se" se expresan con la construcción pasiva.

さけは こめ**から** つくられます
El sake se hace de arroz.

このおきものは かわ**で** つくられています。
Este objeto está hecho de piel.

ビールは　おおむぎ**から**つくられ、パンは　こむぎ**から**つくられます。
La cerveza se hace con cebada y el pan se hace con trigo.

から	materia prima
で	material

Nota 2: La terminación verbal れる / られる también puede expresar la forma potencial o una forma honorífica o de respeto.

ははに　まんがのほんを**すてられ**ました。(すてる) Mi madre me tiró los libros de manga. あした　しけんがあるのに　ともだちに**こられて**こまりました。(くる) Mañana tengo un examen pero ha venido un amigo y es una molestia. ないしょばなしを　**きかれて**しまいました。(きく) Han oído nuestra conversación privada.	Oraciones en voz pasiva
かんじが　なかなか**おぼえられ**ません。(おぼえる) Me cuesta mucho aprender kanji. ここにくるまは**とめられ**ません。(とめる) No se puede aparcar aquí.	Capacidad y posibilidad
いつごろにほんへ**こられた**のですか。(くる) ¿Cuándo vino usted a Japón? そのニュースは　どこで**きかれた**のですか。(きく) ¿Dónde ha oído usted esa noticia?	Respeto, forma honorífica

4.7 しえきけい
Oración causativa　せる / させる

Esta forma verbal se usa para indicar que alguien obliga a alguien a hacer algo, o que le permite hacer algo

✱ 4.7.1 Formación

Grupo I　5だんどうし					Grupo II　1だんどうし				
V. Inf. forma Neg. ~~ない~~ → せる					~~る~~ → させる				
beber	のむ	のま	~~ない~~	のませる	ver	み	~~る~~	み	させる
apagar	けす	けさ		けさせる	ducharse	あび		あび	
escribir	かく	かか		かかせる	comer	たべ		たべ	
leer	よむ	よま		よませる	abrir	あけ		あけ	

Grupo III (irregulares)　ふきそくどうし			
venir　くる	→	こさせる	obligar a venir
hacer　する	→	させる	obligar a hacer

✱ 4.7.2 Construcción

Hay dos tipos de frases causativas, según sea el verbo intransitivo o transitivo.

a) Obligación:

Cuando el verbo es intransitivo: forzar a alguien a realizar una acción.

A	は	B	を	(に)	+	V. } せる / させる

かのじょは いすに すわります。　　Ella se sienta en la silla.

わたし**は** かのじょ**を** いすに すわら**せ**ます。　　Yo le hago a ella sentarse en una silla.

Cuando el verbo es transitivo, se usa para describir una acción. La persona a quien se obliga a realizar la acción va indicada con la partícula に, y el objeto directo de la acción con la partícula を.

A	は / が	B	に	(X)	+	V. } せる / させる

せいとたちは しゅくだいを しました。　　Los alumnos hicieron los deberes.

せんせい**は** せいと**に** しゅくだい**を** **させ**ました。
El profesor obligó al alumno a hacer los deberes.

はは :「やさいを　しっかり　たべなさい。」　→　おとうとは　やさいを　たべました。
Madre: "Cómete las verduras."　→　Mi hermano comió las verduras.

ははは　おとうとに　やさいを　たべ**させ**ました。
Mi madre obligó a mi hermano a comer las verduras.

せんせい :「いすに　すわりなさい。」　→　せいとたちは　いすに　すわりました。
Profesor: "¡Sentaos en la silla!"　→　Los niños se sentaron en la silla.

せんせいは　せいとたちを　いすに　すわ**らせ**ました。
El profesor obligó a los niños a sentarse en la silla.

b) Permiso, consentimiento: permitir o dejar que el interlocutor tome una acción según su propia voluntad.

ちちは　おとうとを　アメリカへ　いか**せ**ました。
Mi padre le dio permiso a mi hermano menor para ir a los EE.UU.

> **Nota:** Generalmente no se puede repetir en una misma frase ［を y を］ ni ［に y に］.
>
> こども **を** かいものに いか**せ**ます。　Hago a mi hijo ir de compras.
>
> こども~~に~~かいものに いかせます。

Ojo:

とうきょうをあんあい → **させて** ください。　Déjeme enseñarle Tokyo, por favor.
（する）
とうきょうをあんあい → **して** ください。　Por favor, enséñeme Tokyo.

✱ 4.7.3 Sentimiento, emoción

Producir un estado emocional a alguien.

おんがくは　わたしたちを　たのしま**せ**てくれます。
La música nos alegra.

ペドロは　りょうしんを　がっかり**させ**ました。
Pedro desilusionó a sus padres.

ともこさんは　すばらしいえを　かいて　みんなを　びっくり**させ**ました。
La Srta. Tomoko dio una sorpresa a todos pintando una obra maravillosa.

おどろく sorprenderse	→	おどろか**せる** dar una sorpresa	がっかりする desilusionarse	→	がっかり**させる** desilusionar a alguien
たのしむ alegrarse	→	たのしま**せる** dar una alegría	びっくりする asombrarse	→	びっくり**させる** asombrar a alguien

4.8 しえきのうけみ
Causativa pasiva される / させられる

Cuando la forma causativa va en voz pasiva, quiere expresarse que alguien es obligado a hacer algo.

Escribir
かく → かかせる → かか**される**
V. Inf. (causativa) (causativa pasiva)

がくせいたちは レポートを かきます。
Los estudiantes escriben un trabajo.

せんせいたちは がくせいに レポートを かかせます。
Los profesores hacen escribir un trabajo a los estudiantes.

がくせいたちは せんせいに レポートを かか**され**ます。
Los estudiantes son obligados por el profesor a escribir un trabajo.

Dejar
やめる → やめさせる → やめ**させられる**
V. Inf. (causativa) (causativa pasiva)

ちちは かいしゃを やめました。
Mi padre dejó el trabajo en la empresa.

かいしゃは ちちを やめさせました。
La empresa despidió a mi padre. (Le obligó a dejar el trabajo.)

ちちは かいしゃを やめ**させられ**ました。
Mi padre fue obligado a dejar la empresa.

わたしは かれに 1じかんも また**され**ました。
Lit. Yo fui hecho esperar nada menos que una hora por él.
El me hizo esperar nada menos que una hora.

こどものころ いもうとは あにに よく なか**され**ました。
Cuando era niño, mi hermano hacía llorar a mi hermana menor.

しょうがくせいのとき たくさん かんじを おぼえ**させられ**ました。
Cuando éramos alumnos de primaria, nos hicieron aprender muchos Kanjis.

むすこには いつも しんぱい**させられ**ます。
Mi hijo siempre me preocupa.

うたうのはすきではないのに、カラオケでうたわ**され**ました。
No me gusta cantar, pero me hicieron cantar en el karaoke.

4.8.1 Formación

Infinitivos		Pasiva	Causativa	Causativa pasiva
Grupo I 5だんどうし		れる	せる	される / せられる
いく	ir	いか	いか	いか
うたう	cantar	うたわ	うたわ	うたわ
かく	escribir	かか	かか	かか
たつ	ponerse de pie	たた } れる	たた } せる	たた } * される
つくる	hacer, producir	つくら	つくら	つくら } せられる
なく	llorar	なか	なか	なか
よむ	leer	よま	よま	よま
はなす	hablar	はなさ	はなさ	** はなさ
Grupo II 1だんどうし		られる	させる	させられる
きる	ponerse, vestir	き	き	き
おしえる	dar clase, enseñar	おしえ	おしえ	おしえ
こたえる	contestar	こたえ } られる	こたえ } させる	こたえ } **させられる**
たべる	comer	たべ	たべ	たべ
やめる	dejar	やめ	やめ	やめ
Verbos grupo III (irregulares) ふきそくどうし				
くる	venir	こられる	こさせる	**こさせられる**
する	hacer	される	させる	**させられる**
もってくる	traer	もってこられる	もってこさせる	もって**こさせられる**
しんぱいする	preocuparse	しんぱいされる	しんぱいさせる	しんぱい**させられる**

* la forma される es más utilizada, aunque las dos son correctas
** los verbos que acaban en 〜す sólo pueden tomar la forma せられる (はなさせられる)

Unidad

5 けいようし Adjetivos

5.1 Tipos de adjetivos

Los adjetivos no concuerdan en género ni en número con el nombre. Pueden ir junto al nombre para modificarlo o usarse solos como predicativos. En japonés se usan adjetivos en algunas expresiones que en español son verbales (Ej.: gustar = すきです).

Pueden ser de dos clases según su terminación:

a) Adj. **い** : Son aquellos adjetivos acabados en - **い** : たかい , おもしろい , etc.

これは **たかい** ほんです。 Éste es un libro caro.
modificador

このほんは **たかい**です。 Este libro es caro.
predicativo

b) Adj. **な** : Son los adjetivos acabados en- **な** : しずかな , べんりな , etc.

これは **しずかな**へやです。 Ésta es una habitación tranquila.
modificador

このへやは **しずか**です。 Esta habitación es tranquila.
predicativo

5.1.1 Inflexión de los adjetivos:

En japonés, los adjetivos varían su forma en su uso predicativo según el tiempo verbal y su uso afirmativo o negativo.

		presente	pasado
い おもしろい interesante	afirmativo	おもしろいです	おもしろ**かった**です
	negativo	おもしろ**く ありません**	おもしろ**く あり**ませんでした
		おもしろ**く ない**です	おもしろ**く なかった**です
な べんりな útil	afirmativo	べんりです	べんりでした
	negativo	べんり**では** / ***じゃ**ありません	べんり**では** / ***じゃ**ありませんでした
		べんり**では** / ***じゃ**ないです	べんり**では**/ ***じゃ**なかったです

* じゃ se usa de forma más coloquial

Nota: El adjetivo いい (bueno) es la forma coloquial del adjetivo よい. Por tanto, la forma negativa es よくない y las formas en pasado son よかった / よくなかった.

これでいいですか → はい, いいです。 Sí, está bien.
¿Está bien? → いいえ, よくないです。 No, no está bien.

Nota: Respecto al uso de adjetivos de sentimiento, en japonés no se puede expresar el sentimiento de terceras personas directamente usando adjetivos tales como うれしい (alegre), かなしい(triste), さびしい(solitario, desconsolado), etc. Para poder expresar el sentimiento de terceras personas, se hace una perífrasis añadiendo **そうです** a la raíz del adjetivo, perdiendo éste la terminación **い**.

あえて うれしいです。 Me alegro mucho de verle.

こどもは プレゼントをもらって **うれしそう**です。
El niño parece muy feliz con el regalo.

たなかさんは あなたにあえて **うれしそう**です。
El Sr. Tanaka parece muy feliz al verle.

5.1.2 Grados de intensidad すきです, じょうずです, etc.

En japonés el agrado o desagrado hacia algo se expresa con el uso de adjetivos: すきな (agradable, que gusta), きらいな (desagradable), じょうずな (habilidoso), へたな (torpe), いやな (asqueroso). La intensidad de este sentimiento se puede graduar del siguiente modo:

わたしは	りんご	が	だいすきです。	Me gustan mucho las manzanas.
			すきです。	Me gustan las manzanas.
			あまりすきではありません。	No me gustan mucho las manzanas.
			きらいです。	No me gustan las manzanas.
			だいきらいです。	Odio las manzanas.
たなかさんは	テニス		とてもじょうずです。	El Sr. Tanaka juega muy bien al tenis.
			じょうずです。	El Sr. Tanaka juega bien al tenis.
			あまりじょうずではありません。	El Sr. Tanaka no juega muy bien al tenis.
			へたです。	El Sr. Tanaka juega mal al tenis.
			とてもへたです。	El Sr. Tanaka juega muy mal al tenis.

5.1.3 Unión de adjetivos

Para unir dos o tres adjetivos seguidos, se opera de la siguiente forma:

a) Unión de varios adjetivos del mismo sentido (positivo o negativo).

Adj. い El adjetivo pierde la terminación い y adopta la forma con la terminación **くて**.	あかるい ＋ ひろい あかる**くて** ひろい	わたしのへやは あかる**くて** ひろいです。 Mi habitación es clara y espaciosa.
Adj. な El adjetivo pierde la terminación な y adopta la forma con la terminación **で**.	きれいな＋しずかな きれい**で** しずか	わたしのへやは きれい**で** しずかです。 Mi habitación es limpia y tranquila.

わたしのあには ハンサム**で**、あかるいひとです。
Mi hermano mayor es guapo y es una persona alegre.

このシャツは いろがきれい**で**、デザインもいいです。
Esta camisa tiene un color bonito, y el diseño también está bien.

Adj. い Se intercala entre dos adjetivos **ですが**.	ひろい pero くらい ひろい**ですが**	わたしのへやは ひろい**ですが** くらいです。 Mi habitación es espaciosa, pero oscura.
Adj. な El adjetivo pierde la terminación な y adopta la forma **ですが**	べんりな pero ふくざつな べんり **ですが**	このきかいは べんり**ですが** ふくざつです。 Esta máquina es útil, pero complicada.

b) Unión de varios adjetivos positivos y negativos.
Nota: En este ejemplo, aún conteniendo un adjetivo positivo y negativo, la forma no cambia.

このレストランは やすい**ですが** おいしくありません。
Este restaurante es barato pero no se come bien.

このレストランは きれい**で** おいしい**ですが** すこしたかいです。
Este restaurante es limpio y se come bien, pero es un poco caro.

5.1.4 Sustantivación de adjetivos

Para convertir los adjetivos en sustantivos, se sustituye la terminación de los Adj. い por さ o み. Y en el caso de los Adj. な, se elimina la terminación な.

このいえの**ひろさ**は どのくらいですか。(ひろい)
¿Cuál es la superficie ("la anchura") de esta casa?

ちちの**たのしみ**は まごにあうことです。(たのしい)
La diversión de mi padre es ver a sus nietos.

あなたの(ご)**しんせつ**は　ぜったいわすれません。(しんせつな)
No olvidaré nunca su amabilidad.

ひこうきは　**あんぜん**ですから　**しんぱい** いりません。(あんぜんな、しんぱいな)
Como el avión es seguro, no hay por qué preocuparse.

5.1.5 Formación de adverbios y adjetivos a partir de sustantivos

Se pueden transformar los sustantivos en adjetivos o adverbios.

でんとう tradición {
- でんとうてきな　tradicional (Adj.)
- でんとうてき に　tradicionalmente (Adv.)

すしやてんぷらは　にほんの**でんとうてきな**たべものです。
El sushi y el tempura son platos tradicionales japoneses.

このまつりは　**でんとうてきに**　このちいきでおこなわれます。
Esta festividad se celebra tradicionalmente en esta región.

5.1.6 Adjetivos + こと , もの , ひと , etc.

Los adjetivos seguidos de こと , もの , ひと , etc. se convierten en nombres abstractos.

おおきい	grande	→	おおきい**こと**	el hecho de ser grande
すきな	que gusta	→	すきな**もの**	cosa deseada
たいせつな	importante	→	たいせつな**ひと**	persona importante

Ojo: Adjetivos como おおい numeroso(s) y すくない escaso(s), tienen la particularidad de que se emplean siempre como predicativos.

(X) おおいひと　(O) … おおいです　　(X) すくないひと　(O) … すくないです

にちようびは　ここは　ひとが　**おおい**です / **すくない**です。
Los domingos se concentra aquí mucha gente / poca gente.

にほんごが わかる　がいこくじんは　**おおくない**です　/　**すくない**です。
Los extranjeros que entienden japonés no son muchos / son pocos.

ちかい	cercano	→	ちかく	**ちかくの** こうえん ちか~~いこ~~うえん	parque cercano.

ちかくのこうえんで　こどもたちが　やきゅうをしています。
Hay niños jugando al béisbol en el parque cercano.

とおい	lejano	→	とおく	**とおくの**うみ とお~~いう~~み	mar lejano

このふねは　さかなをとるために　**とおくの**うみへでかけていきます。
Este barco sale a alta mar a pescar.

✱ 5.1.7 Cambio de estado y condición

Para expresar un cambio de estado o transformación se emplean los verbos なる (si el cambio es ajeno al sujeto) o する (si el cambio lo realiza el sujeto). Los Adj. い reemplazan su terminación por く, y los Adj. な por に. Los sustantivos incorporan に.

a) Verbo なる:

adjetivo		presente	pasado
やすい barato ～くなります	Af. Neg.	やす**く**なります baja de precio やす**く**なりません no baja de precio	やす**く**なりました bajó de precio やす**く**なりませんでした no bajó de precio
しずかな tranquilo ～になります	Af. Neg.	しずか**に**なります se tranquiliza しずか**に**なりません no se tranquiliza	しずか**に**なりました se tranquilizó しずか**に**なりませんでした no se tranquilizó

sustantivo		
12 じ かんごふ はたち あさ	**に**なりました。	Ya han dado las 12. Se ha hecho enfermera. Ha cumplido 20 años. Se ha hecho de día.

b) Verbo する: Cuando es el sujeto el que produce el cambio en algo, se emplea el verbo する.

adjetivo

あかるい　あかるく**します**　あかるく**なり**ます

きれいな　きれいに**します**　きれいに**なり**ます

でんきをつけたので　へやが**あかるく**なりました。
Al encender la luz, la habitación se ha iluminado.

そうじをしたので　へやが**きれいに**なりました。
Tras haber hecho limpieza, la habitación quedó limpia.

にほんごのべんきょうが　だんだん**おもしろく**なってきました。
Estudiar japonés me parece cada vez más interesante.

ちかくにちかてつのえきができて　**べんりに**なりました。
Han construido una estación de metro aquí cerca y ahora es más cómodo.

sustantivo

やまださんを クラスの**いいん**に しました。　Hicimos al Sr. Yamada el representante de la clase.

こどもを **いしゃ**に しました。　Hice a mi hijo ser médico.

わたしは　ケーキを**はんぶん**にしました。 — He partido la tarta por la mitad.

そふは　ことし**９０さい**になります。 — Mi abuelo va a cumplir noventa este año.

さいきん　スポーツクラブの**かいいん**になりました。 — Hace poco tiempo me he hecho socio de un club deportivo.

Resumen de adjetivos

＋　です	－い	このケーキは**おいしい**です。 Este pastel está rico.
	－な	このじしょは**べんり**です。 Este diccionario es útil.
＋　めいし	－い	これは**おいしい**ケーキです。 Este es un pastel rico.
	－な	これは**べんりな**じしょです。 Este es un diccionario útil.
＋　どうし	－い	わたしのかぞくはみんな**はやく**おきます。 En mi familia nos levantamos temprano.
	－な	リサさんはかんじを**じょうずに**かきます。 Lisa escribe bien los kanji.
	Sust.	おひるはカレー**に**します。 Para almorzar, curry.

5.2 Oraciones comparativas y superlativas

Grados del adjetivo

Como en español, el adjetivo puede emplearse con tres grados diferentes: positivo (Ej.: El río Nilo es largo), comparativo (Ej.: El río Nilo es más largo que el río Amazonas), y superlativo (Ej.: El río Nilo es el río más largo del mundo).

5.2.1 Grado comparativo

a) Igualdad

Igualdad: Se expresa por medio de la partícula おなじ "igual", delante del adjetivo y de la partícula と detrás del término comparado. A veces おなじ puede ir seguida también de la partícula くらい, "aproximadamente", como moderador de la igualdad.

A は B とおなじくらい Adj. です。

かれは あなたと **おなじくらい** あたまがいいです。 El es más o menos igual de inteligente que tú.

El comparativo de igualdad también se expresa por medio del adverbio ほど, cuando aparece el verbo copulativo en forma negativa.

A は B ほど + Neg.

きょうは きのう**ほど** さむくありません。
Hoy no hace tanto frío como ayer.

このじしょは あのじしょ**ほど** よくありません。
Este diccionario no es tan bueno como aquél.

b) Superioridad

La comparación de superioridad o inferioridad, se expresa mediante la partícula より o よりも, "más que", colocada detrás del término comparado y antecediendo al adjetivo. En ocasiones puede ir detrás de la partícula より la partícula ずっと, "mucho más".

A は B より/よりも(ずっと) Adj. です。 A es más Adj. que B.

スペインは にほん**より** おおきいです。	España es más grande que Japón.
ははは わたし**より** はやくおきます。	Mi madre se levanta más temprano que yo.
きょうは きのう**より ずっと**あついです。	Hoy hace muchísimo más calor que ayer.
ここからくうこうまで ちかてつのほうが **ずっと**はやいです。	De aquí al aeropuerto, el metro es muchísimo más rápido.

c) Pregunta y respuesta de oración de comparación entre dos términos.

A と B で / と どちらが Adj. ですか。	¿Cuál es más Adj. A o B?
A のほうが Adj.です。	A es más Adj.

A: コーヒーと こうちゃと **どちらが**すきですか。 ¿Qué te gusta más, el té o el café?

B: –コーヒー**のほうが** すきです。 Me gusta más el café.
–どちらも すきです。 Me gustan los dos.
–どちらも あまり すきではありません。 No me gustan mucho ninguno de los dos.

A: このざっしと あのざっしで **どちらが** おもしろいですか。 ¿Qué revista es más interesante, ésta o aquélla?

B: どちらも **おなじくらい**おもしろいです。 Las dos son igual de interesantes.

A: こんしゅうとらいしゅうで **どちらが**ひまですか。 ¿En qué semana tienes más tiempo libre, en ésta o en la que viene?

B: こんしゅう**のほうが**ひまです。 En esta semana tengo más.

5.2.2 Superlativo

El superlativo expresa el grado máximo del adjetivo (el más, el que más). En japonés se construye colocando delante del adjetivo la palabra いちばん.

A は	せかい にほん クラス さんにんのなか	del mundo de Japón de la clase de entre tres	で **いちばん** Adj. です。

A es el más Adj. del mundo (de Japón, de la clase, de entre tres).

ふじさんは　にほんで　**いちばん**たかいです。
El Monte Fuji es el más alto de Japón.

やまださんは　クラスで　**いちばん**げんきです。
La Srta.Yamada es la más animada de la clase.

いもうとは　きょうだいのなかで　**いちばん**あたまがいいです。
Mi hermana menor es la más inteligente de mis hermanos.

Otra forma de superlativo:

せかい にほん etc.	で	**いちばん**	Adj. + Sust.	は	A	です。

El Sust. más Adj. del mundo (de Japón, de la clase, etc.), es A.

にほんで **いちばん**たかいやまは ふじさんです。
La montaña más alta de Japón es el Monte Fuji.

3にんのなかで **いちばん**しんせつなひとは やまださんです。
La chica más amable de las tres, es la Srta. Yamada.

のりものでいちばんはやいのは　ひこうきです。
El medio de transporte más rápido es el avión.

Pregunta y respuesta

A: A と B と C / ～のなか / ～ } で + (なに qué / だれ quién / どれ qué, cuál / いつ cuándo / どこ dónde) + が **いちばん** Adj. ですか。

B: A がいちばん Adj. です。

A: くだもの (のなか) で なにが**いちばん**すきですか。
De todas las frutas, ¿cuál te gusta más?

B: −オレンジが **いちばん**すきです。
Me gusta más la naranja.

−くだものは みんなすきです。
Me gustan todas las frutas.

A: ヨーロッパりょこうで　どこが**いちばん**よかったですか。
De su viaje por Europa, ¿qué sitio fue el mejor?

B: スペインが　**いちばん**よかったです。
España fue el mejor.

A: このなかで　どのえいがが**いちばん**おもしろいですか。
De entre éstas, ¿qué película es la más interesante?

B: このにほんのえいがでしょう。
Creo que esta película japonesa.

5.2.3 Proporcionalidad

La expresión “cuanto más… (tanto) más…” que señala una relación de proporcionalidad entre dos acciones y sus resultados, se dice en japonés usando la forma verbal condicional, en ocasiones con 〜れば el primer término, y 〜ほど con el segundo.

はやけ**れば** はやい**ほど** いいです。
Cuanto antes, mejor.

にもつは かるけ**れば** かるい**ほど** いいです。
Cuanto menos pese el paquete, mejor.

にほんごは べんきょうす**れば** する**ほど** おもしろくなります。
Cuanto más estudio japonés, más interesante lo encuentro.

proporcionalidad directa
(más → más)

かんがえ**れば** かんがえる**ほど** わからなくなります。
Cuanto más lo pienso, menos lo entiendo.

proporcionalidad inversa
(más → menos)

やさいは　あたらしけ**れば**　あたらしい**ほど**　おいしいです。
La verdura cuanto más fresca, más deliciosa es.

きゅうりょうは　たかけ**れば**　たかい**ほど**　うれしいです。
Cuanto más alto es el sueldo, más contento se está.

けっこんしきのスピーチは　みじかけ**れば**　みじかい**ほど**　いいです。
Los discursos en los banquetes de bodas cuanto más cortos mejor.

アパートは　しのちゅうしんから　はなれ**れば**　はなれる**ほど**　やすくなります。
Los pisos, cuanto más lejos del centro están, más baratos son.

Unidad

6 ふくし Adverbios

Los adverbios se usan principalmente para modificar verbos, adjetivos de tipo - い , de tipo - な y frases completas. Generalmente se ponen antes del adjetivo y delante del verbo.

6.1 Tipos de adverbios

6.1.1 Modo

いっしょに con, junto con	あねと**いっしょに** ここへきました。 He venido aquí junto con mi hermana.
ひとりで solo	わたしは いつも**ひとりで** りょこうします。 Siempre viajo solo.
じぶんで por sí mismo	じぶんのことは **じぶんで**しなさい。 Haz tus cosas por ti mismo.
いっしょうけんめいに con mucho esfuerzo	ちちは **いっしょうけんめいに**にほんごを べんきょうしています。 Mi padre estudia japonés con mucho esfuerzo.
ぜんぶで en total	**ぜんぶで** ２０００えんです。 En total son 2000 yenes.
ほんとうに verdaderamente	きむらさんは**ほんとうに**よく べんきょうしています。 Verdaderamente el sr. Kimura estudia mucho.
ゆっくり lentamente	もうすこし **ゆっくり** うんてんしてください。 Conduzca un poco más despacio, por favor.
そのまま tal como está	**そのまま** うごかないでまっていてください。 Quédese donde está ahora y espéreme, por favor.
はっきり claramente	くらくて **はっきり**みえません。 Está oscuro, no se ve claramente.
ぴったり / ちょうど justo, apropiado, perfecto	そのようふくは あなたに**ぴったり**です。 Ese traje es perfecto para ti.

6.1.2 Cantidad

とても / たいへん muy	パーティーは **とても** たのしかったです。 La fiesta fue muy divertida.
たくさん muchos	このかわには さかなが **たくさん**います。 En este río hay muchos peces.

かなり / だいぶ bastante	びょうきは **だいぶ** よくなりました。 Estoy bastante mejor de mi enfermedad.
だいたい más o menos	ひらがなは **だいたい** かくことができます。 Puedo escribir hiragana más o menos bien.
ほとんど casi todo	しゅくだいは **ほとんど** おわりました。 Casi he acabado mis deberes.
ずいぶん considerablemente, bastante	**ずいぶん** にほんごが じょうずになりましたね。 Hablas japonés bastante bien, ¿verdad?
すこし / ちょっと un poco	あのひとは **すこし** あたまがおかしいです。 Aquella persona es un poco alocada.
すこしずつ poco a poco	**すこしずつ** にほんごがじょうずになります。 Poco a poco estoy mejorando mi japonés.
もっと más	**もっと** くわしくはなしてください。 Cuéntemelo más detalladamente, por favor.
ぜんぶ / みんな / すべて todo, por completo	しごとは **ぜんぶ**おわりました。 He acabado todo el trabajo.

6.1.3 Negación

あまり　～ない no mucho...	とうぎゅうは **あまり** すきではありません。 No me gustan mucho las corridas de toros.
めったに　～ない apenas	このみちは **めったに** くるまがとおりません。 Apenas pasan coches por este camino.
まったく　～ない en absoluto...	あなたがびょうきだったことは **まったく**しりませんでした。 No sabía (no tenía ni idea) que estuvieras enfermo.
ぜんぜん　～ない en absoluto...	これは **ぜんぜん** おもしろくないです。 Esto no tiene ninguna gracia.
いちども　～ない ni una sola vez	すきやきをたべたことは **いちども** ありません。 Nunca he comido sukiyaki.
けっして　～ない nunca	ごしんせつは **けっして** わすれません。 Nunca olvidaré su amabilidad.
ほとんど　～ない casi nunca	にちようびは **ほとんど** うちにいません。 Los domingos casi nunca estoy en casa.
ぜったいに absolutamente	それは **ぜったいに** ふかのうです。 Eso es absolutamente imposible.

6.1.4 Tiempo, frecuencia

すぐ（に） Enseguida	**すぐに** ここへきてください。 Venga aquí enseguida, por favor.
きゅうに / とつぜん de repente	**きゅうに** でんきがきえました。 De repente se apagó la luz.
さっそく en cuanto, inmediatamente	むこうについたら **さっそく**てがみをかきます。 En cuanto llegue allí te escribiré una carta.
これから de ahora en adelante	**これから** きをつけます。 De ahora en adelante voy a tener cuidado.
できるだけ（はやく） cuanto antes	**できるだけ** はやくきてください。 Venga cuanto antes.
たったいま justo ahora	**たったいま** バスがでてしまいました。 El autobús ha salido justo ahora.
さっき hace un rato	**さっき** さとうさんにあいました。 Hace un rato he visto al Sr. Satoo.
もうすぐ / まもなく pronto / enseguida / dentro de muy poco	**もうすぐ** なつやすみです。 Pronto serán las vacaciones de verano.
とうとう finalmente	はたらきすぎて かれは**とうとう** びょうきになりました。 Por trabajar demasiado, él acabó finalmente enfermando.
いつか algún día	**いつか** いっしょにりょこうしましょう。 Algún día viajaremos juntos.
このあいだ / このまえ el otro día	**このあいだ** にほんのえいがをみました。 El otro día vi una película japonesa.
やっと por fin	**やっと** つきました。 Por fin hemos llegado.
ずっと Continuamente/ a lo largo de	せんしゅうから **ずっと** いいてんきです。 Lleva haciendo buen tiempo desde la semana pasada.
しばらく hace tiempo, hace un buen rato	**しばらく** かれにあっていません。 Hace tiempo que no le veo.
さいきん / このごろ / ちかごろ últimamente	**さいきん** すこしふとりました。。 Últimamente he engordado.
ちょっと un momento	**ちょっと** まってください。 Espere un momento, por favor.

いまにも ~ そう a punto de /en cualquier momento / de un momento a otro	**いまにも** あめがふりそうです Parece que está a punto de llover en cualquier momento.
もう ya	A きょうのしんぶんを **もう**よみましたか。 ¿Ya has leído el periódico de hoy? B: いいえ まだです。Todavía no.
まだ aún, todavía (no)	**まだ** じかんあります。 Todavía queda tiempo. しょくじは **まだ**できていません。 La comida aún no está lista.
(frecuencia) いつも siempre	**いつも** 8 じに うちをでます。 Siempre salgo de casa a las 8.
よく a menudo	かれは そのデイスコに **よく**いきます。 Él va a menudo a esa discoteca.
ときどき a veces / de vez en cuando	**ときどき** でんわしてください。 Llámeme de vez en cuando, por favor.
もういちど otra vez	**もういちど** いってください。 Dígalo otra vez, por favor.

* 6.1.5 Exposición, declaración y condición

とくに especialmente / sobre todo	スポーツで わたしは **とくに**テニスがすきです。 De todos los deportes, me gusta sobre todo el tenis.
ほかに además / otro	**ほかに** しつもんがありませんか。 ¿No tienen alguna otra pregunta?
もちろん por supuesto	**もちろん** わたしはいきます。 Por supuesto, yo voy.
なるべく cuanto antes	**なるべく**はやく きてください。 Venga Ud. cuanto antes.
ぜひ a toda costa	メキシコへ **ぜひ**いきたいです。 Quiero ir a México a toda costa.
かならず seguro / sin falta	**かならず** てがみをかきます。 Te escribiré una carta sin falta.
たぶん ~ でしょう quizá, tal vez / probablemente	**たぶん** かれはくるでしょう。 Tal vez él venga.

6.1.6 Adverbios con dos o más significados

なかなか bastante muy bien / considerablemente	**なかなか** バスがきません。 Hace bastante tiempo que no viene el autobús. **なかなか** にほんごがじょうずですね。 Hablas muy bien japonés, ¿no?
とても muy de ninguna manera absolutamente	このもんだいは **とても**ふくざつです。 Ese problema es muy complicado. このしごとを 1 かげつでするのは とてもむりです。 Es absolutamente imposible terminar éste trabajo en un mes.
ずっと todo el tiempo / todo, a lo largo de mucho más	とうきょうにきてから　**ずっと**おじのいえにいます。 Desde que vine a Tokio he estado viviendo todo el tiempo en casa de mi tío. えきへいくのに このみちが**ずっと**ちかいです。 Este camino es mucho más corto para ir a la estación.
まるで como si completamente / absolutamente	いま にほんにいるなんて **まるで** ゆめのようです。 Estoy en Japón, es como si fuera un sueño. **まるで** はなしになりません。 Eso es completamente absurdo.
そろそろ despacio / ya casi..., va siendo hora de...	あのひとは あしがわるいので **そろそろ**あるいています。 Aquel señor tiene mal una pierna. por eso anda despacio **そろそろ** 10 じになります。 Ya casi son las diez.
やはり / やっぱり sin duda, a pesar de todo	**やはり** かれも しりませんでした。 Él tampoco lo sabía. つかれていましたが **やはり**いきました。 Estaba cansado, pero a pesar de todo fui.
よく frecuentemente bien	こどものころ**よく**そぼのいえにいきました。 Cuando era niño visitaba frecuentemente a mi abuela. それは　あまり**よく**しりません。 No lo conozco demasiado bien. **よく**できました。 Bien hecho.
ゆっくり lentamente / despacio con tranquilidad	もうすこし　**ゆっくり**うんてんしてください。 Conduzca un poco más despacio, por favor しゅうまつは　**ゆっくり**やすみたいです。 Este fin de semana quiero descansar tranquilamente.
きちんと sin falta en orden	やちんは　**きちんと**はらっています。 Todos los meses pago sin falta el alquiler. かれのへやはいつも　**きちんと**かたづいています。 Su habitación siempre está en orden.

6.2 ぎおんご、ぎたいご Onomatopeyas y mimetismos

Las palabras que reproducen el sonido ocasionado por determinados fenómenos o acciones, se denominan onomatopeyas. Existe una gran profusión de este tipo de expresiones en japonés, las cuales expresan: A: un estado o situación concreto, o B: voces de animales, reproducción de sonidos de la naturaleza, etc.

A) Pueden dividirse del modo siguiente.

Tipo I	
1) 	2) 

1)

	そわそわ	する	Ponerse nervioso
	にやにや		Sonreír con malicia
	どきどき		Sentir que el corazón late con fuerza
	もじもじ		Moverse nerviosamente
	わくわく		Hervir de emoción el corazón
あたまが	がんがん		Tener mucho dolor de cabeza
	いらいら		Estar nervioso, impacientarse
	はらはら		Estar en vilo

2)

おなかが	ぺこぺこ	だ	Tener mucha hambre
	あつあつ		Estar muy enamorado el uno del otro
	びしょびしょ		Estar empapado
コートが	ぼろぼろ		El abrigo se cae a pedazos
	がたがた		Estar inestable
	めちゃくちゃ		Estar desordenada

バスがこないのでかれは**いらいら**しています。
Está impaciente porque no viene el autobús.

スピーチのじゅんばんがまってくるので、かれは**そわそわ**しています。
Va llegando su turno en el discurso y por eso está algo inquieto.

あさごはんをたべなかたので、おなかが**ぺこぺこ**です。
Como no he desayunado, tengo mucha hambre.

Tipo II

さっぱり うんざり がっかり ぼんやり	する	Sentirse aligerado, fresco Estar harto Desilusionarse Estar distraído

ずらりと ならぶ	Ponerse en fila
ぎっしり つめる	Rellenar, apretar
ぐっすり ねむる	Dormir profundamente

しけんにおちて、**がっかり**しました。
Me quedé desilusionado por suspender el examen.

ショーウィンドーに　しんせいひんが　**ずらりと**ならんでいます。
Los nuevos artículos están puestos en fila en el expositor.

Tipo III

1)

2)

1)

ふらふらあるく	Andar tambaleándose
べらべらはなす	Hablar por los codos
ぱくぱくたべる	Comer a dos carrillos
ぐうぐうねる	Dormir como un tronco

ざらざら つるつる べたべた	している	Estar áspero Estar resbaladizo Estar pegajoso

2)

はっと ほっと	する	Asustarse Sentirse aliviado

きゅうになまえをよばれて、はっとしました。
Al oír que me llamaban de repente, me asusté.

B) Teniendo en cuenta el asunto al que se refieren, se pueden ordenar en los siguientes grupos:

1) Expresiones relacionadas con la lluvia

あめが { ザーザー → Sonido que se emite cuando llueve mucho
ポツポツ → Sonido que se emite cuando comienza a llover (gotitas)
シトシト → Sonido que emite una lluvia poco intensa (llovizna) }

あめが **ザーザー**ふっています。 Está lloviendo a cántaros.

2) Relaciones sociales y familiares

シクシク } なく → Ruido que se produce al sollozar
エンエン } なく → Sonido que emitimos al llorar
ワーワー } なく → Sonido que emitimos al llorar con fuerza

クスクス } わらう → Risilla disimulada
ゲラゲラ } わらう → Reír a carcajadas

あかちゃんが **ワーワー**ないています。 El bebé está llorando mucho.

3) Reproducción de sonidos animales

カーカー → Cuervo
モーモー → Vaca
ガーガー → Pato
ヒヒン → Caballo
パカパカ → Caballo al paso
コケコッコー → Gallina
ワンワン → Perro
コンコン → Zorro
ピョンピョン → Conejo saltando

4) Reproducción de los sonidos de la naturaleza

ドドー → Ruido de una gran cascada
カサカサ → Crujido de las hojas secas en el suelo

5) Vida cotidiana

トントン → Ruido que hace el cuchillo al cortar comida sobre una mesa
グツグツ → Ruido que hace la comida al hervir
ジュージュー → Ruido que hace la comida al asarse
チリンチリン → El sonido de una campanilla agitada por el viento
チョキチョキ → Sonido que hacen las tijeras al cortar
カシャ → Sonido que produce una cámara de fotos al accionarla
ジャー → Sonido que produce el agua al salir del grifo

Unidad 7

じょし
Partículas

En japonés las partículas no tienen un único significado, sino que desempeñan un papel importante dentro de las oraciones en función de su posición y acompañamiento, modificando así el sentido de la frase. A continuación clasificamos las partículas según su función y significado.

Clasificaciones

<table>
<tr><td>1.</td><td colspan="3">Partículas de caso o posposicionales
の　を　で　に　と　へ　より　から　まで
までに　や　とか　か, etc.</td></tr>
<tr><td>2.</td><td colspan="3">Partículas determinativas
でも　くらい / ぐらい　ごろ　など　ばかり　ほど　も　しか
だけ　ずつ　こそ, etc.</td></tr>
<tr><td>3.</td><td colspan="3">Partículas conjuntivas ⇨ Capítulo III　し　て　ても
たり　ながら　なら
から / ので / のに / と, etc.</td></tr>
<tr><td rowspan="3">4.</td><td colspan="3">Partículas oracionales</td></tr>
<tr><td>masculinas</td><td>ぞ　ぜ　さ
かい　だい</td><td rowspan="2">ambas
か　ね　の　(か) なあ　よ</td></tr>
<tr><td>femeninas</td><td>わ　わね　わよ
かしら　なの　かもね</td></tr>
<tr><td>5.</td><td colspan="3">Partículas　は y が
は (wa)　Indica el tema de la conversación.
が (ga)　Indica el sujeto de la oración.</td></tr>
</table>

7.1 Partículas de caso o posposicionales

<table>
<tr><td>の
de</td><td>Relaciones tipo posesión, origen, medida, duración
Determinación de un sustantivo mediante otro sustantivo.　　A の B = B de A

これは わたしの ほんです。
Éste es mi libro. (posesión)

あのひとは ソニーの やまださんです。
Aquella persona es el Sr. Yamada, de Sony. (origen)</td></tr>
</table>

の de	これは ドイツ**の** くるまです。Éste es un coche alemán. いっしゅうかん**の** やすみを もらいました。 Me dieron una semana de vacaciones. **Materia o características de un objeto** にほんご**の**じしょを　かいました。 He comprado un diccionario de japonés. おりたたみしき**の** いすは すぐこわれます。 Las sillas plegables se estropean enseguida. **Función sustantiva: convierte en sustantivo al adjetivo que acompaña** あかい**の**が いちばん すきです。 El rojo es el que más me gusta. きらいな**の**は さかなです。 Lo que odio es el pescado.
Nota: Ojo con las confusiones:	
ともだち**の** はやしさん Mi amigo el Sr. Hayashi はやしさん**の** ともだち Un amigo del Sr. Hayashi	とうきょうだいがく Universidad de Tokio. とうきょう**の** だいがく Una universidad de Tokio
を a de etc.	**Complemento directo** La partícula を indica el objeto del verbo transitivo. japonés:　Sujeto + Objeto + Verbo español:　Verbo + Objeto わたしは まいにち テレビ**を**　みます。 Veo la tele todos los días. もりさんは イチゴ**を**　かいました。 La Srta. Mori compró fresas. **Puede indicar lugar en dos casos:** **Alejamiento a partir de un punto de origen o de partida.** 9じごろ うち**を**　でます。 Salgo de casa a eso de las 9. ぎんこうの　まえで　バス**を** おります。 Bajaré del autobús delante del banco.

を por lugar de tránsito	**Lugar por donde se pasa o donde se realiza la acción de un verbo que expresa traslado o movimiento** とりが　そら**を**　とんでいます。 Los pájaros están volando por el aire. まいにち　こうえん**を**　さんぽします。 Todos los días doy un paseo por el parque. はし**を**　わたります。 Cruzo por un puente. しょうてんがい**を**　とおって　がっこうへ　いきます。 Voy a la escuela pasando por el centro comercial. ともだちと　イギリス**を**　りょこうしました。 Viajé por Inglaterra con mi amiga. **Causativa** わたしは　ともだち**を**　30ぷん　またせました。 Hice esperar a mi amigo durante 30 minutos.
で en con por etc.	**Lugar o escenario donde se desarrolla la acción** デパート**で**　くつを　かいました。 Compré unos zapatos en unos grandes almacenes. せんもんがっこう**で**　フランスご**を**べんきょうしています。 Estoy estudiando francés en una academia. **Medio, utensilio o material** にほんご**で**　レポートを　かきました。 Escribí un trabajo en japonés. ボールペン**で**　かいてください。 Escriba con bolígrafo, por favor. このりょうりは　でんしレンジ**で**　かんたんにできます。 Este plato se prepara fácilmente en el microondas. しんぶん**で**　そのニュースを　よみました。 Esta noticia la leí en el periódico. バス **で** ここへ　きました。 He venido aquí en autobús. にくとやさい **で** スープを　つくりました。 Hice una sopa de carne y verduras. **Causa, razón** びょうき**で** がっこうを　やすみました。 No fui al colegio por estar enfermo.

で en con por etc.	**Superlativo** スポーツ(のなか) **で** やきゅうが いちばんすきです。 De entre todos los deportes, el que más me gusta es el béisbol. **Delimitación de tiempo, precio, cantidad, etc.** これ**で** じゅうぶんです。 Con esto es bastante. かのじょと　ふたり**で** さんぽしました。 Di un paseo con ella, los dos solos. ぎんざへ　30ぷん**で**　いけます。 Puede llegar a Ginza en 30 minutos. **Cantidad** このノートは 5さつ**で** 1.000えんです。 Cinco cuadernos de estos cuestan 1.000 yenes. **Estado, condición** ロビーは ひと**で** いっぱいでした。 El vestíbulo estaba lleno de gente.
に de en a por	**Lugar (1) Con idea de permanencia (vivir en, estar en, etc.)** わたしはいま　よこはまホテル**に**　とまっています。 Actualmente me alojo en el Yokohama Hotel. わたしは マドリッド**に** すんでいます。 Vivo en Madrid. ぎんこうは あそこ**に** あります。 El banco está allí. **Lugar (2) Existencia** スーパーの まえ**に** ルイスが　います。 Enfrente del supermercado está Luis. かべ **に** にほんのちずが かけてあります。 Hay un mapa de Japón colgado en la pared. **Lugar (3) Indica la dirección o destino de un verbo que implica movimiento** いちじのバス**に**　のります。 Tomaré el autobús de la una. ポケット**に**　おかねをいれました。 Metí el dinero en el bolsillo. へや **に** はいってください。 Entren en la habitación, por favor.

に
de
en
a
por

やっと えきに つきました。
Por fin he llegado a la estación.

> **Nota:** Las expresiones de tiempo como “por la mañana”, “ayer”, “hoy”, “este año”, etc. no llevan に.

Tiempo

わたしは まいにち 7じに おきます。
Todos los días me levanto a las 7.

3かげつまえに にほんへ きました。
Vine a Japón hace tres meses.

Delimitación de tiempo

1にちに3 かい このくすりを のんでください。
Tome esta medicina tres veces al día por favor.

Persona, lugar o cosa en la que finaliza la acción

えきで ともだちに あいました。Me encontré con mi amigo en la estación.

きかいに さわらないで ください。No toque la máquina por favor.

ノートに かんじを かきます。Escribo Kanji en el cuaderno.

Resultado de una transformación

ドルを えんに かえました。Cambié dólares por yenes.

はるに なりました。Ha llegado la primavera.

あねは かんごふに なりました。Mi hermana mayor se hizo enfermera.

へやを きれいに します。Limpio la habitación.

Selección o decisión

わたしは（お）すしにします。 Yo tomaré sushi.

Otros usos

おとうとは ちちに にています。Mi hermano menor se parece a mi padre.

たばこは からだに わるいです。El tabaco es perjudicial para la salud.

Complemento indirecto

どろぼうに さいふを ぬすまれました。
Mi cartera fue robada por un ladrón.

せんせいは がくせいに さくぶんを かかせました。
El profesor hizo escribir una composición a sus alumnos.

ともだちにカメラをかしました。
Le dejé la cámara a mi amigo.

Dos verbos juntos Acompañada de los verbos “ir” o “venir” expresa una idea de finalidad. (para) くうこう へ ともだちを むかえ**に** いきます。 Voy al aeropuerto a recoger a mis amigos. recoger ir ir a recoger むかえます ＋ いきます → むかえ [に] いきます reunirse venir venir a reunirse あいます ＋ きます → あい [に] きます **Ojo:** los verbos “いる” estar, “とまる ” hospedarse, “つとめる” trabajar, etc, siempre van acompañados por “**に**” para localizar la acción. うち / ホテル / かいしゃ } **に** { います / とまります / つとめています Estoy en casa. Me alojaré en el hotel. Trabajo en una empresa.	
と y con cita textual o reproducción de ideas, frases, etc.	テーブルの うえに ほん**と** ノートが あります。 Encima de la mesa hay un libro y un cuaderno (y nada más). わたしは かいしゃのひと**と** いきます。 Voy con una compañera del trabajo. 「アマポーラ」は にほんごで なん**と** いいますか。 ¿Cómo se dice “amapola” en japonés? 「スペインご は むずかしいです 」**と** ともだちはいいます。 Mi amigo dice: “el español es difícil.”
へ a hacia	**indica la dirección** いつも あるいて かいしゃ**へ** いきます。 Siempre voy andando al trabajo. からだを みぎ**へ** まげてください。 Doble el cuerpo (en curva) hacia la derecha por favor.
より más que de parte de	**Enlace entre los términos de la comparación** にほんでは ７月**より** ８月のほうが あついです。 En Japón hace más calor en agosto que en julio. かれは あたまがわるい というより なまけものです。 El es más bien perezoso que tonto. **Como fórmula de despedida informal en una carta** かずこ**より** De parte de Kazuko.

から de origen a partir de	**Punto de partida u origen en el espacio o en el tiempo** クラスは　9じ**から**　はじまります。 La clase comienza a las 9. さけは　こめ**から**　つくられます。 El sake se hace de arroz. そのはなしは　だれ**から**　ききましたか。 ¿De quién ha oído ese comentario?
から…まで desde...hasta	えき**から**うち**まで**　10ぷん　かかります。 Se tarda 10 minutos desde la estación hasta mi casa. ぎんこうは　9じ**から**3じ**まで**　あいています。 El banco está abierto desde las 9 hasta las 3.
まで a hasta までに no más tarde que	**Duración, plazo, término, período, dominio, límite y extensión** 5じ**まで**　まってください。 Espere hasta las 5, por favor. こんどのしけんは　どこ**まで**ですか。 En el próximo examen, ¿hasta dónde entra? あした**までに**　このほんをかえさなければなりません。 Tengo que devolver este libro mañana como muy tarde.
や y とか/など etc.	スーパーで　にく　**や**　やさいを　かいました。 Compré carne y verduras en el supermercado (entre otras cosas). にちようびは　そうじ**とか**　せんたく**など**を　します。 El domingo hago limpieza, la colada y otras cosas.
か o	**Elección, selección** こんどの　どようび　**か**　にちようびに　いなかへ　いくつもりです。 El próximo sábado o domingo tengo intención de ir al campo.

7.2 Partículas determinativas

Las partículas determinativas modifican tanto las palabras con inflexión, como las sin inflexión.

でも algo así	コーヒー**でも**　のみませんか。 ¿Tomamos café o algo?
くらい/ぐらい más o menos	うちから　がっこうまで　30ぷん**ぐらい**　かかります。 De mi casa a la escuela, tardo unos treinta minutos.

ごろ aproximadamente alrededor de	わたしは まいにち 2じ**ごろ** ちゅうしょくを たべます。 Como todos los días alrededor de las dos. **Nota:** Sólo se usa para punto de tiempo (no duración de tiempo ni nada que no sea tiempo)
ばかり solamente nada más que	あまいもの**ばかり**たべては　いけません。 No debes comer solamente dulces. きのうは　わるいこと**ばかり**　おこりました。 Ayer no pasaron más que cosas malas.
ほど tanto (comparación)	ことしは きょねん**ほど** さむくありません。 Este año no hace tanto frío como el año pasado.
も nada menos que (énfasis) también tampoco	タクシーで 1,000えん**も** かかりました。 En taxi me costó nada menos que mil yenes. (Expresa opinión de que mil yenes es mucho) あのひと**も** けんしゅうせいです。 Aquella persona es también un estudiante en prácticas. ともだち**も** きませんでした。 Mi amigo tampoco vino.
しか sólo + Neg. nada más que だけ generalmente con afirmativo	1,000 えん**しか** ありません。 No tengo más que mil yenes. (Sentido negativo "Sólo me quedan mil yenes") 1,000 えん**だけ** あります。 Tengo sólo mil yenes. (Sentido positivo "Todavía me quedan mil yenes") たなかさん**だけ** きました。 Sólo el Sr. Tanaka vino. たなかさん**だけ** きませんでした。 Sólo el Sr. Tanaka no vino.
ずつ de…en …	ふたり**ずつ** はいってください。 Entren de dos en dos, por favor. ふたりのこどもに　１０００えん**ずつ**　こずかいをやりました。 Le di mil yenes de propina a cada uno de los dos niños.
こそ énfasis	こちら**こそ** どうぞよろしく。 El gusto es mío. ことし**こそ**　のうけんN３に　ごうかくしたいです。 Quiero aprobar el examen de nivel N3 del Noken este mismo año.

7.3 Partículas conjuntivas ⇨ Capítulo III

7.4 Partículas oracionales

Son las que se añaden al final de la oración. Se usan frecuentemente en la conversación.

か	**Interrogación** あのひとは だれです**か**。 ¿Quién es aquella persona? いっしょに えいがへ いきません**か**。 ¿No quiere que vayamos al cine juntos? これは ほんです**か**、じしょです**か**。 ¿Es esto un libro o un diccionario? A: あした じゅぎょうが ありません。 Mañana no hay clase. B: ああ 、 そうです**か**。 ¡Ah!, ¿si? (para expresar ligera afirmación o admiración)
ね	**Asentimiento** A: きれいな けしきです**ね**。 ¡Qué paisaje tan bonito! ¿verdad? B: そうです**ね**。 Sí, ¿verdad? A: まいにち にほんごを べんきょうしなければなりません。 Tengo que estudiar japonés todos los días. B: それは たいへんです**ね**。 Eso es duro, ¿verdad? (para transmitir un sentimiento) A: なにに しますか。 ¿Qué quieres? B: そうです**ね（え）**。 Pues... A: あした かぶきへいきます。 Mañana voy a ir al Kabuki. B: いいです**ね**。 ¡Qué bien!, ¿verdad?

の	**Interrogativa familiar** どこへいく**の**。 ¿A dónde vas? これでいい**の**。 ¿Está bien?
よ	**Énfasis** A: どこに ありますか。 ¿Dónde está? B: そこに あります**よ**。 Está ahí, ¿no lo ve? **Nota:** Se usa para indicar al oyente algo que no sabía o para remarcar lo que se dice. **Suavización de determinadas expresiones** このバスは ゆうびんきょくのまえは とまりません**よ**。 Este autobús no para enfrente de Correos, ¿sabe? むりなダイエットは からだによくないです**よ**。 Una dieta excesiva no es buena para la salud.
な	**Hablando para uno mismo** すこしやすみたい**な**（あ）。 Tengo unas ganas de descansar un poco... このしけんはむずかしい**な**（あ）。 Jo, qué examen más difícil... こまった**な**（あ）。 Vaya problema tengo...

Terminaciones de matización: Algunas partículas son de uso exclusivo de mujeres o de hombres en el lenguaje coloquial.

Sólo femeninas	**Sólo masculinas**
コーヒーが のみたい**わ（わね）**。 Tengo muchas ganas de tomar café.	あめが ふっている**ぞ**。 Está lloviendo.
あのひとは うちに いる**かしら**。 Me pregunto si estará en casa.	かれは こない**さ**。 Él no vendrá.
そう**（なの）よ**。 Eso es.	ぼくは かんけいない**ぜ**。 Eso no tiene nada que ver conmigo.
7 じのきゅうこうに まにあわない**かもね**。 Quizás no llegue a tiempo para tomar el expreso de las 7.	あまり のむな***よ**。 No bebas mucho, ¿eh? * Verbo en forma imperativo のむな＋よ con sentido afectuoso.
やまださんおそい**わね**。どうしたの**かしら**。 La Srta. Yamada llega tarde, ¿no? Me pregunto qué habrá pasado...	ちゃんとしゅくだいした**かい**。 ¿Has hecho bien los deberes?
きっとくる**わよ**。 Seguro que vendrá.	いま なんじ**だい**。 ¿Qué hora es?

7.5 Partículas は y が

は

La partícula は tiene la función de indicar el tema de la conversación, pero lo más importante de esa oración es el predicado.

～は PREDICADO

Tema de la oración

わたし**は** たなかです。
Yo soy Tanaka.

にもつ**は**　ここにおかないでください。
Por favor, no dejes tus bolsas aquí.

やまださんのとうちゃく**は**　２じです。
La hora de llegada del Sr. Yamada es a las dos.

Carácter universal

ゆき**は** つめたいです。
La nieve es fría.

1 たす 2 **は** 3 です。
Uno más dos son tres.

Existencia　～は ～に { あります / います }

ほん**は** テーブルのうえにあります。
El libro está encima de la mesa. (definido)

Nota : は suele coincidir con el sujeto, aunque no siempre.

それは つかいません　　Eso no se usa.
CD
そこには とりが たくさんいます。　　Allí hay muchos pájaros.
CCL

CCL = complemento circunstancial de lugar

Contraste

ワイン**は**　のめますが ビール**は**　のめません。
Puedo beber vino, pero no puedo beber cerveza.

げつようび**は**　いそがしいですが すいようび**は**　ひまです。
El lunes estoy ocupado, pero el miércoles tengo tiempo libre.

は	**Énfasis frente a otras posibilidades** にほんご**は** わかります。 Japonés sí que entiendo. (Otras lenguas no) わたしのうちに　いぬ**は**いません。 En mi casa no tenemos perro. (le han llamado la atención a causa de un perro) パーティーのじゅんびに　１０にん**は**ひつようです。 Para la preparación de la fiesta necesito por lo menos a diez personas. あきこ **は** きました。 (No sabemos si otros vinieron, pero) Akiko sí vino.
が	**La partícula が indica el sujeto de lo que se relata en el predicado; indica que lo más importante de la oración es el sujeto.** SUJETO　が～ **Existencia**　～に ～が { あります / います } テーブルの　うえに　ほん**が**あります。 Encima de la mesa hay un libro. ドアの　ちかくに　ねこ**が**います。　Cerca de la puerta hay un gato. そのねこ**は** くろいです。　Ese gato es negro.（definido) **Describe lo que ocurre ante el hablante.** あめ**が** ふっています。Está lloviendo. あ、げんかんでブザー**が**なっていますよ。　Ah, están llamando a la puerta. こんやは　ほし**が**　きれいです。　Las estrellas están bonitas esta noche.
	Énfasis (aísla la posibilidad elegida) あきこ**が** きました。 (Por fin) Vino Akiko. A: ぶんがくサークルのかいいんになりたいんですが。 Me gustaría hacerme socio del club literario. B: はい。これ**が**　もうしこみようしです。 De acuerdo, ésta es la solicitud. **Modestia** あのう それは わたしの かさ なんです**が**… Disculpe, pero ése es mi paraguas...

～は
～が

～は　～が

1. Caso de adjetivos o verbos que expresan gusto, deseo, hacer cosas bien/mal, etc. tales como:

わたし	**は**	バナナ	**が**	すきです。	Me gustan los plátanos.
		カメラ		ほしいです。	Quiero una cámara.
はは		りょうり		じょうずです。	Mi madre cocina bien.

わたしのともだち**は**　にほんご**が**　すこしわかります。
Mi amigo entiende un poco de japonés.

ちち**は**　スキー**が**　できます。
Mi padre sabe esquiar.

わたし**は**　いいともだち**が**　ほしいです。
Quiero buenos amigos.

2. Cuando en español se usa el verbo "tener" para expresar una cualidad o una característica del aspecto, en japonés se dice:

あのこ**は**　め**が**　きれいです。
Los ojos de aquella niña son bonitos.

ぞう**は**　はな**が**　ながいです。
La trompa del elefante es larga.

このバス**は**　まど**が**　おおきいです。
Este autobús tiene las ventanas grandes.

3. が acompaña al sujeto de la oración subordinada mientras は indica el sustantivo que se desea enfatizar.

これは わたし**が**とった　しゃしんです。
Esta es una foto que tomé yo.

はは**が**　つくる　りょうり**は**　おいしいです。
La comida que hace mi madre es deliciosa.

Comparación

A: はると　なつで　どちら**が**　すきですか。
¿Qué le gusta más, la primavera o el verano?

B: はるのほう**が**　すきです。
Prefiero la primavera.

Comparación de las partículas は y が

わたしのしゅみは　テニスです。	Mi afición es el tenis.
テニスが　わたしのしゅみです。	El tenis es mi afición
びょういんは　あのしろいビルです。	El hospital es aquel edificio blanco.
あのしろいビルが　びょういんです。	Aquel edificio blanco es el hospital.

は / が } **Cuando el interrogativo, pronombre o locución, está en el predicado, は viene después del sujeto, mientras que cuando el interrogativo está en el sujeto, se usa が**

A: どのコートが　たなかさんのですか。	¿Qué abrigo es el del señor Tanaka?
B: あのくろいのが　たなかさんのです。	Es aquel abrigo negro.
A: どれが　としょかんですか。	¿Cuál es la biblioteca?
B: あのこうみんかんのとなりが　としょかんです。	La biblioteca es aquello junto al centro comunitario.
A: おにいさんは　いまどうしていますか。	¿Cómo le va a tu hermano?
B: あには　いまアメリカにりゅうがくしています。	Mi hermano ahora está estudiando en Estados Unidos.
A: ひるやすみは　なんじからですか。	¿A qué hora empieza el descanso de mediodía?
B: ひるやすみは　１２じからです。	El descanso es a partir de las 12.

Sujeto	Sujeto
なに / どれ / だれ / (どなた) / どちら / いつ } が　～　。	～　は　なん / どれ / だれ / (どなた) / どちら / いつ } ～。
なに　がいいですか。	これ**は　なん**　ですか。
いつ　がいいですか。	かれ**は　いつ**　きますか。

Capítulo 1 **2** 3 Ap
Unidad 7 Partículas

Unidad

8 せつぞくし Conjunciones

8.1 Unión de oraciones de forma lógica

Las conjunciones tienen la función de unir dos palabras o cláusulas.

8.1.1	Consecutiva, explicativa, causal	
	ですから / *だから したがって そのために	por lo tanto, por eso
	そこで それで	por consiguiente, por esa razón
	なぜなら というのは	porque, es que
8.1.2	Adversativa	
	でも / *だけど しかし けれども	pero, no obstante
	ところが それなのに	sin embargo, al contrario, a pesar de eso

* coloquial

Nota: と ,や, が en japonés corresponden a la categoría de partículas.

8.2 Unión de oraciones que expresan ideas diferentes

8.2.1	Coordinadas, adicionales	
	また そして	y
	それに そのうえ しかも	además de
	それから	después de
8.2.2	Elección, disyuntivas	
	または あるいは	bien, o quizás
	それとも	o, o bien
8.2.3	Cambio de tema	
	さて	bien, bueno
	では /じゃあ	ahora bien
	ところで/それはそうと	a propósito
	それでは/それなら	en ese caso, entonces, bien, así pues
	いずれにしても	de todos modos

8.3 Unión de oraciones para añadir información o detalles

8.3.1	Explicación つまり ようするに (すなわち) — es decir, o sea, en fin, después de todo, en resumen たとえば — por ejemplo
8.3.2	Añadido ただ/ただし — pero, sin embargo なお/さらに — aún más, también

Ejemplos:

8.1.1 Consecutiva, explicativa, causal

じこが ありました。**それで/そのために**、でんしゃが おくれました。
Ocurrió un accidente, por eso se retrasó el tren.

べんきょうがんばりました。**だから**、テストは１００てんでした。
Estudié mucho y por eso saqué 100 puntos en el examen.

ちかくに みせが ありません。**ですから**、とても ふべんです。
No hay tiendas cerca de mi casa y por eso es inconveniente.

わたしが すんでいるところは ふべんです。**なぜなら**、ちかくに みせが ありません。
El lugar donde vivo es incómodo porque no hay tiendas cerca de mi casa.

8.1.2 Adversativa

にほんのたべものは　おいしいです。**でも**、とてもたかいです。
La comida japonesa es deliciosa, pero muy cara.

りょこうが したいです。**でも**、じかんが ありません。
Quiero ir de viaje, pero no tengo tiempo.

ちちはとしをとっています。**けれども**、とてもげんきです。
Mi padre es mayor, pero está muy bien de salud.

たなかさんは かねもちです。**しかし**、けちです。
El Sr. Tanaka es rico, pero es un tacaño.

いっしょうけんめい べんきょうしました。**それなのに**、しけんに うかりませんでした。
He estudiado con todas mis fuerzas, sin embargo no he aprobado el examen.

8.2.1 Coordinadas, adicionales

えいがが すきなひともいます。**また**、テレビが すきなひともいます。
A algunas personas les gusta el cine; a otras, la televisión.

わたしは きのう デパートへ いきました。**そして**、このとけいを かいました。
Ayer fui a unos grandes almacenes y compré este reloj.

きゅうじつだし**それに**、てんきもいいし　どこかへでかけましょう。
Hoy es día de descanso y además hace buen tiempo, vayamos a algún sitio.

かれは あたまが いいです。**そのうえ**、ハンサムです。
El es inteligente, además de guapo.

レストランで しょくじをして、**それから**、えいがを みに いきました。
Después de comer en el restaurante, fuimos a ver una película.

8.2.2 Elección, disyuntivas

ペン**または**、ボールペンで かいてください。
Escriba con pluma o con bolígrafo, por favor.

コーヒーにしますか。**それとも**、こうちゃにしますか。
¿Quiere café o prefiere té?

8.2.3 Cambio de tema

さて、そろそろ かえりましょうか。
Bueno, ¿regresamos ya?

ところで、ごかぞくのみなさんは おげんきですか。
A propósito, ¿se encuentra bien su familia?

それでは/*じゃあ、あした　3じに きてください。　　*じゃあ (coloquial)
Bueno, entonces venga Vd. mañana a las tres, por favor.

それでは、これで おわります。
Bien, vamos a dejarlo aquí.

A: わたしはイギリスに 10ねんすんでいました。
He vivido 10 años en Inglaterra.

B: **それじゃあ**、えいごがじょうずに はなせますね。
Entonces, hablará muy bien inglés, ¿verdad?
(en ese caso, entonces)

A: あたまが いたいんです。
Tengo dolor de cabeza.

B: **それなら**、すぐ　やすんだほうがいいですよ。
Entonces, es mejor que se acueste enseguida.

いずれにしても、らいしゅうのすいようびにあいましょう。
De todos modos, nos veremos el miércoles que viene.

8.3.1 Explicación

つまり、わたしは いきたくありません。
Total, que no quiero ir.

にほんてきな おみやげは、**たとえば、**せんす、 にんぎょう、 やきもの などです。
Los típicos regalos japoneses son, por ejemplo, el abanico, las muñecas, la cerámica, etc.

8.3.2 Especificación (aclaran o añaden información)

いいカメラですが、**ただ、**ねだんが もんだいです。
Es una buena cámara, pero el problema es el precio.

しゃいんぼしゅう、 **ただし、**35 さいみまんのかた。
Se necesita empleado, pero menor de 35 años.

もうしこみはみっかまでです。**なお、**ふりこみもいっしょにしてください。
La solicitud es hasta el día tres. Puede hacer la transferencia también al mismo tiempo.

ごじゆうにおとりください。**ただし、**ひとりいちまいです。
Sírvanse ustedes mismos, pero sólo uno por persona.

わたしはまいにちアカデミアで４じかんべんきょうして、
いえにかえってから**さらに、**２じかんべんきょうします。
En la academia estudio 4 horas todos los días, y al volver a casa aún estudio 2 horas más.

Típico anuncio japonés

Servicio de mudanza

Se necesita empleado que pueda conducir, **pero menor de 35 años.**

Unidad 9

かんたんぶん
Oraciones exclamativas

9.1 なんて / なんと

A	なんて / なんと + **Adj.** + **Sust.** + { でしょう / * だろう } **¡Qué~! ¡Cómo~! ¡Cuánto~!** * lenguaje masculino なんて / なんと { **+ Adjetivo い** おもしろい ひと たかい カメラ すばらしい けしき **+ Adjetivo な** しずかな ホテル きれいな はな べんりな きかい } でしょう。/ だろう。 ¡Qué persona tan interesante! ¡Qué cámara tan cara! ¡Qué paisaje tan espléndido! ¡Qué hotel tan tranquilo! ¡Qué flor tan bonita! ¡Qué máquina tan útil!
B	なんて / なんと + **Adj.** + { んでしょう。/ * んだろう。 } **¡Qué~! ¡Cómo~! ¡Cuánto~!** なんて / なんと { むずかしい / あつい / べんりな } んでしょう。/ ん だろう ¡Qué difícil! ¡Qué calor! ¡Qué útil!

9.2 ああ / わあ

La diferencia con el caso anterior es que aquí se trata de un uso más coloquial, mucho más expresivo.

ああ/わあ	うれしい。	¡Qué alegría!
	ほっとした。	¡Qué alivio!
	びっくりした。	¡Qué susto!
	おどろいた。	¡Qué sorpresa!
うんがいい。		¡Qué suerte!
ずうずうしいね。		¡Qué sinvergüenza!¿verdad?
ぐうぜんですね。		¡Qué casualidad!¿verdad?

9.3 Otras expresiones

masculinas 男			femeninas 女			
おお	かわいい	な。 ね。	まあ、 あら、	かわいい	わ。 わね。	¡Qué mono!
	おかしい			おかしい		¡Qué raro!
	すごい			すごい		¡Qué increíble!
	こまった			こまった		¡Qué problema!
	ざんねんだ			ざんねんだ		¡Qué lástima!
	きれいだ			きれいだ		¡Qué bonito!/¡Qué guapa! (sólo a chicas)

Otras expresiones comunes:

めんどうくさいなあ。	¡Vaya una lata! / ¡Qué lata!
やれやれ。	¡Vaya rollo!
とんでもない。/ そんなことないよ。	¡Qué va!
しつこいな。	¡Qué pesado!
きもちわるい。	¡Qué asco!
ひどいなあ。	¡Qué barbaridad!
すごいかんこうきゃく。	¡Cuántos turistas!
よくはたらくね。	¡Qué trabajador!
じかんがたつのがはやいね。	¡Cómo pasa el tiempo!

Unidad

10 めいれいぶん
Imperativo

El imperativo se usa para forzar a otro a realizar una acción o para prohibirla. En el idioma japonés suena demasiado impositivo. Por eso existen otras formas para transmitir una orden, como la forma なさい.

10.1 Formación

		infinitivo	imperativo	forma prohibición forma Inf.+な	V. raíz + なさい
Grupo I	escribir	かく	かけ	かく + な	かき + なさい
	hablar	はなす	はなせ	はなす + な	はなし + なさい
Grupo II	comer	たべ + る	たべ + ろ	たべる + な	たべ + なさい
	ver	み + る	み + ろ	みる + な	み + なさい
Grupo III	hacer	する	しろ	する + な	し + なさい
	venir	くる	こい	くる + な	き + なさい

10.1.1 Imperativo

ドアをしめろ。 ¡Cierra la puerta!

もっとべんきょうしろ。 ¡Estudia más!

きをつけろ。 ¡Ten cuidado!

ねかせておけ。 ¡Déjale que duerma!

げんきをだせ ¡Anímate!

しっかりよめ。 ¡Que leas bien!

10.1.2 Prohibición

ろうかを はしるな。 ¡No corras por el pasillo!

はなしを するな。 ¡No hables!

そのスイッチに さわるな。 ¡No toques ese interruptor!

ここにごみをすてるな。 ¡No tires basura aquí!

10.1.3 〜なさい

〜なさい corresponde al verbo honorífico que significa hacer. Se utiliza cuando se quiere dar una orden sin resultar tan impositivo, o también de madres a hijos o de superiores a inferiores (jefes a empleados, profesores a alumnos, etc.).

ドアを しめなさい。	Cierre la puerta.
しっかりたべなさい	Cómetelo (una madre al hijo que no quiere comer la verdura)
さあ、もう おきなさい	Vamos, levántate ya...

Neg. ないで

ろうかを はしらないで。	No corras por el pasillo.

En algunas frases hechas なさい no tiene el matiz autoritario propio del imperativo.

おやすみ	なさい	Qué descanse(s), buenas noches.
おかえり	なさい	Bienvenido de vuelta a casa.
ごめん	なさい	Discúlpame/ discúlpeme.

10.1.4 Grados de imperativo

Para expresar una petición con cortesía, se añade ください a la forma en て del verbo.

あついから、まどを あけ**ろ**。(orden fuerte)
Como hace calor, abre las ventanas.

あついから、まどを あけ**て**。(petición)
Como hace calor, abran las ventanas.

あついですから、まどを あけ**てください**。(petición con cortesía)
Como hace calor, abran las ventanas, por favor.

さむいですから まどを あけ**ないでください**。(petición con cortesía)
Como hace frío, no abran las ventanas, por favor.

> にほんのこども100にんにききました「おかあさんが　まいにちいちばんよくつかうことばは　なんですか」。96にんのこどもがこたえました。
> **1. はやくしなさい。 2. もっとしっかりべんきょうしなさい。 3. はやくおきなさい。**
>
> En Japón preguntaron a cien niños "¿cuál es la orden que más te da tu madre?". 96 niños contestaron que la primera era "¡date prisa!", y la segunda y la tercera eran "¡estudia más!" y "¡levántate ya!".

Unidad 11 れんたいしゅうしょくぶん
Oraciones de relativo

El japonés carece de pronombres relativos equivalentes a los españoles que, cual, quien, cuyo, cuanto, donde, cuando. La oración adjetiva de relativo precede al nombre sustantivo, con los verbos de la oración introducida en forma simple, y sin ninguna palabra o partícula entre ambos.

11.1 Formación

Oración simple	Frase con modificador	
	A	B
こどもがあそんでいる Unos niños están jugando	あそんで**いる** …que están jugando	こども los niños…
きのうすしをたべました Comí sushi ayer	きのう**たべた** …que comí ayer	すし el sushi…
あのひとはめがねをかけています Aquella persona lleva gafas	めがねをかけて**いる** …que lleva gafas	あのひと aquella persona…
テーブルのうえにじしょがあります Sobre la mesa hay un diccionario	テーブルのうえに**ある** …que está sobre la mesa	じしょ el diccionario…
きょうとのホテルにとまりました Nos quedamos en un hotel en Kioto	きょうとで**とまった** …en el que nos quedamos	ホテル el hotel…
ルイスはゆうべのパーティーにいきました Luis fue a la fiesta anoche	夕べのパーティーに**いった** …que fue a la fiesta anoche	ひと la persona…
わたしはたなをつくりました Yo he hecho un estante	わたしが**つくった** …que yo he hecho	たな el estante…

あそこであそんでいるこどもは　わたしのむすこです。 El niño que está jugando allí es mi hijo.

きのうたべたすしは　おいしかったです。 El sushi que comí ayer estaba delicioso.

めがねをかけているあのひとは　わたしのせんせいです。 Aquella persona que lleva gafas es mi profesor.

テーブルのうえにあるじしょは　わたしのです。 El diccionario que está sobre la mesa es mío.

きょうとでとまったホテルは　とてもしずかでした。 El hotel en el que nos quedamos en Kioto era muy tranquilo.

夕べのパーティにいったひとは　ルイスさんでした。 El que fue a la fiesta anoche era Luis.

わたしがつくったたなは　これです。 Este es el estante que yo hice.

Este tipo de oraciones se construyen a partir de dos oraciones simples, de las cuales una es una frase más general y la otra aclara o especifica un elemento de la frase general.

a) かばんは　わたしのです。　つくえの　うえに　**あります。**　**ある**
La carpeta es mía.　Está encima del pupitre.

つくえの　うえに　**あるかばん**は　わたしのです。
La carpeta que está encima del pupitre es mía.

b) ケーキは　おいしかったです。はやしさんの　おくさんが　**つくりました。**　**つくった**
La tarta estaba muy buena.　La mujer del Sr. Hayashi hizo la tarta.

はやしさんの　おくさんが　**つくったケーキ**は　おいしかったです。
La tarta que hizo la mujer del Sr. Hayashi estaba muy buena.

Ojo: El verbo de la oración subordinada va siempre en la forma corta.

これは　こんばん　よむ ／ いま　よんでいる ／ きのう　よんだ　ほんです。
Este es el libro que voy a leer esta noche.
Este es el libro que estoy leyendo ahora.
Este es el libro que leí ayer.

これは　にほんで**かった　デジタルカメラ**です。
Esta es la cámara digital que compré en Japón.

ロビーで　しんぶんを　**よんでいるひと**は　だれですか。
¿Quién es esa persona que está leyendo el periódico en el vestíbulo?

わたしは　ひろいにわが　**あるうち**が　ほしいです。
Quiero una casa que tenga un jardín grande.

11.2 Concepto de participios adjetivales

En japonés no hay forma específica de participio pasado. El verbo en pasado (forma 〜た) colocado directamente delante de los nombres desempeña la función de participio adjetivado.

ちちは　つかれた　→ かおを　していました。	Mi padre tenía cara de cansado.
かれは　こわれた　→ テレビを　なおしています。	El está reparando un televisor estropeado.

Ojo:

あのひとは　カルメンさん**と**　いっしょに　りょこうした　ひとです。
Ésa es la persona que viajó con la Srta. Carmen.

あのひとは　カルメンさん**が**　いっしょに　りょこうした　ひとです。
Ésa es la persona con quien viajó la Srta. Carmen.

Capítulo 3

Querer, creer que, desear, etc.

Unidad
1 〜たい / 〜ほしい
Querer, desear

1.1 〜 たいです

Se usa para expresar los deseos del hablante y para referirse a los deseos de otras personas, cuando se hace una pregunta, al conjeturar sobre los sentimientos de otro, etc. 〜 た い se conjuga igual que los adjetivos い.

raíz + たい					
G1	のみ	~~ま~~す →	のみ	たいです	
G2	たべ		たべ	たくないです	Neg.
G3	し		し	たくありません	Neg.
Pasado →	V. forma corta た →	たかったです	quería + V.	のみたかったです	
Neg. →	V. forma たくない →	たくなかったです	no quería + V.	のみたくなかったです	
V. forma て →	のんで / たべて / して + みたいです				

つめたいみず * がのみ**たい**です。 — Quiero beber agua fría.

あなたに ぜひあい**たい**です。 — Quiero verte sin falta.

テニスのしあいにまけ**たくない**です / ありません。 — No quiero perder el partido de tenis.

いまは なにもたべ**たくない**です / ありません。 — No quiero comer nada ahora mismo.

A: バーゲンセールで なにが かい**たかった**ですか — ¿Qué querías comprar en las rebajas?

B: ビデオが かい**たかった**です。 — Quería comprar un vídeo.

* Cuando el verbo que se usa con la forma ~ たい es transitivo, generalmente el objeto se indica con la partícula が más que con を

1.2 V. forma てみたいです

Se utiliza para expresar el deseo de hacer algo que no se ha hecho nunca o que se quiere intentar.

はるやすみに おきなわへいってみたいです。	Me gustaría ir a Okinawa durante las vacaciones de primavera.
いつか ふじさんに のぼって**みたいです**。	Me gustaría subir al Monte Fuji algún día.

1.3 ～がほしいです

Se usa para mostrar el deseo de posesión de un objeto. El objeto que se desea se marca generalmente con la partícula が.

A: いま なにが **ほしいですか**。	¿Qué desea ahora?
B: –わたしは コンピューターが **ほしいです**。	Quiero un ordenador.
–いまは なにも **ほしくありません**。	Ahora no quiero nada.
えきからはなれているところにすんでいますから くるまがほしいです。	Como vivo en un lugar alejado de la estación, quiero un coche.

1.4 ～てほしいです

Se emplea para indicar el deseo de que otra persona haga algo a petición del hablante.

にほんごで はなし**てほしいです**。	Quiero que hables en japonés.
このスーツケースを 5じまで あずかっ**てほしいんですが**。	Querría que me guardara esta maleta hasta las cinco.
にちようびに わたしのうちへ き**てほしいんですが**。	Me gustaría que el domingo viniera a mi casa
11 じすぎにはでんわをかけ**てほしくないです**。	No quiero que me llames a partir de las 11.

Ojo: Cuando se expresa el deseo de terceras personas se emplea siempre **たがっています** por たいです y **ほしがっています** por ほしいです。

ロペスさんは かぶきを み**たがっています**。
El Sr. López tiene ganas de ver el Kabuki.

あには イタリアへ いき**たがっています**。
Mi hermano mayor tiene ganas de ir a Italia.

ともだちは あたらしいカメラを **ほしがっています**。
Mi amigo quiere una cámara nueva.

ホセさんは こうむいんに**なりたがっています**。
José está deseando hacerse funcionario.

Unidad 2

～んです
Es que..., Lo que pasa es...

Es una expresión coloquial, abreviatura de ～のです, que se utiliza para dar a conocer una razón o bien para responder al interlocutor. Es también frecuente utilizarla para explicar las circunstancias actuales en las que ocurre la acción.

2.1 ～んです

V. forma corta Adj. い Adj. な Sust. + な	んです　(が)	V. forma　ない/たい

A: きのうパーティに　きませんでしたね。
Ayer no viniste a la fiesta, ¿verdad?

B: ええ、かぜをひいていたんです。
No (en japonés : "sí, no fui a la fiesta"), es que estaba resfriado.

A: えいがをよくみますか。
¿Ves películas a menudo?

B: いいえ、あまりみません。じかんがないんです。
No, no veo muchas. Es que no tengo tiempo.

A: おさしみ、どうぞ。
Sírvete "osashimi", por favor.

B: ああ、おさしみは　あまり　すきじゃない**んです**。
Es que no me gusta mucho el pescado crudo.

2.2 ～んですか

Se usa para marcar interés por lo que se pregunta.

A: きょうは あまり げんきがありませんね。どうした**んです**か。
Hoy no tiene buen aspecto, ¿qué le pasa?

B: ちちが びょうきな**んです**。
Es que mi padre está enfermo.

A: いいネクタイですね。どこでかったんですか。
¡Qué corbata tan buena!, ¿dónde la has comprado?

B: うちのちかくのみせで　かったんです。
La he comprado en una tienda que hay cerca de mi casa.

2.3 ~んですが + interrogativo + V. forma たらいいですか

Se usa para describir una situación y solicitar al oyente algún consejo o instrucción que debería hacer referente a lo expuesto.

せんたくきが　うごかない**んですが**、どうし**たらいいですか**。
La lavadora no funciona. ¿Qué podría hacer?

でんしじしょをかいたい**んですが**、どこでかっ**たらいいですか**。
Querría comprar un diccionario electrónico. ¿Dónde podría comprarlo?

A: スペインたいしかんへいきたい**んですが**　どういっ**たら**　**いい**ですか。
Querría ir a la Embajada de España. ¿Cómo podría ir?

B: あそこから 10 ばんのバスにのって 15 ふんぐらいです。
Tomando el autobús nº10 que sale de allí se tarda 15 minutos.

Nota 1: Los japoneses generalmente tienden a dejar la frase sin terminar, cuando entienden que la pregunta es prescindible para que los comprendan.

おちゃを　ならいたい**んですが**…(いいところを　おしえて　いただけませんか)
Quiero aprender la ceremonia del té, ¿me puede recomendar un buen sitio?

ちょっと　くらい**んですが**…(でんきを　つけて　いただけませんか)
Está un poco oscuro, ¿no le importaría encender la luz?

Nota 2: Cuando se da una respuesta normal o esperada a una pregunta, no se usa ~んです

A: パーティーはどうでしたか。
¿Qué tal ha estado la fiesta?

B: とても**たのしかった**です。
Ha estado muy bien.

とてもたのしかったんです。(X)
たのしくなかったんです。(O)

Ojo:
きのうは　とても　いそがし**かったです**。
Ayer estuve muy ocupado.

A: どうして　でんわを　くれませんでしたか。
¿Por qué no me llamó?

B: きのうは　とても　いそがし**かったんです**。
Es que ayer estuve muy ocupado.

かった se utiliza para acciones del pasado.

Expresa además el sentimiento del hablante hacia el hecho del pasado: por eso no pude..., por eso estoy muy cansado..., etc.

Unidad 3

～とおもいます / ～といいます
Creo que, dice que

3.1 ～とおもいます

と en estas oraciones funciona como la conjunción “que” de una oración subordinada. En japonés no es preciso realizar concordancias de tiempo ni existe el modo subjuntivo del verbo.

<table>
<tr><th></th><th></th><th>forma cortés</th><th>forma simple</th><th></th></tr>
<tr><td>presente Af.</td><td>estar いる
comer たべる
venir くる</td><td rowspan="4">とおもいます
だろうとおもいます</td><td rowspan="4">とおもう
だろうとおもう</td><td rowspan="4">creo que
supongo que</td></tr>
<tr><td>presente Neg.</td><td>いない
たべない
こない</td></tr>
<tr><td>pasado Af.</td><td>いた
たべた
きた</td></tr>
<tr><td>pasado Neg.</td><td>い / たべ / こ なかった</td></tr>
</table>

Nota: ～だろう se puede añadir al final de frase, e implica incertidumbre.

Verbo Estar

<table>
<tr><td>Presente</td><td>いま　ちちはうちに
Creo que mi padre</td><td>いる/いない
いるだろう
いないだろう</td><td rowspan="2">ahora: está / no está, estará, no estará
とおもいます
entonces: estaba / no estaba, estaría, no estaría</td><td rowspan="2">en casa.</td></tr>
<tr><td>Pasado</td><td>そのとき　ちちはうちに
Creo que mi padre</td><td>いた/いなかった
いただろう
いなかっただろう</td></tr>
<tr><td colspan="5">おもいます → en japonés se usa mucho y equivale a “pensar, suponer, creer, temer”, en español.
La partícula と equivale a la conjunción “que”.</td></tr>
</table>

3.2 Adj. / Sust. + とおもいます

Tiene el mismo significado que en el caso anterior, pero precedido de un adjetivo o un sustantivo.

Adj. い にほんのカメラは	たかい / たかかった たかくない / たかくなかった	とおもいます Creo que	las cámaras japonesas son / eran caras las cámaras japonesas no son / no eran caras
Adj. な / Sust あしたは きのうは	ひまだ / ひまだった あめだ あめだった		tendré / tenía tiempo libre mañana lloverá ayer llovió
¡Ojo! Formas negativas Adj. な / Sust あしたは	ひまでは / ひまじゃない あめでは / あめじゃない ひまでは / ひまじゃなかった あめでは / あめじゃなかった		no tendrá tiempo libre hoy no lloverá / no llueve no tuvo tiempo libre no llovió

たなかさんは　タバコを　すわない**とおもいます**。
Creo que el Sr. Tanaka no fuma.

たなかさんは　きのう　かいしゃに　いかなかった**とおもいます**。
Creo que el Sr. Tanaka no fue a la oficina ayer.

わたしは　かれが　ただしい**とおもいます**。
Creo que él tiene razón.

そのほうがいい**とおもいます**。
Creo que es mejor eso

やまださんは　40 さいぐらいだ**とおもいます**。
Creo que el señor Yamada tendrá unos 40 años.

アナのボーイフレンドは　とても　ハンサムだ**とおもいます**。
Creo que el novio de Ana es muy guapo.

このかさは　ふくいさんのだ**とおもいます**。
Creo que este paraguas es el del Sr. Fukui.

はやしさんは　もう　うちへ　かえった**とおもいます**。
Creo que el Sr. Hayashi ya ha regresado a casa.

それは　いいかんがえだ**とおもいます**。
Creo que eso es una buena idea.

Ojo: Omisión de la partícula と.

Cuando おもいます se usa con そう, どう, se puede omitir la partícula と

A: スマートフォンはべんりですね。
Los teléfonos inteligentes son útiles, ¿verdad?

B: わたしも **そう** おもいます。　(X) そうと
Yo también lo creo.

わたしは**そうは**おもいません。
No, yo no lo creo.

A: このテーマについて **どう** おもいますか。　(X) どうと
¿Qué opina (acerca) de este tema?

B: おもしろいと おもいます。
Creo que es interesante.

3.3 Estilo directo, estilo indirecto + といいます

Para reproducir la información de un diálogo o de una conversación, se puede hacer de dos formas: con el estilo directo, se repite literalmente lo dicho. (Luis dice: "llegaré un poco tarde"). En japonés se coloca la cita entre los signos「　」, que equivalen a las comillas en español.
Con el estilo indirecto se cambia la estructura, pero manteniendo toda la información y poniendo adjetivos y verbos en forma corta.
Existen dos formas de reproducir la información de un diálogo o una conversación:
-Estilo directo, donde se citan literalmente las palabras dichas (Luis dijo: "llegaré un poco tarde")
-Estilo indirecto, donde se cuenta el contenido con las palabras del hablante (Luis dijo que llegaría un poco tarde).
En japonés la diferencia está en que en estilo indirecto se utiliza la forma corta de los verbos, y en estilo directo se usan los signos「　」a modo de comillas.

せんせいは　「らいしゅう　にほんごのテストがあります」といいました。
El profesor dijo: "La semana que viene hay un examen de japonés".

→ せんせいは　らいしゅうにほんごのテストが**ある**といいました。
El profesor dijo que la semana que viene habría un examen de japonés.

ホセさんは　「きのうにほんごでスピーチをしました」といいました。
José dijo: "Ayer di un discurso en japonés".

→ ホセさんは　きのうにほんごでスピーチを**した**といいました。
José dijo que ayer dio un discurso en japonés.

はやしさんは　「ながいやすみがほしいです」といいました。
El señor Hayashi dijo: "Quiero tomarme unas vacaciones largas".

→ はやしさんは　ながいやすみが**ほしい**といいました。
El señor Hayashi dijo que quería tomarse unas vacaciones largas.

マリアさんは 「わたしはにほんごがへたです」といいました。
María dijo: "Yo hablo japonés mal".

→ マリアさんは にほんごが**へただ**といいました。
María dijo que ella hablaba japonés mal.

たなかさんは 「わたしはゴルフはしません」といいました。
El señor Tanaka dijo: "Yo no juego al golf".

→ たなかさんは ゴルフは**しない**といいました。
El señor Tanaka dijo que él no jugaba al golf.

Nota: al transmitir una orden, se cambia la forma en estilo directo por V. inf. + ように. Nunca debe usarse el imperativo directamente en estilo indirecto.

しゃちょうは やまださんに 「すぐきてください」といいました。
El presidente dijo al Sr.Yamada: "Venga enseguida".

→ しゃちょうは やまださんにすぐ**くるように**といいました。
El presidente le dijo al Sr.Yamada que fuera enseguida.

せんせいは 「きんようびまでにしゅくだいをだしなさい」といいました。
El profesor dijo: "Entregadme los deberes antes del viernes".

→ せんせいは きんようびまでにしゅくだいを**だすように**といいました。
El profesor nos dijo que le entregáramos los deberes antes del viernes.

Unidad

4 〜とおもっています
Intención

4.1 V. いしけい (V. forma intencional) + とおもっています
Tener pensado

Expresa intención o pensamiento de hacer algo.

Grupo I u → oo				
ir	ik u	→	ik	oo
quedar	a u	→	a	
hablar	hanas u	→	hanas	
esperar	mat su	→	mat	

Grupo II **る → よう**				
comer	たべる	→	たべ	よう
ver	みる	→	み	

Grupo III					
Grupo III	venir くる	→	こよう	Voy a traer...	もってこよう
	hacer する	→	しよう	Voy a estudiar...	べんきょうしよう

V. forma intención	+	とおもっています	Tener pensado…

Cuando el hablante manifiesta al interlocutor su determinación de hacer algo no es frecuente usar sólo la forma de intención, sino que se añade 〜とおもいます o 〜とおもっています a dicha forma. La expresión 〜とおもいます muestra la voluntad del hablante en el momento en que habla, mientras que 〜とおもっています muestra que el hablante lo ha decidido antes y sigue manteniendo la misma opinión. Además expresa mayor intención para llevarlo a cabo.

これから としょかんへ いこう**とおもいます。**
Pienso ir a la biblioteca ahora.

これから としょかんへ いこう**とおもっています。**
Tengo pensado ir a la biblioteca ahora.

かれは りょうりがじょうずなひとと けっこんしたい**とおもっています。**
Él tiene pensado casarse con alguien que sepa cocinar bien.

A: あなたは ことしの なつやすみに なにを しよう**とおもっていますか。**
¿Qué tiene pensado hacer este año durante las vacaciones de verano?

B: うちで ゆっくり やすもう**とおもっています。**
Tengo pensado descansar en casa tranquilamente.

4.2 V. つもりです / よていです / ことにします（しました）

V. forma Inf. V. forma Neg. ない	+	つもりです よていです ことにしました	Ir a… / Tener la intención de… Tener previsto Haber decidido

a)

V. forma Inf. ＋ つもりです　Tener la intención de…

Esta forma se usa también para expresar la voluntad del hablante. Es frecuente su uso para expresar una intención segura o una determinación firme.

こんばん ようじが あるので はやく うちへ かえる**つもりです。**
Esta noche tengo cosas que hacer, así que voy a regresar pronto.

あのひとには もう あわない **つもりです。**
No tengo la intención de volver a ver a aquella persona.

b)

V. forma Inf. + Sust. ＋ の	よていです	Tener previsto

Indica algo planeado con anterioridad.

しゃちょうは 10じに たなかさんに あう **よていです。**
El presidente tiene previsto ver al Sr. Tanaka a las diez.

あしたは ひめじじょうをけんがくする**よていです。**
Mañana tenemos planeado hacer una visita al Castillo de Himeji.

c)

V. forma Inf. ＋ ことに（します）しました　Haber decidido…

Indica una decisión ya tomada y firme que se cumplirá.

わたしは かいしゃを やめる **ことにしました。**　He decidido dejar la empresa.

あまいものは たべない **ことにしました。**　He decidido no comer dulces.

Nota: ～ことになりました indica que se ha producido un cambio debido a una decisión ajena a la voluntad del hablante.

らいげつ おおさかに しゅっちょうする **ことになりました。**
Han decidido que el mes que viene vaya a Osaka en viaje de negocios.

みんなでいく**ことになりました。**
Han decidido que vayamos todos juntos.

Unidad

5 〜ましょう Invitación

Tanto V. ~ませんか como ~ましょう son expresiones para invitar al oyente a hacer algo. V. ~ませんか solicita explícitamente la aprobación del oyente, mientras que ~ましょう es más unilateral.

forma いき~~ます~~ → いきましょう		
5.1. 〜ましょう	Vamos a + Inf.	
5.2. 〜ましょうか	Forma interrogativa	
5.3. 〜ませんか	Forma interrogativa	Neg.

5.1 〜ましょう

Esta expresión se utiliza para invitar a hacer algo juntos o para ofrecerse a hacer algo voluntariamente.

てんきがいいですから　えきまであるき**ましょう**。
Como hace buen tiempo, caminemos hasta la estación.

おちゃでものみながら　おしゃべりし**ましょう**。
Charlemos mientras tomamos un té.

はるになったら いっしょに おはなみにいき**ましょうよ**。
Ya llega la primavera, ¿vamos a ver las flores del cerezo juntos?

A: バスがくるまで　ここでまち**ましょう**。
Esperemos aquí hasta que venga el autobús.

B: それがいいですね。そうし**ましょう**。
Está bien, eso haremos.

Nota: Si se usa ~ましょうよ resulta más insistente.

ちかいから　あるいて　いき**ましょうよ**。
Ya que está cerca, vamos andando.

5.2 〜ましょうか

Se emplea para preguntar el deseo de la otra persona, buscando su conformidad o para ofrecerse a otro para ayudar.

A: そのかばん もち**ましょうか**。
¿Le llevo la maleta?

B: はい。おねがいします。
Sí, por favor.

タクシーを よび**ましょうか**。
¿Llamamos a un taxi?

つかれましたね。ちょっと やすみ**ましょうか**。
¡Qué cansancio! ¿Descansamos un poco?

A: ちょっと さむいですね。だんぼうを つけ**ましょうか。**
Hace un poco de frío. ¿Encendemos la calefacción?

B: －はい、おねがいします。 Sí, por favor.
－はい、つけて ください。 Sí, enciéndala, por favor.
－いいえ、つけないで ください。 No, no la encienda, por favor.

5.3 ～ませんか ¿ Por qué no...? ¿Qué te parece si...?

En este caso, la forma negativa interrogativa del verbo invita al oyente a hacer algo, preguntando por su voluntad. Se utiliza mucho en Japón.

A: いっしょに ひるごはんを たべ**ませんか。**
¿Por qué no comemos juntos?

B: ええ、たべましょう。
De acuerdo.

A: あなたもまんがクラブにはいり**ませんか。**
¿Por qué no te apuntas al club de Manga?

B: おもしろそうですね。はいり**ましょう。**
Parece interesante. Me apuntaré.

A: あした うちで パーティーをします。あなたも き**ませんか。**
Mañana organizo una fiesta. ¿Quieres venir?

B: はい、 どうもありがとうございます。
Sí, muchas gracias.

Nota: ～ましょう también se usa para pedir la colaboración de todos (ciudadanía).

しぜんを たいせつに し**ましょう。**
Cuidemos la naturaleza.

でんきやみずは たいせつにつかい**ましょう。**
Usemos la luz y el agua responsablemente.

エネルギーは むだにしないようにし**ましょう。**
Procuremos no malgastar energía.

みんなのきょうりょくで まちをきれいにし**ましょう。**
Mantengamos la ciudad limpia entre todos.

Unidad 6

～そう / ～よう / ～みたい / ～らしい
Usos de los adjetivos auxiliares

		1 ～そう (a)			
		Esta forma tiene la función de transmitir un mensaje que el hablante ha leído o escuchado tal cual sin manifestar la opinión propia. según he oído decir, según dicen, oí que			
V. ふる	Af.	ふる		ふった	
	Neg.	ふらない		ふらなかった	
Adj. い たかい いい	Af.	たかい		たかかった	
	Neg.	たかくない/ いい/よくない	そうです	たかくなかった よかった よくなかった	そうです
Adj. な しずかな	Af.	しずかだ		しずかだった	
	Neg.	しずかではない		しずかではなかった	
Sust. たなかさんのくるま	Af. Neg.	たなかさんの くるまだ / ではない		たなかさんの くるまだった/ ではなかった	

たなかさんのくるまそうです。(X)
たなかさんのくるま**だそう**です。 Se dice que el coche es del Sr. Tanaka.

にほんじんそうです。(X)
にほんじんの**よう**です。 Me parece que es japonés.

	～そう (b)		2 ～よう / ～みたい / ～らしい		
	También puede reflejar la opinión del hablante según su propia experiencia. parece que (apariencia), tiene pinta de que		Con esta partícula no se sabe la verdad, pero se deduce a partir de alguna información ya existente. me da la impresión, me parece que (deducción)		
	ふり ふりそうもなさ	そうです そうでした	ふる ふらない	ふった ふらなかった	よう みたい らしい です
	たか たかくなさ よさ/よくなさ		たかい たかくない いい/よくない	たかかった たかくなかった よかった よくなかった	
	しずか しずかではなさ		*しずかな しずかではない	しずかだった しずかではなかった	
	ではなさ		**(の) ではない	だった ではなかった	

Ojo:

*あのホテルは しずか**なよう**です。

あのホテルは しずか { **みたい** / **らしい** } です。 Aquel hotel parece tranquilo.

マリアさんはびょうき { **みたい** / **らしい** } です。 María parece enferma.

これは たなかさんのくるま { **のよう / **みたい** / **らしい** } です。 Éste parece el coche del Sr.Tanaka.

6.1 ～そう

a)

えきまえに　あたらしいスーパーができる**そう**です
He oído que van a construir un nuevo supermercado enfrente de la estación.

けさのニュースによると　メキシコでまたじしんがあった**そう**です。
Según las noticias de la mañana, ha habido un terremoto en México otra vez.

A：やまださんが　こうつうじこでなくなった**そう**です
Dicen que el señor Yamada ha fallecido en un accidente de tráfico.

B：はい、しっています。おきのどくです。
Sí, lo sé. Es una pena.

b)

このレストランは　たか**そう**です。
Parece que este restaurante es caro.

そらが　くらくなりました。あめが　ふり**そう**です。
El cielo se ha oscurecido. Parece que va a llover.

リーさんは　げんき**そう**です。
Parece que el Sr. Lee está sano.

A: うれしそうですね。	Parece que estás contento.
B: ええ、いいしごとがみつかったんです。	Sí, es que he encontrado un buen trabajo
- ええ、らいげつ　あたらしいマンションにうつるんです。	Sí, es que el mes que viene me mudo a un piso nuevo.

A: あたらしいえいがは　よさそうですね。	La película nueva parece buena, ¿verdad?
B: ええ、いつも　ひとがならんでいます。	Sí, siempre hay gente haciendo cola.

Nota: Otro significado de そう es "estar a punto de".

ひが　きえ**そう**です。
El fuego está a punto de apagarse.

ハンカチが　おち**そう**ですよ。
¡Está a punto de caérsele el pañuelo!

シャツのボタンが　とれ**そう**ですよ。
El botón de la camisa está a punto de soltarse.

6.2 ～よう / ～みたい / ～らしい

Generalmente se puede intercambiar ～よう con ～みたい y ～らしい. En el lenguaje hablado se usan con más frecuencia las expresiones ～みたい, ～らしい, mientras que para casos formales se usa ～よう.

a) ～よう / ～みたい

しゃちょうは おこっている**よう**です。
Me parece que el jefe está enfadado.

ルイスは (お) さしみが きらいな**よう**です。
Parece que a Luis no le gusta el (o)sashimi.

でんちが なくなった**よう**です。
Parece que se han agotado las pilas.

パーティーは とてもたのしかった**よう**です。
Parece que la fiesta fue muy divertida.

げんかんでおとがしました。だれかきた**よう** です。
Se oye ruido en el recibidor. Parece que ha venido alguien.

A: はやしさんは まだ じむしょにいますか。
¿Está todavía el Sr. Hayashi en la oficina?

B: いいえ、もう かえった**よう**です。
No, (me) parece que ya ha regresado a su casa.

A : やまださん、きぶんがわる**そう**ですね。
Sr.Yamada, tiene usted mala cara.

B : はい、ちょっとさむけがします。かぜをひいた**みたい**です。
Sí, tengo escalofríos. Parece que me he resfriado.

A : このぎゅうにゅうは へんなあじがします。
Esta leche sabe mal.

B : ふるい**よう** ですね。
Debe de estar pasada.

A : とうとう にほんにきました。
¡Por fin has venido a Japón!

B : ほんとうに ゆめ**のよう** です。
Realmente me parece un sueño.

A: ひとが たくさん あつまっていますね。 ¡Cuánta gente junta!

B: じこの**よう**ですね。 Parece que ha habido un accidente.

b) 〜らしい Al parecer / por lo visto

Se usa más cuando se habla sobre algo que se ha dicho, se ha oído. Empleando esta expresión, se enfatiza más al hablante como transmisor de esa información que cuando se usa 〜よう , aunque el significado es el mismo (yo lo he oído, visto, etc.).

マドリードの ふゆは さむい**らしい**ですよ。
Parece ser que el invierno en Madrid es frío.

らいねん しゃちょうが にほんに くる **らしい**ですよ。
Parece ser que el presidente vendrá a Japón el año que viene.

やくそくをわすれた**らしい**です。
Parece que se le olvidó la cita.

A だいがくのにゅうがくしけんはむずかしい**らしい**ですよ。
Parece que los exámenes de acceso a la universidad A son muy difíciles

A: たなかさんは かおいろが わるいです。
El Sr. Tanaka tiene mala cara.

B: びょうき**らしい**です。
Parece que está enfermo.

A: あのレストランは いつもこんでいます。
Aquel restaurante está siempre lleno.

B: りょうりが おいしい**らしい**です。
Parece que la comida es buena.

A : やまださんは うれしそうですね。
El Sr. Yamada parece contento.

B : あかちゃんが うまれた**らしい**ですよ。
Al parecer ha tenido un bebé.

6.3 Otros usos de ～よう

a) ～ように expresa que uno hace esfuerzos para hacer algo o para no hacer algo.

まいにち やさいを たべる**ように** しています。　　(esfuerzo)
Procuro comer verduras todos los días.

かいしゃへ いくまえに まいにち ニュースを きく**ように** しています。
Todos los días antes de ir al trabajo procuro escuchar las noticias.

パスポートを なくさない**ように** してください。　　(atención / exhortación)
Procure no perder el pasaporte por favor.

わすれない**ように** メモを　とってください。
Por favor coja apuntes para que no se le olvide.

わたしにも わかる**ように** ゆっくり はなしてください。
Por favor hable más despacio para que yo también le entienda.

12 じまでに つく**ように** してください。
Por favor, procure llegar antes de las 12.

b) ～のよう / みたい expresa similitud (metafóricamente).

> **Nota:** Se puede añadir まるで ("verdaderamente") para dar énfasis.

このたてものは（まるで）きゅうでん**のよう / みたい**です。
Este edificio parece un palacio.

たなかさんは（まるで）スペインじん**のよう / みたい**にスペインごを じょうずにはなします。
El señor Tanaka habla español como si fuera nativo.

c) ～のような se usa para referenciar algo a seguir como ejemplo.

たとえば ゴヤ**のような** えが すきです。
Por ejemplo, me gustan las pinturas como las de Goya.

d) ～ように indica la forma en que se debe hacer algo.

わたしの**ように** やって ください。
Hagalo como yo, por favor.

e) forma ます + ように expresa deseo, anhelo.

しけんに ごうかくします**ように**。　¡Ojalá apruebe el examen!

じかんに まにあいます**ように**。　¡Ojalá llegue a tiempo!

いいとしに なります**ように**。　¡Ojalá (el año nuevo) sea un buen año!

Unidad
7 〜ほうがいいです
Consejo

Esta estructura se utiliza cuando se da un consejo o asesoramiento al interlocutor ante una situación concreta. Es frecuente agregar la partícula よ en lenguaje coloquial al final de la frase. Si no se usa con cuidado, esta forma puede resultar impositiva.

V. forma た			
Adj. い		ほうがいいです	Es mejor que 〜
Adj. な Sust. + の		ほうがよかったです	Hubiera sido mejor 〜
V. forma Neg. ない			Es mejor que no 〜

7.1 Consejo de realización afirmativa

V. forma た + ほうがいいです

あめが ふっているので タクシーで いった**ほうがいいですよ**。
Como está lloviendo, es mejor ir en taxi.

ホテルは はやく よやくした**ほうがいいです**よ。
Es mejor hacer la reserva del hotel cuanto antes.

やさいはからだにいいですから、まいにちたべた**ほうがいいです**。
Como la verdura es buena para la salud, es mejor comerla todos los días.

Adj. い　にもつは かるい**ほうがいいです**。
El equipaje es mejor que sea ligero.

Adj. な　まちからすこしはなれていても　アパートはしずかな**ほうがいいです**。
Aunque esté un poco lejos de la ciudad, es mejor que el piso sea tranquilo.

7.2 Consejo de realización negativa

V. forma Neg. ない + ほうがいいです

あのみせは たかいから かわ**ないほうがいいです**。
Como aquella tienda es cara, es mejor no comprar.

そんなに おさけを のま**ないほうがいいです。**
Es mejor no tomar tanto sake.

よるおそく ひとりで あるか**ないほうがいいですよ。**
Es mejor no andar sola por la noche.

A: いま でんわしても いいですか。
¿Puedo llamar por teléfono?

B: もうおそいから し**ないほうがいいですよ。**
Es tarde, es mejor que ya no llame.

Adj. Neg. い ケーキは あまくない**ほうがいいです。**
Es mejor que la tarta no sea dulce.

Adj. Neg. な コンピューターは ふくざつで**ないほうがいいです。**
Es mejor que el ordenador no sea complicado de manejar.

7.3 ～ほうがよかったです Reproche pasado o arrepentimiento

Esta forma se emplea para expresar arrepentimiento, crítica o reproche por algo que pudo haberse hecho o pudo haber sucedido, pero que no ocurrió. Para aumentar el sentimiento de arrepentimiento se suele añadir のに detrás de よかった .

あのみせで かった**ほうがよかったです。**
Hubiese sido mejor comprarlo en aquella tienda.

まえもって じゅんびしておいた**ほうがよかったのに。**
Hubiese sido mejor haberlo preparado con antelación. (¡Qué lástima!)

Sust. + の :

きょうより きのうの**ほうがよかったです。**
Hubiese sido mejor ayer que hoy.

やっぱり ちかてつの**ほうがよかったです。** （くるまのじゅうたいにあって。）
Hubiera sido mejor venir en metro, por el atasco. (encontrando un atasco de coches.)

Unidad

8 〜たことがあります Experiencias

V. forma	た	ことがあります ことが(は)ありません
V. Inf.	+	ことがあります

8.1 ことがあります

Se utiliza para expresar si se ha tenido o no una experiencia con anterioridad.

じむのしごとをした**ことがありますか**。
¿Has trabajado alguna vez en una oficina?

まだ　しんかんせんに　のった**ことがありません**。
Todavía no he subido en el Shinkansen.

カラオケで　うたった**ことがありますか**。
¿Ha cantado alguna vez en un karaoke?

にほんの　りょかんに　とまった**ことがありますか**。
¿Se ha alojado alguna vez en un hotel al estilo japonés?

インドりょうりを　たべた**ことがありますか**。
¿Ha comido alguna vez comida india?

わたしは　ふじさんに　のぼった**ことがあります**。
He subido al Monte Fuji.

A: サッカーをした**ことがありますか**。
¿Has jugado alguna vez al fútbol?

B: いいえ、みた**ことはありますが**、した**ことはありません**。
No, lo he visto pero no he jugado.

A: ディスコにいった**ことがありますか**。
¿Has ido alguna vez a una discoteca?

B: いいえ、**ありません**。　ひとがおおいところは　あまりすきではありません。
No, no he ido. No me gustan los sitios en los que hay mucha gente.

Formas de contestar a preguntas con ことがあります：

A: すきやきを たべた**ことがありますか**。
¿Ha comido *sukiyaki*?

B: –はい、なんども / なんかいもあります。 Sí, (lo he comido) varias veces.

–はい、なんどか / なんかいかあります。 Sí, (lo he comido) algunas veces.

–はい、いちどだけ あります。 Sí, solamente (lo he comido) una vez.

–いいえ、いちども ありません。 No, nunca lo he comido.

–いいえ、まだ たべた**ことがありません**。 No, todavía no lo he comido.

わたしは いちどだけ とうきょうディズニーランドへ いった**ことがあります**。
Yo sólo he ido una vez al Disneyland de Tokio.

たからくじにあたった**ことが** いちども**ありません**。
Nunca me ha tocado la lotería.

8.2 Otra expresión de ことがあります

Indica la posibilidad de que se repita un hecho que ya ha ocurrido alguna vez, por hábito, costumbre, etc.

むすめは あさごはんを たべないで がっこうへいく**ことがあります**。
A veces, mi hija se va a la escuela sin desayunar.

がいこくで おみやげを かうと それが にほんせいである**ことが**よく**あります**。
A veces se compran regalos en el extranjero que están fabricados en Japón.

そぼは このごろ たいせつなことをわすれる**ことがあります**。
Últimamente mi abuela a veces se olvida de cosas importantes

8.3 ～まで…たことがありませんでした

Similar a 8.1, se utiliza para especificar que nunca se había hecho algo o se había tenido una experiencia antes de un momento determinado.

こんなにながいしょうせつを そのときまでよん**だことがありませんでした**。
Hasta ese momento no había leído nunca una novela tan larga.

それまで そんなことはかんがえ**たことがありませんでした**。
Nunca había pensado esas cosas hasta entonces.

いままで かれとはなし**たことがありませんでした**。
Nunca había hablado con él hasta ahora.

Unidad 9 ~なければなりません / ~べきです
Obligación

V. forma Neg. いかな~~い~~ いかな { ければ / いと } なりません / いけません	Deber Tener que Haber que
V. forma Inf. いく } べきです / べきではありません	Deber No deber

Nota: En el lenguaje coloquial se emplea ~きゃ。~ければ。~いと。.

9.1 ~なければなりません

Esta expresión indica obligación, con un sentido objetivo. También puede expresar un deseo intenso o una costumbre o norma preestablecida que se tiene que seguir o cumplir.

もっと べんきょうし**なければなりません**。
Tengo que estudiar más.

あしたは 6じにおき**なければなりません**。
Mañana tengo que levantarme a las 6.

にほんでは うちのなかで くつを ぬが**なければなりません**。
En Japón hay que quitarse los zapatos dentro de las casas.

すぐ でかけ**なければなりません**。
Tengo que salir enseguida.

きょうは ちかてつが ストですから バスで いか**なければなりません**。
Como hoy hay huelga de metro, tengo que ir en autobús.

まいしょくご このくすりを のま**なければなりません**。
Tengo que tomar esta medicina después de cada comida.

くるまをうんてんするときは シートベルトをつけ**なければなりません**。
Cuando se conduce un coche hay que ponerse el cinturón de seguridad.

スポーツをするときはだれでも ルールをまもら**なければなりません**。
Cuando se hace deporte hay que respetar las reglas.

9.2 ~なければいけません

Se usa para expresar una obligación en un sentido más subjetivo, según la opinión o pensamiento del hablante hacia el oyente. Generalmente se emplea de superior a inferior (de padres a hijos, de maestro a alumnos, etc.).

がくせいですから　もっとべんきょうし**なければいけません**。
Como eres estudiante, tienes que estudiar más.

リサさん、このほんは　きんようびまでにかえさ**なければいけません**。
Lisa, tienes que devolver este libro antes del viernes.

しょくじのまえに　てをあらわ**なければいけません**。
Antes de comer hay que lavarse las manos.

ともだちと　なかよくし**なければいけません**。
Tienes que llevarte bien con tus amigos.

じぶんのことは　じぶんでし**なければいけません**。
Tienes que hacer las cosas por ti mismo.

9.3 ~べきです deber + Inf.

べき es un sufijo bastante tradicional, cuyo significado es fundamentalmente el de una obligación moral o algo que el hablante piensa que se tiene que hacer porque es natural o lógico.

あなたがあやまる**べき**です。
Deberías disculparte.

りょうしんは　たいせつにする**べきです**。
Debe tratar bien a sus padres.

きそくには　したがう**べきです**。
Debe acatar las normas.

9.4 ~べきでした

Expresa el arrepentimiento o remordimiento del hablante por algo que debería haber hecho y no se hizo.

やすいうちにかっておく**べきでした**。
Tenía que haberlo comprado cuando estaba más barato.

きのうそれをしておく**べきでした**。
Debería haberlo hecho ayer.

Unidad 10 〜かもしれません Probabilidad, puede ser

Expresa una suposición o un estado de duda. Se usa muy a menudo en el lenguaje coloquial. La expresión 〜かもしれません ("quizás") indica un mayor grado de incertidumbre que でしょう ("es probable que..."). En conversación, se emplea muchas veces junto con expresiones como ひょっとすると, もしかすると, (puede que, a lo mejor) etc.

V. Inf. いく	
Adj. い	
Adj. ~~な~~	かもしれません
Sust.	でしょう/だろう (coloquial)
Neg. forma ない	es probable que ... / puede que...
Pasado forma た	〜にちがいありません certeza

10.1 かもしれません

わたしは らいねん にほんへ いく**かもしれません。**
Puede que vaya a Japón el próximo año.

あしたは あめが ふる**かもしれません。**
Puede que mañana llueva.

みせてください。わたしのノート**かもしれません。**
Enséñemelo, por favor. Puede que sea mi cuaderno.

もしかすると かのじょはこない**かもしれません。**
Posiblemente, puede que ella no venga.

おおゆきがふっています。ひょっとするとひこうきがとばない**かもしれません。**
Está cayendo una nevada muy fuerte. Es probable que los aviones no puedan volar.

だいがくをそつぎょうしてからかのじょにあっていません。もうけっこんした **かもしれません。**
No la he vuelto a ver desde que nos graduamos en la universidad. Probablemente ya se habrá casado.

A: たなかさんはまだきませんか。
¿Aún no viene el Sr. Tanaka?

B: きょうのミーティング のことを わすれている**かもしれません。**
Es posible que se le haya olvidado la reunión de hoy.

10.2 ~でしょう

Se usa habitualmente acompañado de たぶん posiblemente, きっと seguramente, y otros adverbios.

あのひとは　きっと　おさけは　のまない**でしょう**。
Es probable que aquella persona no beba sake.

やまださんのむすこさんは　らいねんイギリスに　りゅうがくする**でしょう**。
El hijo del Sr. Yamada va a estudiar a Inglaterra el año que viene.

A: バス、おそいですね。
El autobús se retrasa, ¿a que sí?

B: もうそろそろくる**でしょう**。
Seguro que viene enseguida.

Nota: ~でしょう con entonación interrogativa, se emplea para pedir la confirmación del oyente sobre lo que acabamos de decir. "¿Verdad?", "¿no?".

A: にほんごはむずかしい**でしょう**?
El japonés es difícil, ¿verdad?

B: いいえ、それほどでもありません。
No, no lo es tanto.

A: アナさん、これはあなたのじしょ**でしょう**?
Ana, este es tu diccionario, ¿no?

B: はい、そうです。どうもありがとう。
Sí, así es. Muchas gracias.

10.3 ~にちがいありません

Significa "Estoy seguro de que…", "no hay duda de que…". Indica que el hablante está completamente seguro de lo que está diciendo y no hay posibilidad de equivocación. Es una expresión formal que no se utiliza demasiado en la vida cotidiana.

あのひとは　たなかさん**にちがいありません**。
Estoy seguro de que aquella persona es el Sr. Tanaka.

テレビが　つきません。こしょう**にちがいありません**。
La televisión no se enciende. Seguro que está averiada.

かれは きのう しゅっぱつした**にちがいありません**。
Seguro que se marchó ayer.

Unidad 11 ～てもいいですか / ～てはいけません
Permisos y prohibiciones

Estas expresiones son utilizadas para dar permiso o imponer prohibición.

11.1 ～てもいいですか ¿Se puede?

Se utiliza para pedir permiso

<table>
<tr><th colspan="2">¿se puede? ¿no importa?</th><th colspan="2">respuesta</th></tr>
<tr><td rowspan="2">V. forma て
つかう → つかっ
いかない → いかなく } ても
Adj. い たか~~い~~ → たかく</td><td rowspan="4">いいですか
かまいませんか</td><td colspan="2">sí</td></tr>
<tr><td>はい</td><td>いいです
Sí, está bien.
どうぞ
Sí, adelante.
けっこうです
Sí, está bien.</td></tr>
<tr><td rowspan="2">Adj. な ふくざつ~~な~~ } でも
Sust. どようび</td><td colspan="2">no</td></tr>
<tr><td>いいえ</td><td>だめです
No, no se puede.
いけません
No, no está permitido.
(ちょっと)こまります
(Pues) preferiría que no.</td></tr>
</table>

Nota: だめです 、いけません no se suelen emplear mucho en conversación, ya que son una negativa muy directa y tajante ちょっとこまります significa literalmente "me pones en apuros" , pero en el fondo es una forma indirecta de denegar el permiso.

A: あした**でもいいですか**。 ¿Le importaría hacerlo mañana?
B: –はい、かまいません。/ はい、けっこうです。 Sí. No hay problema.
–いいえ、あしたでは こまります。 No, mañana me viene mal.

A: ここで しゃしんを とっ**てもいいですか**。
¿Se pueden sacar fotos aquí?
B: あの、しゃしんはちょっと…
Pues, es que las fotos... (= no se puede)

A: もうすこし いかがですか。 ¿Desea un poco más?
B: いいえ、もう **けっこうです**。 No, no gracias (es suficiente).

Nota: La expresión けっこうです es una expresión muy cortés, que se emplea normalmente para rechazar una invitación u ofrecimiento.

11.2 ~なくてもいいです

Indica que no hay necesidad de realizar la acción expresada por el verbo.

Neg. forma ~~ない~~ → なくてもいいです No hace falta…

ぜんぶやら**なくてもいいです。** No hace falta hacerlo todo.

あたらしく**なくてもいいです。** No hace falta que sea nuevo.

あしたのかいごうは じゆうさんかですから、でなく**てもかまいません。**
Como la reunión de mañana es de asistencia libre, no hace falta que vaya

Nota: ~なくてもいいです puede sustituir a ~なくてもかまいません.

11.3 ~てはいけません

Indica que algo se niega o se prohíbe.

V. forma ~てはいけません No se puede…

ここで たばこを すっ**てはいけません。**
Está prohibido fumar en esta zona.

よる おそくまで テレビを み**てはいけません。**
No veas la televisión hasta tarde.

どうろで あそん**ではいけません。**
No se puede jugar en la calle.

ここにごみをすて**てはいけません。**
No se puede tirar basura aquí.

ここはきけんですから およい**ではいけません。**
Aquí no se puede nadar porque es peligroso.

アパートでは いぬやねこをかっ**てはいけません。**
No se pueden tener perros ni gatos en el apartamento.

くるまをうんてんするときは おさけをのん**ではいけません。**
No se puede beber alcohol cuando conduces.

Unidad 12 ～ても
Aunque

Indica que algo se hará u ocurrirá pese a las circunstancias.

V. forma て		も	ふって		も
Adj. い → ~~い~~ → くて			たかくて		
Adj. な → ~~な~~	+ で		ひま	で	
Sust.			こども		

12.1 ～ても

Se usa cuando lo que se expresa en la frase principal no es lo que se esperaría del contenido de la frase subordinada. Esta expresión sirve para dos circunstancias de la realidad que se oponen entre sí.

a) Indica que algo ocurrirá independientemente de otra cosa.

しあいは　あめが　**ふっても**　おこなわれます。 El partido tendrá lugar aunque llueva.

たかく**ても**　かいます。 Aunque sea caro lo compraré.

ひま**でも**　いきません。 No iré aunque tenga tiempo libre.

くすりを　のん**でも**　ねつが　さがりませんでした。 Aunque tomé la medicina, no me bajó la fiebre.

b) Se usa para dar énfasis cuando algo es cierto aun en condiciones extraordinarias.

ふじさんの　ちょうじょうには　なつ**でも**　ゆきがあります。
Hay nieve en la cumbre del Monte Fuji, aunque sea verano.

それは　こども**でも**　できます。 Hasta un niño puede hacer eso.

12.2 Ampliación del uso de ～ても

✱ 12.2.1 Por más que…, por mucho que…

いくら/どんなに　＋　～ても	Por más que…, Por mucho que…

Los adverbios いくら , どんなに se utilizan para enfatizar el grado de la condición. En el resto de la frase, generalmente, se emplea la forma negativa ya que se utilizan para explicar que el resultado es lo contrario de lo que se esperaba.

いくら やすくても かいません。 Por barato que sea, no lo compraré.

いくら よんでも へんじが ありません。 Por más que le llamo, no hay respuesta.

いくら はたらいても きゅうりょうが あがりません。 Por mucho que trabaje, no me suben el sueldo.

どんなに いそいでも まにあいませんよ。 Por mucha prisa que se dé, no llegará a tiempo.

どんなことが あっても かならずいきます。 Pase lo que pase, iré sin falta.

12.2.2 Hacer o no hacer

Se emplea para expresar que es indiferente que la acción se realice o no.

～ても ＋ ～なくても Si lo haces o no...

たべても たべなくても いいです。 Está bien tanto si lo comes como si no.

いっても いかなくても いいです。 Está bien vayas o no.

12.2.3 Condición querer → poder

Esta forma se usa frecuentemente junto con la expresión ～たい que expresa deseo.

～たい → ＋ ければ ＋ ～ても Si quieres, puedes…

たべたければ たべても いいです。 Si quieres, puedes comer.

いきたければ いっても いいです。 Si quieres, puedes ir.

12.2.4 Condición no querer → no tener que

Se utiliza para dar permiso para dejar de hacer algo que no apetece.

～たくない ～くなければ /～なくても Si no quieres, no tienes que…

たべたくなければ たべなくても いいです。 Si no te apetece, no tienes que comer.

いきたくなければ いかなくても いいです。 Si no quieres, no tienes que ir.

Unidad

13 ～はずです
Suposición, debe de, no debe de

V. Inf. Adj. い Adj. な Sust. ＋ の Neg. forma ない Pasado forma た	はずです はずは（が）ありません

Esta expresión equivale a la perífrasis verbal "deber de + infinitivo" y significa que un suceso es probable. Se usa para indicar que algo es lógico o esperable.

あねが　しけんに おちる **はずはありません。**
Mi hermana mayor no debería de suspender el examen.

かれの　おにいさんは　だいがくせいの　**はずです。**
Se supone que su hermano mayor es estudiante universitario.

たなかさんは　パーティーに　いかない**はずです。**
El Sr. Tanaka seguro que no va a la fiesta.

きょうは　じゅぎょうが　ない**はずです。**せんせいが　びょうきで　やすんでいます。
Hoy no debería de haber clase. El profesor no ha venido porque está enfermo.

ロペスさんは　むかし ぎんこういん　だった**はずです。**
Antes el Sr. López debió de ser empleado del banco, estoy seguro.

かれは　それをしっていた**はずです。**
Debía de saberlo.

でんしゃはまもなくつく**はずです。**
El tren debe de llegar dentro de poco.

らいしゅうはすこしひまになる**はず**ですから、いっしょにおちゃでものみましょう。
Como la semana que viene debería de tener más tiempo libre, vamos a tomar algo juntos.

はやしさんは　こられないときはかならずれんらくする**はずです。**
Cuando el Sr Hayashi no puede venir, debería de avisarnos sin falta.

A: にもつは　もうおくりましたか。
¿Has enviado el equipaje?

B: きのうおくりましたから、あしたつく**はず**です。
Lo envié ayer, por lo tanto debería de llegar mañana.

A: たなかさんはいますか。
¿Está la Srta.Tanaka?

B: かのじょはいなかにかえったから、いない**はず**です。
No debe de estar, porque ha vuelto al pueblo.

A: このちかくに　ゆうびんきょくが　あった**はずです**が、しりませんか。
Por aquí debía de haber una oficina de Correos, ¿sabe dónde está?

B: すみません。ちょっとわかりません。
Disculpe, no lo sé muy bien.

A: ホッチキスがみつかりません。
No encuentro la grapadora.

B: おかしいですね。そこにない**はずはない**んですけど。
¡Qué extraño! No es posible que no esté ahí.

- さっきそこにおいたから、**あるはず**ですけど。
Debería de estar porque la puse ahí hace un rato

Nota: ないはずはない＝あるはず Una oración con doble negación en japonés, tiene un significado afirmativo, es decir, la negación se neutraliza por duplicidad. Se usa cuando no hay duda del contenido de la frase.

ガルシアさんは　フランスごが　じょうずな**はずです**。10 ねんも　フランスに　すんでいました。
Es normal que el Sr. García hable bien francés. Vivió 10 años en Francia.

たかい**はずです**。これは　きんです。
Claro que es caro, es de oro.

Nota: En este caso, no hay lugar a duda y se emplea indicando certeza.

Unidad

14 ～とき
Expresiones de tiempo

Los adverbios de tiempo se encargan de ordenar en el tiempo las acciones mencionadas.

14.1	～とき	cuando...
14.2	～まえに / ～あとで	antes de, después de...
14.3	～て/～て～て / ～てから	y,y después de...
14.4	～あいだ（に） ～うち（に）	determinado intervalo de tiempo mientras, durante
14.5	～ばあいは	en caso de..., por si...

14.1 ～とき

Se utiliza para unir dos acciones que pueden ser simultáneas.

V. Inf. Adj. い Adj. な Sust. + の Pasado forma た	+ ～とき	cuando...

Los adverbios de tiempo se encargan de indicar si las acciones expresadas en el mismo tiempo se conciben en relación de sucesión inmediata, sucesión de anterioridad, etc.

しゅくだいを している**とき** ともだちが きました。
Cuando estaba haciendo los deberes, vino mi amigo. (al mismo tiempo)

りょこうに いく**とき** ガイドブックを よみます。
Cuando voy de viaje, leo una guía.

おかねが ない**とき** ははに かります。
Cuando no tengo dinero, pido prestado a mi madre.

さびしい**とき** うちに でんわを かけます。
Cuando me siento solo, llamo a mi casa.

ごはんを たべる**とき** てを あらいます。
Cuando como, me lavo las manos (antes de comer).

(dos acciones relacionadas)

としょかんで ほんを かりる**とき** カードが いります。
Cuando pedimos prestados libros en la biblioteca, hace falta el carnet.

わかい**とき** あまり べんきょうしませんでした。
No estudié mucho cuando era joven.

A：でんちをかえる**とき** どうしますか。
¿Cuando cambias las pilas, qué haces?

B：ここを あけてください。
Abra aquí, por favor.

Ojo: にほんへ	いくとき いったとき	このカメラを かいました。 Compré esta cámara.	(antes de ir a Japón) (cuando estuve en Japón)

14.2 ～まえに / ～あとで

Se utiliza para establecer un orden temporal entre dos sucesos.

antes de	Sust. + の / V. Inf. } まえに りょこうの **まえに** かぜを ひきました。 Antes del viaje me resfrié. このくすりは ごはんを たべる**まえに** のんでください。 Esta medicina, tómela antes de las comidas por favor. * Cuando se coloca después de un sufijo numeral no se usa la partícula の. 3ねん ~~の~~ まえに にほんへきました。 Vine a Japón hace 3 años. 3ねんまえに　にほんへきました。 にほんへ くる**まえに** にほんごを べんきょうしました。 Antes de venir a Japón estudié japonés.
después de	Sust. + の / V. forma た } あとで ケンは しごとの **あとで** ビールを のみます。 Ken bebe cerveza después del trabajo. ゆうべは しごとが おわった **あとで** すぐ うちへ かえりました。 Anoche, después de terminar el trabajo, regresé a casa enseguida.

14.3 ~て / ~て~て / ~てから

La estructura ~て ~て indica que sigue una acción tras otra, de forma consecutiva. El tiempo de la frase lo determina el último verbo. La estructura ~てから informa de un espacio de tiempo después de la acción del verbo que precede a ~てから .

まいあさ7じにおき**て** ジョギングをし**て** シャワーをあび**てから** かいしゃへいきます
Todas las mañanas me levanto a las siete, a correr y después de darme una ducha me voy al trabajo.

ともだちに あっ**て** しょくじをし**てから** えいがを みにいきました。
Quedé con mi amigo, comimos juntos y después fuimos al cine.

クラスが おわっ**てから** ともだちの うちへ いっ**て** べんきょうします。
Después de terminar la clase, voy a casa de mi amigo y estudiamos juntos.

カタログを み**てから** かいます。
Compro después de ver el catálogo.

A: しゅうまつ なにを しましたか。
¿Qué hizo este fin de semana?

B: あさ プールへ いっ**て** ごご へやを かたずけ**てから** ほんを よみました。
Fui a la piscina por la mañana y por la tarde, después de ordenar mi habitación, leí un libro.

14.4 あいだ（に） / うちに

14.4.1 あいだ（に） determinado intervalo de tiempo

Expresa un periodo de tiempo determinado, con principio y fin.

なつやすみの**あいだ** レストランで アルバイトをしようと おもっています。
Durante las vacaciones de verano tengo pensado trabajar en un restaurante.

るすの**あいだ** かぎをあずかっていただけませんか。
¿Me podría guardar la llave durante mi ausencia?

ちちは アメリカに いる**あいだに** ゴルフを おぼえました。
Mi padre aprendió a jugar al golf durante su estancia en América.

にほんに いる**あいだに** ボーイフレンドが できました。
Cuando estuve en Japón, me eché un novio.

あいだ : No permite tiempos muertos sin actividad. La acción se desarrolla durante todo el espacio temporal de un modo regular y constante.

あいだに : La acción puede ser prolongada en el espacio temporal pero nunca abarca todo el tiempo ni se sabe el momento exacto en el que se produce la acción.

14.4.2 うちに mientras, durante

Expresa un periodo de tiempo indeterminado, que no tiene un principio y un final que se puedan medir y siempre va seguido de la partícula に .

わかい**うちに** ほんを たくさん よみなさい。
Mientras seas joven, lee muchos libros.

わすれない**うちに** メモを してください。
Anótalo antes de que se te olvide, por favor.

コーヒー、さめない**うちに**どうぞ。
Sírvete el café antes de que se enfríe.

ちかい**うちに** おうかがいします。
Le visitaré dentro de poco.

ははがもどってこない**うちに** へやをきれいにしましょう。
Ordenemos la habitación antes de que vuelva mamá (= mientras no ha vuelto)

Nota: Muchas veces うちに tiene el matiz de que la situación es apremiante o acuciante

14.5 ～ばあいは en caso de

La formación es igual que 14.1 とき . Se utiliza cuando ocurre un suceso inesperado y se busca la manera de solucionarlo.

こまった**ばあいは** わたしに そうだんしてください。
En caso de que tenga algún problema, consúlteme a mí, por favor.

あめの**ばあいは** えんそくに いきません。
En caso de que llueva, no iremos de excursión.

かじの**ばあいは** 119 にでんわしてください。
En caso de incendio, llama al número 119, por favor.

クラスにこられない**ばあいは** れんらくしてください。
En caso de que no puedas venir a la clase, comunícanoslo.

みちにまよった**ばあいは** こうばんできいてください。
En caso de que te pierdas, pregunta en un puesto de policía.

A: コピーきの ちょうしが わるい**ばあいは** どうしたらいいですか。
En el caso de que la copiadora no funcionara, ¿qué debería hacer?

B: かかりのものに たずねてください。
Pregúnteselo a la persona encargada, por favor.

Unidad 15 そのたのふくごうひょうげん Expresiones temporales

Tienen por sí mismos el sentido de comienzo, término o continuación de una acción. Se usan acompañados de otros verbos.

15.1 Verbo + verbo

ふり~~ます~~ { だす / はじめる } ponerse a	ごごになって あめが ふり**だしました**。 Por la tarde empezó a llover. こどもが きゅうに なき**だしました**。 De repente el niño se puso a llorar. でんしゃがきゅうに うごき**だしました**。 El tren empezó a moverse de repente.
empezar a	さくらの はなが さき**はじめました**。 Han empezado a florecer los cerezos. 4がつから イタリアごをならい**はじめました**。 Empecé a estudiar italiano en abril. いつから きってをあつめ**はじめたんですか**。 ¿Desde cuándo has empezado a coleccionar sellos? **Nota:** だす expresa un cambio de estado repentino, mientras que はじめる expresa un cambio más gradual o natural.
かき~~ます~~ { おわる / おえる } acabar de	やっとレポートを かき**おわりました/おえました**。 Por fin he acabado de escribir el trabajo. はなし**おわる**と かれは どこかへ いってしまいました。 Al terminar de hablar, él se fue a algún sitio.
なき~~ます~~ → やむ dejar de	やっと いぬが なき**やみました**。 Por fin el perro ha dejado de ladrar.
ひき~~ます~~ / ふり~~ます~~ { つづける / つづく } continuar, seguir	いもうとは けさから ずっと ピアノを ひき**つづけています**。 Mi hermana sigue tocando el piano desde esta mañana. げつようびから ずっと あめが ふり**つづいています**。 Desde el lunes pasado, sigue lloviendo sin parar. ゆうべは あさまで ほんをよみ**つづけました**。 Anoche seguí leyendo el libro hasta que amaneció.

15.2 Verbo + ところ / (ばかり)

V. Inf + ところです estar a punto de	これから ほんを よむ**ところです。** Estoy a punto de leer un libro ahora mismo. これから ほんを よむ**ところでした。** Estaba a punto de leer en este momento.
～ている+ ところです justamente estar + gerundio	A: コピーは もう できましたか。 ¿Ha terminado de hacer las fotocopias? B: いま と**っているところです。** Las estoy haciendo justo ahora.
V. forma た + ところです justo ahora acabar de	かいぎは いま はじまっ**たところです。** Acaba de empezar la reunión. 10じのしんかんせんは いまで**たところ**です。 El Shinkansen de las 10 acaba de salir ahora.
V. forma ようとしている + ところです en el mismo momento	でかけ**ようとしているところでした。** Iba a salir en este momento. しょくじを し**ようとしているところへ** ともだちから でんわが かかってきました。 Justo cuando iba a empezar a comer, mi amigo me llamó.

Nota: V. forma たばかり acabar de, justo

ところ y ばかり son similares, pero hay una pequeña diferencia entre ambos. ところ indica que una acción está recién terminada, mientras que ばかり indica que la acción ha terminado y ha pasado algo de tiempo desde entonces.

このいぬは きのううまれた**ばかり**です
Este perro nació justo ayer.

たべたところです。Acabo de comer. (acción recién terminada)

たべたばかりです。Acabo de comer. (hace un rato).

30 ぷんまえに たべたばかりです He comido hace media hora.
（X）30 ぷんまえに たべたところです。

Unidad 16

〜やすい　Es fácil
〜にくい　Es difícil

V. forma ます　　　やすいです
かきます → ＋　　にくいです

16.1 La terminación 〜やすい

Tiene dos significados:

a) Indica que algo es fácil de hacer.

たなかさんの　てがみは　よみ**やすい**です。
Las cartas del Sr. Tanaka son fáciles de leer.

「やま」というかんじは　かんたんで　おぼえ**やすい**です。
El kanji de "montaña" es sencillo y es fácil de memorizar.

このはなは　そだて**やすい**ので　よくうれています。
Esta flor es fácil de cultivar, por lo que se vende muy bien.

A：あたらしいじしょは　どうですか。
　¿Qué tal el nuevo diccionario?

B：じが　おおきくて　つかい**やすい**です。
　Las letras son grandes y es fácil de usar.

b) Indica que la probabilidad de que algo ocurra es alta, es fácil que ocurra.

あめのひは　じこが　おこり**やすい**です。
En los días de lluvia es fácil que ocurran accidentes de tráfico.

しろいカーテンは　よごれ**やすい**です。
Las cortinas blancas se ensucian fácilmente.

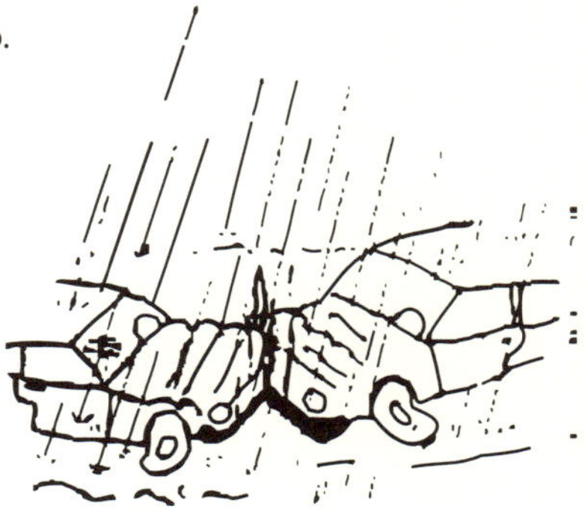

きせつのかわりめは　かぜをひき**やすい**です。
Con el cambio de estación es fácil constiparse.

16.2 La terminación ～にくい

Tiene igualmente dos significados:

a) Indica que algo es difícil de hacer.

このちずは わかり**にくい**です。
Este mapa es difícil de entender.

このえんぴつは かき**にくい**です。
Con este lápiz es difícil escribir.

あのひとのなまえは おぼえ**にくい**です。
Es difícil recordar el nombre de esa persona.

b) Indica que la probabilidad de que algo ocurra es baja, es difícil que ocurra.

このようふくは しわになり**にくい**です。
Este traje difícilmente se arruga.

つゆどきは せんたくものが かわき**にくい**です。
En la estación de las lluvias es difícil que la ropa se seque.

このガラスは われ**にくい**です。
Este cristal es difícil de romper.

16.3 ～やすくなる / ～にくくなる

Se utiliza para indicar que algo es en la actualidad más fácil o difícil que anteriormente.

～やすくなる / ～にくくなる	Hacer más fácil / más difícil
たべ~~ます~~ ＋ やす~~い~~ → くなる	→ たべやすくなる
すみ~~ます~~ ＋ にく~~い~~ → くなる	→ すみにくくなる

フォークを つかうと たべ**やすく**なります。
Usando el tenedor es más fácil comer.

このへんも だんだん すみ**にくく**なりました。
Cada vez resulta más difícil vivir en esta zona.

このくすりは、さとうをすこしいれると のみ**やすく**なります。
Esta medicina será más fácil de tomar si se le añade un poco de azúcar.

Unidad

17 〜すぎます Demasiado

V. forma ~~ます~~	+	すぎます	のみ	すぎます
Adj. ~~い~~			むずかし	
Adj. ~~な~~			ふくざつ	

17.1 〜すぎます Demasiado

Expresa que se ha sobrepasado el grado deseable de una acción o estado. Normalmente muestra disgusto o disconformidad con la acción.

ゆうべ　おさけを　のみ**すぎました**。
Anoche bebí demasiado sake.

このれんしゅうもんだいは　むずかし**すぎます**。
Este ejercicio es demasiado difícil.

このアパートは　やちんが　たか**すぎます**。
El alquiler de este apartamento es demasiado caro.

このあいだの　すうがくの　しけんは　やさし**すぎました**。
El examen de matemáticas del otro día fue demasiado fácil.

このへやは　くら**すぎます**。でんきを　つけてもいいですか。
Esta habitación está demasiado oscura. ¿Puedo encender la luz?

このきかいは　ふくざつ**すぎます**。
Esta máquina es demasiado complicada.

このズボンは　あまりにもきつ**すぎます**。
Este pantalón es demasiado estrecho.

このふくは　パーティーにはじみ**すぎませんか**。
¿Este vestido no es demasiado formal para la fiesta?

17.2 ～すぎない

Se emplea esta forma de manera complementaria, uniéndose con otros verbos o adjetivos. La forma negativa de すぎる se utiliza para dar un consejo o petición.

あまいものを たべ**すぎない**ように してください。
Procure no comer demasiados dulces, por favor.

うしろは あまり みじか**すぎない**ように きってください。
No me corte el pelo muy corto por atrás.

17.3 ～すぎて

Encadena ～すぎます con su consecuencia y causa en una misma frase.

このようふくは おおき**すぎて** きられません。
Este vestido es demasiado grande y no puedo ponérmelo.

このカレーは から**すぎて** たべられません。
Este curry es demasiado picante y no puedo comerlo.

くら**すぎて** よくみえません。でんきをつけてください。
Está demasiado oscuro, no se ve bien. Encienda la luz, por favor.

べんきょうを し**すぎて** あたまが いたくなりました。
Me ha empezado a doler la cabeza por estudiar demasiado.

きのう カラオケで うたい**すぎて** のどが いたいです。
Me duele la garganta de cantar demasiado en el karaoke.

17.4 ～すぎ

Convierte el verbo con すぎる en un sustantivo.

テレビのみ**すぎ**は めにわるいです。
Ver demasiado la televisión es malo para la vista.

たべ**すぎ**は ふとるげんいんになります。
Comer en exceso es la causa de engordar.

Unidad 18

〜たり 〜たり
Acciones alternativas

Cuando se expresan acciones sucesivas o alternativas, se añade 〜たり a la raíz del verbo y se termina la frase con する . El tiempo de este patrón de oración se indica al final de la oración, al conjugar する .

～たり　～たり　＋　しています / です			
V. forma た / だ ＋ り	よんだり	Neg.	よまなかったり
Adj. い forma pasado やすかった / やすくなかった ＋ り			
Adj. な しずか~~な~~ / Sust. あめ ＋ だったり		Neg	しずか / あめ ＋ で（は）なかったり

V.	**Verbos relacionados**					
	みる	ver	きく	escuchar	み**たり**	きい**たり**
	よむ	leer	かく	escribir	よん**だり**	かい**たり**
	Verbos sentidos contrarios					
	いく	ir ⟷	くる	venir	いっ**たり**	き**たり**
	なく	llorar ⟷	わらう	reír	ない**たり**	わらっ**たり**
	Formas afirmativas y negativas					
	たべる	comer	たべない	no comer	たべ**たり**	たべなかっ**たり**
Adj.	たかい	caro	やすい	barato	たかかっ**たり**	やすかっ**たり**
	しずかな	tranquilo	うるさい	ruidoso	しずかだっ**たり**	うるさかっ**たり**
Sust.	あめ	lluvia	くもり	nube	あめだっ**たり**	くもりだっ**たり**

きょうは あめが ふっ**たり** やん**だり** しています。
Hoy llueve a intervalos. (llueve y para de llover.)

たくさんの ひとが いりぐちを で**たり** はいっ**たり** しています。
Mucha gente entra y sale por la puerta.

あのこはさっきから テレビをつけ**たり** けし**たり**しています。
Ese niño está encendiendo y apagando la televisión desde hace un rato.

A: やすみの ひには どんなことを しますか。
¿Qué hace los días de descanso?

B: テレビを み**たり** ともだちの いえへ いっ**たり**します。
Veo la tele y voy a casa de mis amigos.

ききとりの しけんは むずかしかっ**たり** やさしかっ**たり**します。
El examen de comprensión oral es a veces difícil y a veces fácil.

かいぎは げつようびだっ**たり** かようびだっ**たり**します。
La reunión es a veces los lunes y otras veces los martes.

このごろ からだのちょうしは よかっ**たり** わるかっ**たり**です。
Últimamente, unas veces me encuentro bien y otras no.

しゅじんのかえりは はやかっ**たり** おそかっ**たり**です。
Mi marido a veces vuelve pronto y a veces tarde.

Otros usos

a) Para enfatizar una acción como ejemplo de algo que no se debe hacer.

うそをつい **たり**しては いけません。
No se deben hacer cosas tales como mentir.

やくそくをやぶっ**たり**してはいけません。
No se deben hacer cosas tales como romper una promesa.

b) Para enfatizar una acción o consecuencia entre varias otras posibilidades.

こどもがかわへ おち **たり**したら たいへんです。
Sería terrible que el niño se cayera al río (o se perdiera, o algo así).

あめのひは すべっ**たり**しないようにきをつけてください。
Los días de lluvia hay que tener cuidado de no resbalarse (o cosas así).

Unidad

19 ～ながら

Acciones simultáneas

V. forma ます　　たべ~~ます~~ ＋ ながら

Esta estructura expresa que el sujeto realiza simultáneamente dos acciones. ～ながら se conecta a la forma ます. La acción que se enfatiza se indica por medio del verbo que se coloca después de ～ながら .

A ながら B　(La acción B es la acción principal)

	acción A	acción B
へやで En la habitación	おんがくを きく escuchar música	てがみを かく escribir cartas
ちちは Mi padre	しんぶんを よむ leer el periódico	ごはんを たべる comer
わたしは Yo	はなを みる ver flores	さんぽする dar un paseo

へやで おんがくをきき**ながら** てがみをかきました。
Escribí una carta mientras escuchaba música en la habitación.

ちちは しんぶんを よみ**ながら** ごはんをたべます。
Mi padre, come mientras lee el periódico.

わたしは はなを み**ながら**さんぽしました。
Di un paseo mientras miraba las flores.

やまださんは はたらき**ながら** だいがくをそつぎょうしました。
El Sr. Yamada se graduó en la universidad mientras trabajaba.

まいあさ、あさごはんをたべ**ながら**　テレビのニュースをみます。
Todas las mañanas veo las noticias mientras desayuno.

テレビをみ**ながら**　べんきょうしてはいけません。
No se debe estudiar mientras se ve la televisión.

A: ロサは なにをしていますか。
¿Qué está haciendo Rosa?

B: じぶんの へやで おんがくを きき**ながら** しごとを しています。
Está trabajando mientras escucha música en su habitación.

じしょをひき**ながら** えいごの しんぶんを よみます。
Leo el periódico en inglés mientras consulto el diccionario.

(X) えいごのしんぶんを よみながら じしょをひきます。
Consulto el diccionario mientras leo el periódico en inglés

A: ちょっと はなしが あるんですが…。
Tengo algo que decirle...

B: それじゃ おちゃでも のみ**ながら** はなしましょう。
Bueno, pues hablemos mientras tomamos un té.

(X) それじゃはなしながらおちゃでものみましょう。
Bueno, tomamos té mientras hablamos.

Nota: Coloquialmente se dice té, pero puede significar alguna otra bebida.

ロビーでほんをよみ**ながら** コーヒーをのんでいるひとはだれですか。
¿Quién es ese hombre que está tomando café en la recepción mientras lee un libro?

おとこのひとがざっしをよみ**ながら** バスをまっています。
Un hombre está esperando el autobús mientras lee una revista.

Nota: 〜ながら también se puede emplear con el significado de "a pesar de, aunque" .

かれはくるとやくそくしておき**ながら**、きませんでした。
Aunque prometió que vendría, no vino.

あのこはこども**ながら**いろいろなことをしっています。
A pesar de ser un niño, sabe muchas cosas.

Unidad

20 ～し
Además

V. Inf. Adj.い Adj. ~~な~~ + だ Sust. + だ	し	
Neg. forma ない Pasado た	し	

20.1 ～し

La partícula conjuntiva ～し viene a significar “además”. Se emplea para unir dos o más verbos, adjetivos o sustantivos.

このこうえんは ひろい**し** きれいです。
Este parque es extenso y además bonito.

このホテルは しずかだ**し** きれいだ**し** ここに とまります。
Este hotel es tranquilo y limpio, voy a quedarme aquí.

このパソコンは おもい**し** よくこしょうします。
Este ordenador es pesado y se estropea a menudo.

ひまだ**し** てんき**も**いい**し** どこかへいきませんか。
Como tenemos tiempo libre y además hace buen tiempo, ¿por qué no vamos a algún sitio?

A: どうして ちいさいくるまを かったんですか。
¿Por qué se compró un coche pequeño?

B: やすい**し** べんりです。
Es barato, además de práctico.

A: ここはしずか**だし**、こうつうもべんり**だし**、やちんはたかいでしょう。
Este sitio es tranquilo y está bien comunicado. El alquiler será caro, ¿no crees?

B: いいえ、そうでもないんですよ。
No, no creo que lo sea.

20 .2 も ... し , ～も ... し

～も acompaña a し para acentuar su significado, y sustituye a la partícula は o が .

じかん**も**ない**し** あめ**も**ふっている**し** タクシーで いきましょう。
Como no tenemos tiempo y además está lloviendo, vamos en taxi.

あたまもいたいし ねつもあるし はやく ねます。
Me duele la cabeza y además tengo fiebre, por eso me voy a acostar temprano.

きょうは えいがもみたし おいしいものもたべたし とても しあわせです。
Hoy he visto una película y además he comido algo delicioso, por eso estoy muy contento.

かぜもないし、なみもしずかだし、かいすいよくにはとてもいいひでした。
Sin viento y con el mar tranquilo, ha sido un día ideal para bañarse.

A: このレストランは りょうりも おいしいし、ねだんも やすいです。
En este restaurante la comida está muy rica y además es barato.

B: それで いつも こんでいるんですね。
Por eso está siempre lleno, ¿a que sí?

20 .3 ～し …から

Para expresar varias razones o motivos de algo.

きょうはもうおそいし、つかれましたからここまでにしましょう。
Ya se ha hecho tarde y estoy cansado, así que lo dejamos aquí por hoy.

このせつめいしょはかんたんだし、しゃしんもおおいですからわかりやすいです。
Este manual es fácil de entender porque es sencillo y además tiene muchas fotografías.

A どうして このかいしゃにはいったんですか?
¿Por qué entraste a trabajar en esta empresa?

B: ざんぎょうもないし、ボーナスもおおいですから。
Porque no tenemos que hacer horas extra y además pagan buenas gratificaciones.

Unidad 21

～か / ～かどうか
Interrogativas indirectas

21.1 ～か

～か			
Sujeto + pronombre	V. Inf. Adj. い Adj. ~~な~~ Sust.	+	か

En una frase interrogativa en la cual se emplea un pronombre interrogativo, se utiliza か como sigue:

interrogativo

だれが quién	V. くる いった つく	か	しっていますか。 ¿Sabe? わかりません。 No lo sé. おしえてください。 Dígamelo por favor. きいてみます。 Voy a preguntar. しらべてみます。 Voy a averiguarlo. etc.
いつ cuándo			
どこへ dónde			
なんじに a qué hora			
なにが qué	Adj. おもしろい いい しずか		
どちらが cuál			
どんな qué tipo	Sust. かんがえ		

はやしさんは **いつきますか**。 ¿Cuándo vendrá el Sr. Hayashi?

↓

はやしさんは / が **いつくるか** しっていますか。 ¿Sabe cuándo vendrá el Sr. Hayashi?

きょうとは どんなまち**か** おしえてください。
Por favor, dígame cómo es la ciudad de Kioto.

かいぎは なんじに おわる**か** わかりません。
No sé a qué hora termina la reunión.

21.2 ～かどうか

Denota circunstancia dudosa, no resuelta o no averiguada. Se emplea cuando la pregunta directa se puede contestar con “sí” o “no”.

V. Inf. Adj.い Adj.~~な~~ Sust. } ＋ かどうか	Querer saber si… Querer ver si… No saber si… etc,

ちかくに ちゅうしゃじょうが ある**かどうか** みてきます。
Voy a ver si hay sitio aquí cerca para aparcar o no.

やまださんが いまマドリッドにすんでいる**かどうか** しっていますか。
¿Sabes si el Sr. Yamada está viviendo en Madrid?

できる**かどうか** やってみます。
Voy a ver si puedo hacerlo o no.

そのしょうせつが おもしろい**かどうか** わかりません。
No sé si esa novela es interesante o no.

あした じゅぎょうが ある**かどうか** きいてきます。
Voy a preguntar si mañana hay clase o no.

こどもに けいたいでんわが ひつよう**かどうか** わかりません。
No sé si es necesario el teléfono móvil para los niños o no.

Ojo:

まちがいがない**かどうか** もういちど しらべてください。
Por favor, vuelva a comprobar si hay errores o no.

へやが さむくない**かどうか** みてきます。
Voy a ver si la habitación está fría o no.

Las expresiones まちがいがない y さむくない, se usan en forma negativa para confirmar las expectativas del hablante, es decir que “no haya error” y que “no haga frío”, respectivamente.

Unidad 22

～の
Sustantivación

La partícula の sirve para sustantivar. A ella se le añaden las partículas necesarias（は / が / を）según su función en la frase.

V. Inf. Adj. い Adj. な Sust + な Neg. forma ない Pasado forma た	の	は が を

のは＋Adj. A: Sirve para sustantivar una acción. Se emplea con adjetivos que expresan los sentimientos o el juicio del hablante.	みんなでしょくじする にほんごを　かく まいあさ　さんぽする しけんが　むずかしい みせが　にちようびに　やすみな	のは
B: Puede dar énfasis a una parte de la oración.	このえを　かいた こわされた わるい わたしがロンドンにいった ははにそういった わたしたちをくうこうまで おくってくれた	
C: Se emplea para evitar la repetición del sustantivo que viene detrás del adjetivo posesivo o de procedencia.	このカメラはたかすぎます。 もうすこし　やすい なかむらさん A: あのバラはいくらですか。 B: あかい	

	たのしいです。	Comer todos juntos es divertido.
	むずかしいです。	Escribir japonés es difícil.
	きもちが いいです。	Dar un paseo todas las mañanas es agradable.
	こまります。	Que el examen sea difícil es un problema.
	ふべんです。	Que cierren las tiendas los domingos es incómodo.
	はやしさんです。	La persona que pintó este cuadro es el Sr. Hayashi.
	このまどです。	Ésta es la ventana que rompieron.
	あなたです。	El culpable eres tú.
	３ねんまえです。	Ya hace tres años que fui a Londres.
	ルイスさんです。	Fue Luis quien le dijo a mi madre eso.
	やまださんのむすこさんです。	Fue el hijo del Sr. Yamada quien nos llevó al aeropuerto.
		Esta cámara es demasiado cara.
	ありませんか。	¿No tiene otra más barata?
	どのかばんですか。	¿Qué maleta es la del Sr. Nakamura?
		¿Cuánto cuestan aquellas rosas?
	1ぽん200えんです。	Las rojas valen 200 yenes cada una.

のが＋ Sust./Adj. Indica gusto, preferencia, etc. Se puede sustituir por ことが	わたしは おんがくを きく ひとりで りょこうする かれは ギターをひく	**のが** **(ことが)**
Un pronombre que no se refiere a una cosa en particular.	ちいさい/やすい/かるい/かんたんな	**のが**
のを Se utiliza con verbos transitivos para transformar la oración en complemento directo.	あなたの おとうさんが さんぽしている レポートに なまえを かく きむらさんが びょうきな きむらさんが けっこんした きょねんかった	**のを**

Ojo:

にほんごを はなす**ことが** できます。 Puede hablar japonés.

にほんごを はなす**のが** じょうずです。 Habla japonés muy bien.

はなす~~の~~こと

	すきです。	Me gusta escuchar música.
	しゅみです。	Viajar solo es mi afición.
	じょうずです。	Él toca bien la guitarra.
	いいです。	Quiero algo pequeño / barato / ligero / simple.
	みました。	Vi a tu padre dando un paseo.
	わすれました。	Me olvidé de poner el nombre en el trabajo.
	しっていますか。	¿Sabe que el Sr. Kimura está enfermo?
	しっていますか。	¿Sabe que se casó la Srta. Kimura?
	つかいました。	Utilicé el que compré el año pasado.

Unidad

23 ので / から
Causa, razón

Se trata de conjunciones subordinantes que expresan causa o razón. La diferencia entre ambas es que ので, que se emplea únicamente con las formas cortas, suena un poco más objetivo y formal y pone el énfasis en la explicación posterior, más que en la razón o causa en sí, mientras que から, que se puede emplear con las formas cortas y largas, enfatiza dicha razón o causa (por ejemplo al poner una excusa de algo).

ので	から
V. Inf. いく Adj. い Adj. な Sust. + な Neg. forma ない Pasado た } ので	forma { ます / です } ＋から

23.1 ので

Indica que la primera parte de la frase es la causa o explicación de la segunda parte. Es más suave o cortés que から

けっこんする**ので** おかねが いります。
Como voy a casarme, necesito dinero. (razón)

リンさんは びょうきな**ので** がっこうを やすんでいます。
La Srta. Lin está enferma, por eso falta a la escuela.

でんしゃが おくれた**ので** かいぎに まにあいませんでした。
Como el tren vino tarde, no llegué a tiempo a la reunión. (consecuencia)

にちようびな**ので** でんしゃが すいています。
Como es domingo, los trenes están vacíos.

ねむれなくなる**ので** ねるまえに コーヒーは のみません。
Para no desvelarme, no tomo café antes de dormir.

あたまが いたい**ので** はやくねます。
Como me duele la cabeza, me acostaré pronto.

A: くるまで いきますか。
¿Vas a ir en coche?

B: いいえ、みちが こんでいる**ので** ちかてつで いきます。
No, como hay mucho tráfico, iré en metro.

23.2 から

Indica que la segunda parte de la frase es la consecuencia de la primera. Puede ser base o fundamento de la opinión del hablante.

おそいです**から** おくります。
Como es tarde, le acompañaré.

あぶないです**から** きかいに さわらないでください。
Por favor no toques la máquina, es peligroso.

ちょっとあついです**から** まどをあけてください。
Hace un poco de calor, abre la ventana, por favor.

うんどうしてつかれました**から** こんばんはやくねます。
Como estoy cansado de hacer ejercicio, esta noche me acostaré pronto.

El interrogativo más usado para preguntar por la razón o motivo es どうして. La respuesta a dicha pregunta finaliza con から.

A: きょうは はやく うちへ かえります。
Me voy a casa temprano hoy.

B: どうしてですか。
¿Por qué?

A: かないの たんじょうびです**から**。
Porque hoy es el cumpleaños de mi mujer.

23.3 のは～から

Se utiliza para mencionar primero la consecuencia y después la razón.

うちに いる**のは** あめがふって いる**から**です。 (X) いるのでです。
Me quedo en casa (= el quedarme en casa es) porque está lloviendo.

がくせいが いっしょうけんめいべんきょうしている**のは** しけんがちかづいている **から**です。
Los alumnos están estudiando mucho (= el hecho de que los alumnos estén estudiando mucho es) porque se acercan los exámenes.

Unidad

24 のに
A pesar de, finalidad

V. Inf. Adj. い Adj. な Sust. + な	+	のに	Neg. forma Pasado forma Forma	ない た ている	+	のに

のに se emplea para indicar lo que resulta irrealizable a pesar de haberlo esperado. El resultado es que alguien se queda insatisfecho, decepcionado, sorprendido o lamentándose por algo.

24.1 のに　A pesar de

Expresa resultados contrarios a los esperados o difíciles de haber predicho.

あのこは　わかい**のに**　よくきがつきます。
Esa muchacha, a pesar de ser tan joven es muy atenta.

くすりを　のんだ**のに**　ねつがさがりません。
A pesar de haber tomado la medicina, no me ha bajado la fiebre.

ゆきが　ふっている**のに**　でかけるんですか。
¿Va a salir aunque esté nevando?

5がつな**のに**　まださむいです。
A pesar de estar en mayo, todavía hace frío.

3じに　あうやくそくを　した**のに**　かれは　きませんでした。
A pesar de haber quedado a las 3, él no vino.

しゅじんは　りょうりが　じょうずな**のに**　あまりてつだってくれません。
Aunque a mi marido se le da bien cocinar, casi no me ayuda.

5ねんかん　パリに　すんでいた**のに**　フランスごが　ぜんぜん　はなせません。
A pesar de haber estado viviendo 5 años en Francia, no hablo nada de francés.

いもうとは　よくたべる**のに**　ふとりません。
Aunque mi hermana menor come mucho, no engorda.

あのレストランは　おいしくない**のに**　いつもこんでいます。
Aunque en ese restaurante la comida no es buena, siempre está lleno.

このへんは　むかししずかだった**のに**　いまうるさくなりました。
Aunque esta zona antes era tranquila, ahora se ha vuelto muy ruidosa.

Nota: Cuando se utiliza con adverbios como せっかく…のに, あんなに…のに, なんども…に (encima de que..., con lo que…, por más que…, etc.), indica contrariedad o frustración.

せっかく あいにいった**のに** かれは うちに いませんでした。
Encima de que fui a visitarle, no estaba en casa.

あんなに べんきょうした**のに** しけんに ごうかくしませんでした。
Después de todo lo que estudié, no aprobé el examen.

なんども あやまった**のに** ゆるしてくれませんでした。
Por más que le pedí perdón, no me perdonó.

せっかくあらってほした**のに** あめでぬれてしまいました。
Encima de que lo lavé y lo tendí, se me mojó con la lluvia.

24.2 のに Finalidad

Expresa finalidad o utilidad. Se puede usar como una frase nominativa. V. inf:+ のに .

がいこくへ いく**のに** パスポートが いります。
Para ir al extranjero se necesita el pasaporte.

ファイルは しょるいを せいりする**のに** やくにたちます。
Los archivadores son útiles para ordenar papeles.

このはさみは はなをきる**のに** つかいます。
Estas tijeras se emplean para cortar flores.

いえのちかくにみせがないので、かいものする**のに** ふべんです。
Como cerca de mi casa no hay tiendas, es incómodo para hacer la compra.

かべをあたらしくぬりかえる**のに** 3しゅうかんかかりました。
Ha tardado tres semanas en pintar de nuevo la pared.

A: これはなんですか。 ¿Qué es esto?

B: パンチです。あなをあける**のに** つかいます。
Es una perforadora. Se utiliza para hacer agujeros.

Nota: Cuando のに expresa finalidad puede ser sustituido por ために .

Unidad

25 ～ために / ～て Finalidad y causa

25.1 ために

Expresa que se lleva a cabo una acción con el fin de lograr un objetivo determinado o una causa y su consecuencia. En japonés no existe la diferencia entre “para”, finalidad, y “por”, causa, del español.

V. Inf. Sust.＋の	ために	para (con el fin de) → finalidad intención o motivación a causa de, debido a

✱ 25.1.1 ために Para

Indica un propósito, el objetivo de una acción. Equivale a “para”.

くるまを　かう**ために**　おかねを　ためています。
Estoy ahorrando dinero para comprar un coche.

しゃしんを　とる**ために**　やまに　のぼります。
Subo a la montaña para sacar unas fotos.

けんこうの**ために**　いっしゅうかんに　３かい　およいでいます。
Para estar sano, nado tres veces por semana.

あたらしいせいかつをはじめる**ために**　いろいろなものをかいました。
He comprado varias cosas para comenzar una nueva vida.

✱ 25.1.2 ために Por

Indica intención o motivación. Equivale a “por”.

にほんじんは　かいしゃの**ために**　よくはたらきます。
Los japoneses trabajan mucho por el bien de su empresa.

✱ 25.1.3 ために Causa y consecuencia

きりの**ために**　ひこうきが　おくれました。
A causa de la niebla se retrasó el vuelo.

きのう のみすぎた**ために** あたまが いたいです。
Me duele la cabeza por haber bebido demasiado ayer.

ことしは ゆきが あまりふらない**ために** スキーが できません。
Como no ha nevado suficiente este año, no podemos esquiar.

やまださんはびょうきの**ために** いっしゅうかん かいしゃをやすみました。
Como ha estado enfermo, el Sr.Yamada ha faltado al trabajo una semana.

Ojo: Es importante señalar que la diferencia esencial entre ため y otras partículas que indican causa o razón, reside en que ため es más formal.

25.2 て

Indica la causa o el motivo por el que una acción llega a darse.

V. forma	て	~
Adj. ~~い~~	くて	
Adj. ~~な~~ / Sust.	+で	

あなたにあえ**て** うれしいです。
Encantado de conocerle.

このビーフステーキは かた**くて** たべられません。
Este bistec está duro, no lo puedo comer.

てがみを よん**で** あんしんしました。
Después de leer la carta me tranquilicé.

いそがし**くて** ともだちに あえません。
Como estoy tan ocupado, no puedo ver a mis amigos.

このコンピューターは つかいかたが ふくざつ**で** よくわかりません。
La forma de usar este ordenador es complicada, no lo entiendo bien.

Sust.で	Otra forma de indicar una causa

おおあめ**で** はしが こわれました。
El puente se destruyó por las intensas lluvias.

じこ**で** ひとが おおぜい けがを しました。
Muchas personas resultaron heridas en el accidente.

くるまのじゅうたい**で** クラスにおくれてしまいました。
Debido al atasco, llegué tarde a clase.

Unidad

26 〜ば / 〜たら / 〜と / 〜なら
Condicionales

El condicional se puede expresar de cuatro maneras diferentes. En algunos casos pueden ser intercambiables (sobre todo cuando significan "si"), pero hay reglas y restricciones para el uso de cada forma.

26.1 〜ば

Sufijo condicional que señala la relación de dos hechos que dependen el uno del otro.

GI	よむ	→	よめ	ば	Adj. い	たかい	→	たかけれ		ば
GII	あける	→	あけ	れば						ば
GIII	する	→	すれ	ば	Adj. な	しずか + な			ら	ば
	くる	→	くれ	ば	Sust.	あめ + な			ら	ば
Forma negativa	〜ない	→	なければ		いい	→	よければ	→	よくなければ	

あめがふれば　はなびたいかいは　ちゅうしになります。
Si llueve, la exhibición de fuegos artificiales se suspenderá.

てんきが　よければ　しんかんせんの　まどから　ふじさんが　みえます。
Si hace buen tiempo se puede ver el Monte Fuji desde la ventanilla del Shinkansen.

ほかに　しつもんが　なければ　これでおわります。
Si no hay más preguntas, con esto acabamos.

あつければ　エアコンを　つけてください。
Si hace calor, ponga el aire acondicionado por favor.

> **Nota:** 〜 ば no se puede usar con una frase que describa una acción pasada.
> (X) まどをあければうみがみえました。

やすければ　かいます。
Si son baratos los compraré.

A: ロッカーをつかいたいんですが。
Quiero utilizar una taquilla.

B: うけつけで　てつづきをすれば　つかえますよ。
Si la solicitas en recepción (=si realizas el procedimiento) podrás utilizarla.

A: ビールがありません。
No hay cerveza.

B: さかやさんに　でんわすれば　すぐもってきてくれますよ。
Si llamas por teléfono a la tienda de licores nos las traerán.

はるになれば はなが さきます。(ば También se usa en caso de temporal)
Cuando llega la primavera, brotan las flores.

26.2 ～たら

Se utiliza para expresar una condición o circunstancia particular. En la mayoría de casos (aunque no siempre) es intercambiable con ～ば .

forma	た	＋ ら
たべた やすかった しずかだった やすみだった	}	＋ ら

Tiene dos formas de uso:

a) Si (suposición)

じかんが　あっ**たら**　もっと　ほんが　よみたいです。
Si tuviera tiempo, quisiera leer más libros.

たからくじに　あたっ**たら**　あなたに　はんぶん　あげます。
Si me toca la lotería, te daré la mitad.

ひまだっ**たら**　てつだってください。
Si tiene tiempo, ayúdeme por favor.

A: ともだちが　やくそくの　じかんに　こなかっ**たら**　どうしますか。
¿Qué va a hacer si su amigo no aparece a la hora de la cita?

B: すぐ　うちへ　かえります。
Me iré directamente a casa.

b) たら también se usa para marcar el fin de una acción o un proceso .

10ぷんほど　まっ**たら**　バスがきました。
Después de esperar 10 minutos, vino el autobús.

5じに　なっ**たら**　でかけましょう。
Salgamos cuando den las cinco.

うちへ　かえっ**たら**　すぐ　シャワーを　あびます。
Cuando llegue a casa, me daré una ducha.

ナバロさん　しんぶんを　よみおわっ**たら**　みせてください。
Sr. Navarro, déjeme el periódico cuando lo haya leído por favor.

まいにちジョギングし**たら** 3 キロやせました。
Perdí tres kilos al correr todos los días.

アスピリンをのん**だら**　ずつうがなおりました。
Al tomarme la aspirina se me quitó el dolor de cabeza .

26.3 ～ば / ～たら ... のに

En las oraciones condicionales, de forma opcional, se puede poner al principio de la frase la partícula もし

| presente | Suposición que es contraria a la situación presente

(もし) かれの　じゅうしょを　しっていれ**ば**　てがみが　かける**のに**。
Si supiese su dirección, podría escribirle una carta.
(No puedo escribirle porque no la tengo)

おかねが　じゅうぶんあれ**ば**　もういっかげつにほんにいられる**のに**。
Sí tuviese suficiente dinero, podría estar un mes más en Japón.

じかんが　あれ**ば**　そのえいがを　みにいける**のに**。
Si tuviese tiempo, podría ir a ver esa película.

| pasado | Condición imposible

かれの　じゅうしょを　しってい**たら**　てがみが　かけた**のに**。
Si hubiese sabido su dirección, le habría escrito una carta.

まえにいってくれ**たら**　にゅうじょうけんをてにいれてあげた**のに**。
Sí lo hubieses dicho antes, te habría conseguido una localidad.

Nota: ～たら なあ　¡Ojalá...!

Se emplea para expresar un sueño irrealizable o imposible de cumplir.

こんないえにすめ**たらなあ**。
¡Ojalá pudiese vivir en una casa como esta!

もっとやすみがあっ**たらなあ**。
¡Ojalá tuviese más vacaciones!

26.4 ～と

Indica que la segunda acción sucede cuando la primera ha tenido lugar. Se usa cuando el resultado derivado de la acción descrita antes de ～と es inevitable.

V. Inf.
Adj. い → たかい
Adj. な } しずか } だ
Sust. } あめ } だ
} ～と

a) Hecho imprescindible o ineludible. Verdades absolutas.

いそがない**と** でんしゃに　おくれますよ。
Si no se da prisa, perderá el tren.

ひだりへ　まがる**と**　えきが　あります。
Gire a la izquierda, y encontrará la estación.

このつまみを　まわす**と**　ラジオの　おとが　おおきくなります。
Al girar el botón sube el volumen de la radio.

2に2を　たす**と**　4になります。
Dos más dos son cuatro.

そのボタンを　おす**と**　カンが　でてきます。
Aprietas ese botón y sale la lata.

ふゆに　なる**と**　かぜを　ひきます。
Cuando llega el invierno, siempre me constipo.

このくすりを　のむ**と**　せきが　とまります。
Tomo esta medicina y se me quita la tos.

わたしは　のりものにのる**と**　きぶんがわるくなります。
Siempre que me subo a un vehículo, me siento mal.

このうたをきく**と**　こどものころをおもいだします。
Siempre que escucho esta canción, recuerdo mi época de niño.

うえださんは　しごとがおわる**と**　いつもいそいでうちにかえります。
El Sr. Ueda cuando termina su trabajo, siempre vuelve a casa enseguida.

b) Una acción sigue inmediatamente a otra.

そのしらせを　きく**と**　かのじょは　なきだしました。
Ella oyó la noticia y se puso a llorar.

Ojo: En la oración que sigue después de ～と no se puede usar expresiones de deseo, voluntad, invitación o petición.

Cuando haya tiempo	えいがを　みにいきたいです。	...quiero ir a ver una película.
じかんがある~~と~~	えいがを　みにいきます。	...voy a ver una película.
じかんがあれば	えいがを　みにいきませんか。	...¿no quiere ir a ver una película?
じかんがあったら	てつだってください。	...ayúdeme por favor.

やすい~~と~~かいます	Es barato y lo compro.
やすければかいます	Si es barato, lo compraré.

26.5 ～なら

Condición que se considera ya cumplida: "En tal caso...", "Puesto que..."

V. Inf. Adj. い Adj. ~~な~~ Sust.	なら

a) Se usa cuando el hablante llega a una conclusión basada en lo estipulado en la primera frase.

A: どようびの　パーティ　どうしますか。
¿Qué va a hacer con la fiesta del sábado?

B: あなたが　いく**なら**　わたしもいきます。
Si va Vd., yo también voy.

b) El hablante expresa una intención, mandato, petición o consejo en la segunda frase.

くるまを　うんてんする**なら**　おさけは　のまないでください。
Si va a conducir, no beba bebidas alcohólicas, por favor.

あたまが　いたい**なら**　はやく　やすんだほうが　いいですよ。
En caso de que le duela la cabeza, es mejor que se acueste pronto.

c) Se usa para enfatizar el tema del que se habla.

そのもんだい**なら**　もう　かいけつしました。
Tratándose de ese problema, ya se ha solucionado.

きょうとへ　いく**なら**　しんかんせんが　いいですよ。
Si quiere ir a Kioto, es mejor que vaya en Shinkansen.

がくせい**なら**　わりびきがあるでしょう。
Siendo estudiante, tendrás un descuento.

にほんへいく**なら**　4がつがいいですよ。あたたかいし、さくらのはながみられます**から**。
Si vas a ir a Japón, lo mejor es ir en abril. El tiempo es cálido y puedes ver las flores de Sakura.

A: やすいビデオが　かいたいです。
Quiero comprar un vídeo barato.

B: やすいビデオ**なら**　あきはばらが　いいですよ。
Tratándose de un vídeo barato, lo mejor es ir a Akihabara.

A: はやしさんは。
¿El Sr. Hayashi?

B: あ、はやしさん**なら**、いま しょくじに でかけましたよ。
Ah, el Sr.Hayashi, acaba de salir a comer.

d) "Si fuese", situación hipotética.

もしわたしが あなた**なら** そんなことは しません。
Si yo fuera Vd., no haría eso.

e) Énfasis, refuerza el significado.

あのひと**なら** できるでしょう。
Si es él, podrá hacerlo.

タバコを すう**なら** そとへ でてください。
Si quiere fumar, vaya afuera, por favor.

チャイムが なっ**たら** へやに はいってください。
Si suena el timbre entra a la clase, por favor.

Nota: なら la frase se presenta en condicional, pero la acción aún no se ha llevado a cabo.
たら la frase se presenta en condicional, pero ya se ha llevado a cabo la acción.

Nota: comparación del uso de las distintas formas condicionales.

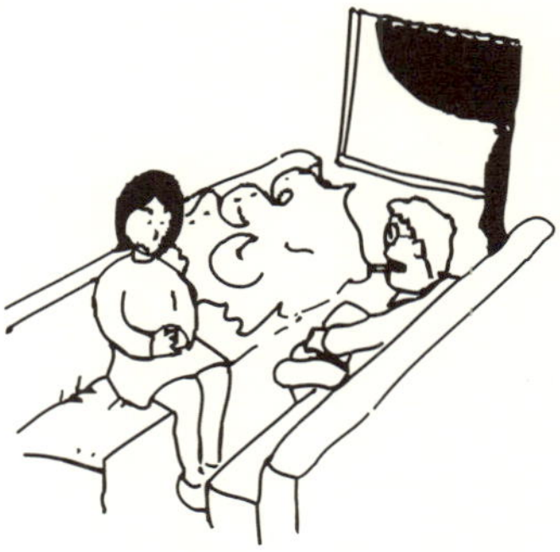

A: かぜをひいて せきがとまらないんですよ。
Estoy resfriado y no paro de toser.

B : それなら、このくすりを…

… のめ**ば**なおります よ。
Si te tomas esta medicina, te curarás.(convicción, certeza)

… のん**だら**どうでしょう。 きくとおもいますよ。(sugerencia , invitación)
¿Por qué no tomas esta medicina? Creo que te irá bien.

… のむとたいていのひとがなおりますが…
- La mayoría de la gente se cura al tomarse esta medicina… (causa, resultado, un poco de duda)

Unidad
27 やる / もらう / くれる
Dar y recibir

27.1 やる / もらう / くれる

En japonés existen varias formas de expresar "dar" y "recibir", dependiendo de la relación que exista entre la persona que da el objeto y la que lo recibe.

✱ 27.1.1 やる / あげる / さしあげる Verbo dar

Verbo dar (cuando el que da es el que habla)	さしあげる	a un nivel superior
	あげる	a un nivel igual o inferior
	やる	a un nivel inferior y también animales y plantas

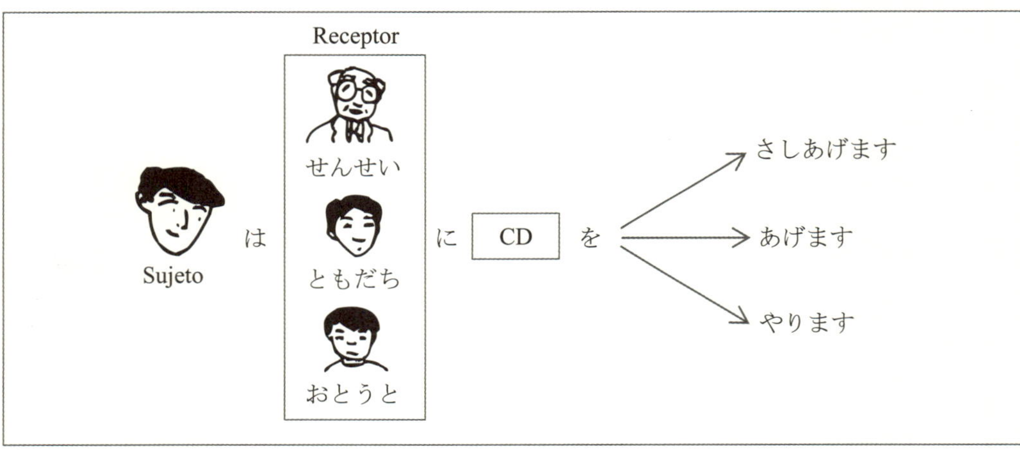

わたしは せんせいに プレゼントを **さしあげ**ました。
Le di un regalo a mi profesor.

あなたは ともだちに なにを **あげ**ましたか。
¿Qué le dio a su amigo?

(わたしは) ともだちに えいがのざっしを **あげ**ました。
Le di una revista sobre películas a mi amiga.

たなかさんは おくさんに ゆびわを **あげ**ました。
El Sr. Tanaka le dio a su esposa un anillo.

はははは まいにち はなに みずを **やり**ます。
Mi madre riega (da agua) las flores todos los días.

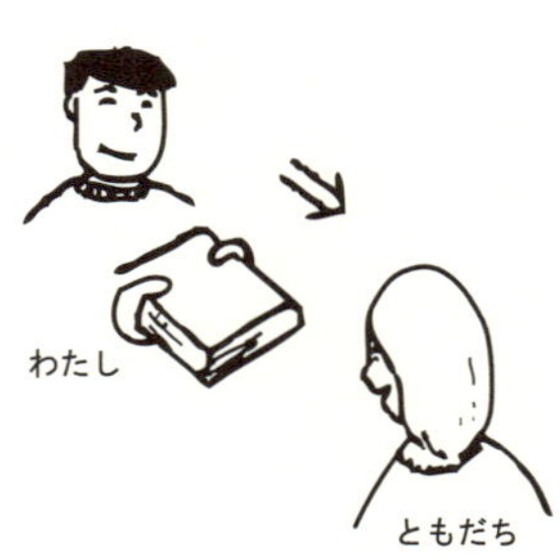

* 27.1.2 もらう / いただく Verbo recibir

Cuando el que habla recibe el beneficio de la acción de una 2ª persona.

recibir
- いただく recibir algo de alguien, un nivel superior
- もらう recibir algo de alguien, un nivel igual o inferior

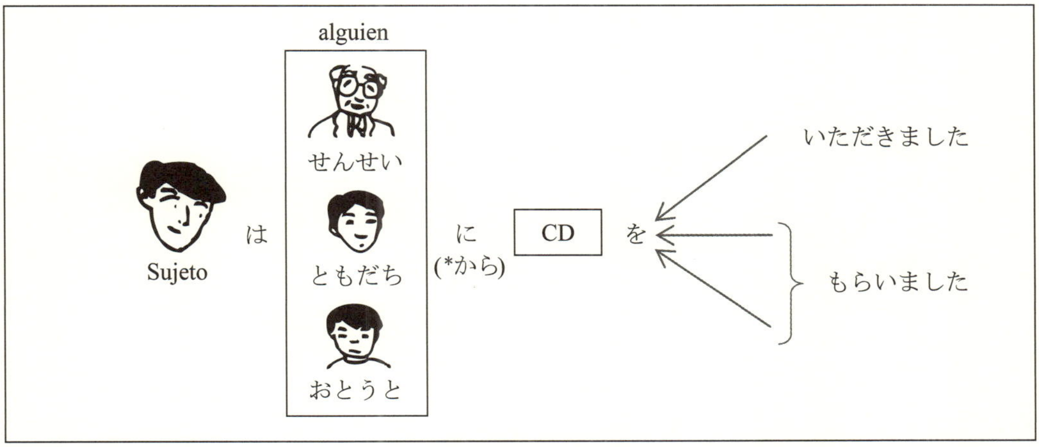

* Se puede sustituir に por から , pero si recibe algo de una entidad , se usa から en vez de に .

かいしゃ**から** いっしゅうかんのやすみをもらいました。
La empresa me dio (= recibí de la empresa) una semana de vacaciones.

A : あなたは せんせいに なにを **いただき**ましたか。
¿Qué recibió del profesor?

B : わたしは せんせいに じしょを **いただき**ました。
Recibí un diccionario del profesor.

わたしは ともだちに じしょを **もらい**ました。
Recibí un diccionario de mi amigo.

はやしさんは スサナに かびんを **もらい**ました。
El Sr. Hayashi recibió un florero de parte de Susana.

Nota: Voz causativa 〜せる / 〜させる + forma てもらう / て いただく
Se emplea para pedir permiso a la otra persona para hacer algo uno mismo. Generalmente se emplea en 〜ていただけませんか o en forma volitiva 〜ていただきたいんですが .

A: きぶんがわるいので、そうたいさせ**ていただけませんか**。
Como me siento mal, ¿me podría volver a casa temprano?

B: わかりました。おだいじに。
De acuerdo. Que te mejores.

* 27.1.3 くれる / くださる Verbo dar

Cuando el que da es otro y el que recibe es el que habla.

dar
- くださる recibir de un nivel superior
- くれる cuando el hablante recibe algo de alguien de un nivel igual o inferior

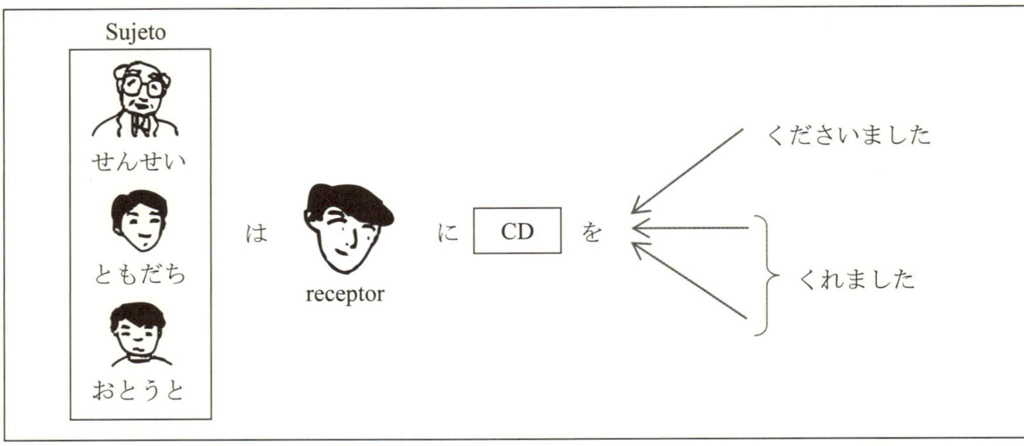

せんせいは わたしに じしょを **くださいました**。
El profesor me dio un diccionario.

ともだちは わたしの ははに コンサートのチケットを **くれました**。
Mi amigo le dio a mi madre entradas para el concierto.

おとうとは わたしに CD を **くれました**。
Mi hermano me dio un CD.

27.2 V. forma て+ やる (あげる) / もらう (いただく) / くれる (くださる)

Estas expresiones se usan para indicar que alguien realiza una acción en beneficio de otra persona, como un favor. La relación entre ambas partes es la misma que con los verbos solos. ～てあげる no debe emplearse con superiores (profesores, etc.), porque puede dar a entender que uno se coloca a si mismo por encima. En español significa “tener un detalle” o “tener una deferencia” con otra persona.

はやしさんは わたしに しゃしんを **みせました**。
El Sr. Hayashi me enseñó unas fotos. (sólo se indica el hecho en cuestión, sin más matices).

はやしさんは (わたしに) しゃしんを みせ**てくれました**。(Él ha tenido ese detalle)
わたしは はやしさんに しゃしんを みせ**てもらいました**。
El Sr. Hayashi me enseñó unas fotos (como un favor o un beneficio para mí).

Al emplear くれる / もらう se muestra un sentimiento de agradecimiento o alegría hacia la otra persona por haber recibido algo de ella o por haber hecho algo por uno.

ともだちは（わたしに） しごとを てつだって**くれました**。(Él ha tenido ese detalle)
わたしは ともだちに しごとを てつだって**もらいました**。
Mi amigo me ayudó con el trabajo. (Yo fui ayudado con el trabajo por mi amigo.)

(Nota: ambas frases significan lo mismo. Si se usa くれる , el sujeto nunca puede ser わたし .)

さとうさんは やまださんに くるまを かして**あげました**。(El Sr.Sato tuvo ese detalle)
El Sr. Sato le prestó el coche al Sr. Yamada.

ははは まいあさ 7 じに わたしを おこして**くれます**。(Mi madre tiene ese detalle)
Mi madre me despierta todas las mañanas a las 7.

A: としょかんへのいきかた、わかりますか。
¿Sabes cómo se va a la biblioteca?

B: はい、うえださん**が** ちずを かい**てくれました**。/ **くださいました**。
- はい、うえださん**に** ちずを かい**てもらいました**。/ **いただきました**。
Sí, el señor Ueda me ha dibujado un mapa.

せんせいの おくさんは わたしに にほんりょうりを おしえて**くださいました**。
La mujer del profesor me enseñó a cocinar comida japonesa.

わたしは せんせいに ほんを かして**いただき**ました。
Recibí un libro prestado del profesor.

スサナは いもうとに えいごを おしえて**くれ**ました。
Susana enseñó inglés a mi hermana.

いもうとは スサナに えいごを おしえて**もらい**ました。
Mi hermana recibió de Susana unas clases de inglés.

わたしは むすめに バックを かって**やり**ました。
Compré un bolso a mi hija.

Nota: 〜てさしあげる : Al ofrecer un objeto o acción a una persona mayor o de posición superior 〜てさしあげる suena impositivo y un poco arrogante.

わたしは ぶちょうに おみやげをかってさしあげました。 (X)

わたしは ぶちょうに おみやげを**かいました**。/ **かってあげました**。(O)
Le compré un regalo al director.

ぶちょう、あめがふってきましたから えきまでくるまでおくってあげます。 (X)
Señor director, como ha empezado a llover, le llevaré en coche a la estación.

En este caso hay que emplear el けんじょうご (modestia).
ぶちょう、あめがふってきましたから えきまでくるまで **おおくりします**。 (O)
Señor director, como ha empezado a llover, le llevaré en coche a la estación.

Unidad

28 けいご Lenguaje honorífico

Al hablar o escribir, se emplea lenguaje honorífico para mostrar respeto hacia el interlocutor o su entorno, o bien poniéndole por encima de uno o bien poniéndose uno mismo por debajo.

28.1 Relación entre uno mismo y el interlocutor

En japonés es muy importante cambiar las expresiones dependiendo de con quién se hable y de la situación de la persona. Los japoneses piensan en la gente separándola en dos grupos: うち (dentro) y そと (fuera). Se usa diferente lenguaje para dirigirse a cada grupo.

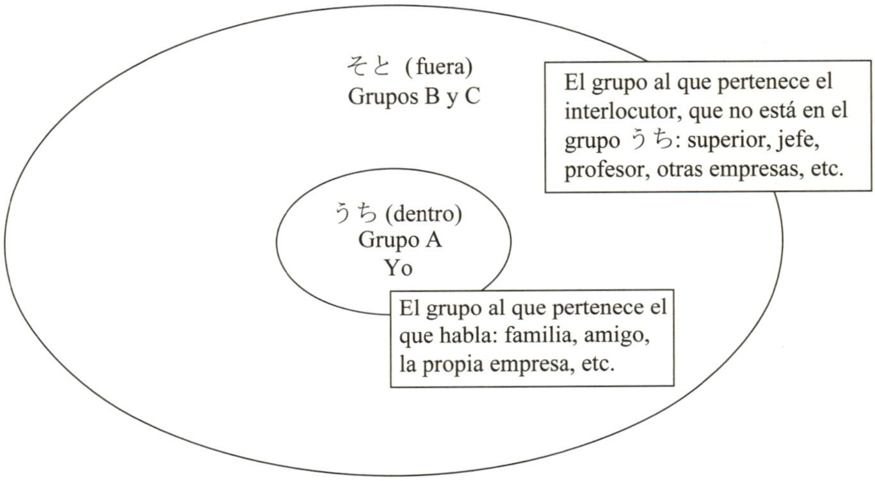

うち	Grupo A:	Gente cercana a uno mismo, gente de la misma edad o más joven.
そと	Grupo B:	Gente mayor que uno mismo, gente que no se conoce o que no tiene relación cercana.
	Grupo C:	Gente en puestos altos, clientes, antiguos profesores, etc.
Cuando se habla al grupo A se usa un lenguaje normal; el lenguaje cortés, llamado けいご, se usa cuando se habla con los grupos B y C.		

Nota: Hay que tener en cuenta que los conceptos de うち y そと son muy variables, una misma persona puede ser うち o そと en función del contexto.

28.2 Denominación de los miembros de la familia propia y de las ajenas.

	familia propia		otra familia	
abuelo	そふ		おじい	
abuela	そぼ		おばあ	
padre	ちち	（父）	おとう	
madre	はは	（母）	おかあ	
tío	おじ		おじ	
tía	おば		おば	
hermano mayor	あに	（兄）	おにい	
hermana mayor	あね	（姉）	おねえ	
hermano menor	おとうと	（弟）	おとうと	
hermana menor	いもうと	（妹）	いもうと	さん
marido	しゅじん	(主人)	ごしゅじん	*さま
esposa	かない、つま	(家内、妻)	おく	
niño	こども	(子供)	おこ	
hijo	むすこ		むすこ	
hija	むすめ		むすめ （おじょう）	
nieto	まご		おまご	
sobrino	おい		おいご	
sobrina	めい		めいご	
primo	いとこ		いとこ	
todos	みんな		みな	
familia	かぞく	（家族）	ごかぞく	
los padres	りょうしん		ごりょうしん	
los hermanos	きょうだい	（兄弟）	ごきょうだい	
matrimonio	ふうふ		ごふうふ	

(In the "otra familia" column, a bracket groups the rows from abuelo to todos: さん / *さま apply to all of them.)

*さま expresa el máximo nivel de cortesía.

28.3 Variedades de けいご

Existen tres clases:

28.3.1 そんけいご (término de respeto)

28.3.2 けんじょうご (término de modestia)

28.3.3 ていねいご (término de cortesía)

28.3.1 そんけいご (respeto) Para elevar al sujeto

Se emplea cuando el hablante A desea referirse respetuosamente a la acción del interlocutor B o C.

I. Verbos

a) れる / られる

La forma pasiva de un verbo se usa para mostrar respeto hacia el ejecutor de la acción

Grupo I	はなす	はなされます
Grupo II	かえる たべる	かえられます たべられます
Grupo III	する くる	されます こられます

そのことを もう たなかさんに **はなされ**ましたか。	¿Ha dicho eso al Sr. Tanaka?	(はなす)
やまださん、もう レポート **かかれ**ましたか。	Sr. Yamada, ¿ya ha escrito el trabajo?	(かく)
はやしさんは なんじに **こられ**ますか。	¿A qué hora vendrá el Sr. Hayashi?	(くる)
おとうさんは なんじにかえ**られます**か。	¿A qué hora vuelve su padre?	(かえる)
ロンドンにいか**れる**のは いつですか。	¿Cuándo se va usted a Londres?	(いく)
いつから おさけをやめ**られた**んですか。	¿Desde cuándo ha dejado usted de beber?	(やめる)

ABC のぶちょうさんは さいきんまた すいえいをはじめ**られました** (はじめる)
El director de la empresa ABC ha empezado natación otra vez.

b) Formas verbales お + forma ます → + になります
Se usan formas verbales especiales para referirse con respeto a las acciones de otra persona

かえります → **お** + かえり + ~~ます~~ → おかえりになります

→ になります

かちょうは　もう　**おかえりに**　なりました。　(かえる)
Ya se ha marchado el jefe de sección.

しゃちょう、きょうのしんぶんを　もう**およみに**なりましたか。　(よむ)
Sr. presidente, ¿ya ha leído Vd. el periódico de hoy?

はやしさんに　いつ　**おあいに**　なりましたか。　(あう)
¿Cuándo encontró Vd. al Sr.Hayashi?

> **Ojo:** Esta forma no se puede utilizar en verbos consistentes en una sola sílaba + ます, ni tampoco con los verbos del grupo III.
> Ej.　ねます, みます, します, きます.
>
> (X)　おねになる（ねる）
> (X)　おみになる（みる）
>
> En ese caso se deben usar unos verbos determinados especiales de la lista.

c) Verbos especiales → lista en la tabla (ver pág. 238)

たなかさんを　**ごぞんじ**ですか。　(しっている)
¿Conoce Vd. al Sr.Tanaka?

きょうの　しんぶんを　**ごらん**になりましたか。　(みる)
¿Ha leído el periódico de hoy?

A: やまだせんせいに　おあいしたいんですが。
Quiero ver al profesor Yamada.

B: やまだせんせいは　けんきゅうしつにいらっしゃいます。(いる)
El profesor Yamada está en su despacho.

A: おのみものは　なにになさいますか。(する)
¿Qué desearía tomar usted?

B: オレンジジュースを おねがいします。
Zumo de naranja, por favor.

II. Sustantivos y adjetivos

Algunos sustantivos y adjetivos se pueden convertir en ていねいご añadiendo ご, お con la finalidad de dar valor o importancia al interlocutor.

<table>
<tr><td rowspan="4">Sust.</td><td rowspan="2">お ＋(わご)
términos de origen japonés</td><td>てがみ</td><td>(carta)</td><td>おてがみ</td><td rowspan="4">otros
おへんじ (respuesta)
おでんわ (llamada)
おじかん (tiempo)
おしょくじ (comida)
おなまえ (nombre)</td></tr>
<tr><td>みやげ</td><td>(regalo)</td><td>おみやげ</td></tr>
<tr><td rowspan="2">ご ＋(かんご)
términos de origen chino</td><td>けっこん</td><td>(boda)</td><td>ごけっこん</td></tr>
<tr><td>かぞく</td><td>(familia)</td><td>ごかぞく</td></tr>
<tr><td rowspan="2">Adj.</td><td>いそがしい</td><td colspan="3">いそがしい → おいそがしい
(ocupado)</td><td rowspan="2">Sin embargo, debido a la frecuencia con la que se utilizan los prefijos en el japonés cotidiano, es fácil acostumbrarse a su utilización solamente escuchando o con la lectura de textos.</td></tr>
<tr><td>げんき (な)</td><td colspan="3">げんき → おげんき
(bien)</td></tr>
<tr><td colspan="6">Se suele emplear お con nombres de comida y bebida y con ciertas palabras muy comunes en la vida cotidiana:
おちゃ (té), おかし (dulce), おべんとう (comida para llevar), おさけ (sake), おかね (dinero)
Las mujeres tienen tendencia a poner お a cosas cotidianas.</td></tr>
</table>

おなまえを もういちど おねがいします。
Repita su nombre otra vez, por favor.

ごせんもんは なんですか。
¿Cuál es su especialidad?

En la oración:

Se debe integrar el nivel de けいご en toda la frase.

かぞく	の	みんな	は	げんき	
↓		↓		↓	ですか
ごかぞく	の	みなさん	は	おげんき	

¿Está bien toda su familia?

おしょくじを　ごよういいたしましたので　めしあがってください。
Ya he preparado la comida, así que sírvase, por favor.

✱ 28.3.2 けんじょうご (modestia)

En este caso el hablante del grupo A se refiere de forma modesta a su propia acción, manifestando de esta forma su respeto a su interlocutor (grupo C) o a una tercera persona sujeto de la conversación.

Formación

a) Se usan formas verbales especiales para referirse a las acciones de uno mismo.

お + forma ま~~す~~ → + します

おくります → お + おくり~~ます~~ → **お**おくり**します**

しゅじんが えきまで **おおくり**します。
Mi marido le acompañará hasta la estación.
(respeto a la persona afectada por la acción)

おにもつを **おもち** しましょうか。
¿Me permite llevar su equipaje?
(una expresión de modestia de la acción del hablante)

やまださん、わたしがおてつだい**いたします**。(する)
Srta. Yamada, yo le ayudo.

Nota: ～します no se puede usar con verbos como います, みます cuya raíz es de una sola sílaba.

b) あんないします → ごあんない + { します / いたします (mayor modestia) }

ごあんない guiar
ごせつめい explicar
ごれんらく comunicar
} します / いたします

Nota:

ごぜんちゅうは プラド びじゅつかんを **ごあんない**します。
Por la mañana les haré una visita guiada en el Museo del Prado.

これから このきかいの つかいかたを **ごせつめい**いたします。
Ahora les explicaré cómo se usa esta máquina.

Nota: [お/ご 〜する]

No todos los verbos de este grupo pueden adoptar estas formas.

conducir	うんてんします	→	~~ごうんてん~~	します
andar	あるきます	→	~~おあるき~~	します
regresar	かえります	→	~~おかえり~~	します

Estas formas no existen porque las acciones conducir, andar o regresar no tienen nada que ver con ningún interlocutor.

わたしは 7じごろ かえります。 (X) おかえりします。
Regresaré a eso de las siete. (X) おかえりになります。

c) Verbos especiales (lista en la tabla. Ver pág. 232)

わたしは 6じまで かいしゃに **おります**。(estar) = います
Estaré en la oficina hasta las 6.

わたしは たなかと **もうします**。 (soy) = です llamarse = いいます
Me llamo Tanaka.

28.3.3 ていねいご (cortesía)

Se usa cuando el hablante se dirige al interlocutor de una forma cortés. La expresión de cortesía es inherente al término です, ます, que son las terminaciones de la forma cortés.

ser	です	でございます	aún más cortés que です/ます
haber	あります	ございます	
morir	しにます	なくなります	
acostarse	ねます	やすみます	

なにか しつもんが **ござい**ますか。 (ありますか)
¿Tienen alguna pregunta?

きょうの しんぶんは これで**ござい**ます。 (です)
El periódico de hoy es este.

ちちは きょねん **なくなり**ました。 (しにました)
Mi padre murió el año pasado.

はは は もう **やすみ**ました。 (ねました)
Mi madre ya se ha acostado.

A: わたしは A がいしゃのきむらで**ございます**。(ていねいご)
Soy Kimura, de la empresa A.

B: わたしは B がいしゃのはやしと**もうします**。 (けんじょうご)
Yo soy Hayashi, de la empresa B.

A: めがねうりばはどちらでしょうか。(ていねいご)
¿Dónde venden gafas?

B: にかいで**ございます**。(ていねいご)
En la segunda planta.

Nota 1: la forma そんけいご es una expresión de respeto hacia el interlocutor (あいて). Los siguientes ejemplos indican respeto hacia un presidente de empresa mediante la expresión おかえりになる.

1) しゃちょうさんは もう**おかえりになりましたか**。(そんけいご)
¿Ya se ha marchado el presidente? (expresión honorífica, no hay relación de afecto)

2) しゃちょうは もう**おかえりになった**。(ていねいご)
¿Ya se ha marchado el presidente?
(expresa relación de afecto, muestra respeto pero se habla entre similares por ejemplo compañeros de empresa).

Nota 2: よろしいでしょうか es el equivalente cortés de いいですか (¿Le gustaría…?¿Podría…?)

A: おのみものは なにが**よろしいでしょうか**。
¿Qué va a tomar para beber?

B: ビールをおねがいします。
Cerveza, por favor.

A: パンフレット、いただいても**よろしいでしょうか**。
¿Podría llevarme un folleto?

B: はい、どうぞ。
Sí, adelante.

En esta tabla aparece la lista de los verbos especiales que expresan respeto y modestia usados frecuentemente en la vida cotidiana.

V. Inf.		respeto そんけいご	modestia けんじょうご	
ir venir	いきます　（いく） きます　（くる）	いらっしゃいます （いらっしゃる） おいでになります （おいでになる）	まいります	まいる
estar	います　（いる）		おります	おる
comer beber	たべます　（たべる） のみます　（のむ）	めしあがります （めしあがる）	いただきます	いただく
hacer	します　（する）	なさいます （なさる）	いたします	いたす
decir	いいます　（いう）	おっしゃいます （おっしゃる）	もうします	もうす
saber conocer	しっています　（しる） Neg. しりません（しらない）	ごぞんじです （ごぞんじだ）	ぞんじております ぞんじません	ぞんじている ぞんじていない
ver	みます　（みる）	ごらんになります （ごらんになる）	はいけんします	はいけんする
visitar escuchar preguntar	たずねます（たずねる） ききます　（きく）	おたずねに おききに　＊	うかがいます	うかがう
encontrarse ver a alguien	あいます　（あう）	おあいに	おめにかかります	おめにかかる
＊ なります (なる)				

A: やまださんのそうべつかいに **いらっしゃいますか。**（いく）
¿Va usted a ir a la fiesta de despedida del Sr. Yamada?

B: はい、うかがいます。（いく）
Sí, iré.

A: おかあさまは　なんじごろ　こちらに**いらっしゃいますか。**（くる）
¿A qué hora viene aquí su madre?

B: 10 じごろ**うかがいます。**　(たずねる)
Viene a eso de las diez.

する hacer	たなかせんせいは　もう　ゴルフは　**なさい**ません。 (respeto) El profesor Tanaka ya no juega al golf. ちちは もうゴルフは **し**ません。 Mi padre ya no juega al golf. わたしは もうゴルフは **いたし**ません。 Yo ya no juego al golf.
いる estar	hablando por teléfono A: おかあさんは **いらっしゃい**ますか。 ¿Está su madre? B: – はい、**おり**ます。 Sí, está. – いいえ、ちょっとでかけて**おり**ます。 No, mi madre ha salido.
たべる comer	A: どうぞ **めしあがって** ください。 Coma, por favor. B: はい、**いただき**ます。 Gracias.
みる ver	A: しゃしんを **ごらんになり**ますか。 ¿Quiere Vd. ver la foto? B: はい、**はいけん**します。 Sí, quiero verla. はい、**はいけんさせて いただき**ます。 (mayor cortesía) Sí, sería un honor que me la enseñara.
くる venir	A: なかむらせんせいは　こんしゅうは　いつだいがくに**いらっしゃいますか**。 ¿Qué día de esta semana viene a la universidad el profesor Nakamura? B: かようびと　すいようびにいらっしゃいます。 Él vendrá el martes y miércoles.

Apéndices

Ap

1 Formación y funcionamiento de las categorías gramaticales en japonés

Aunque no se trata de una clasificación exhaustiva y puede diferir de unos autores a otros, esta es, a grandes rasgos, la clasificación de las diferentes categorías gramaticales en japonés. Como vemos, el criterio de clasificación difiere un poco del utilizado en la lengua española. Es importante entender esta clasificación y tenerla presente a la hora de estudiar las diferentes categorías.

- Palabras ご
  - Independientes じりつご
    - con inflexión かつようする
      - verbos どうし
      - adjetivos けいようし
    - sin inflexión かつようしない
      - sustantivos めいし
      - adverbios ふくし
      - conjunciones せつぞくし
      - admiración かんどうし
  - Dependientes ふぞくご
    - con inflexión: formas de verbos じょどうし
    - sin inflexión: partículas じょし

godan
5 だん

ichidan
1 だん
- いだん
- えだん

irregulares
ふきそく

adjetivos que acaban en 〜い
い - けいようし

adjetivos que acaban en 〜な
な - けいようし

nombre común
ふつうめいし

pronombre
だいめいし

posibilidad
かのう

voz pasiva [れる] [られる]
うけみ

causativos [せる] [させる]
しえき

causativa pasiva [される] [させられる]
しえきのうけみ

honoríficos
けいご

suposiciones [そう] [よう] [らしい]
すいりょう

deseo [たい]
がんぼう

otras formas
そのた
- intención [よう] [う]
- negación [ない]

2 Paradigma verbal

En esta tabla se exponen las variaciones que sufre la desinencia en cada forma verbal, como ya hemos visto en el apartado de gramática. En este caso conjugamos un verbo del Grupo I (5だんどうし).

verbo	leer	informal (forma coloquial)	
		afirmativo	negativo
presente		よむ	よまない
pasado		よんだ	よまなかった
gerundio	presente	よんでいる	よんでいない
gerundio	pasado	よんでいた	よんでいなかった
imperativo suave		よんで	よまないで
imperativo mandato		よめ	よむな
experiencia	presente	よんだことがある	よんだことがない
experiencia	pasado	よんだことがあった	よんだことがなかった
sugerencia	presente	よんだほうがいい	よまないほうがいい
sugerencia	pasado	よんだほうがよかった	よまないほうがよかった
deseo	presente	よみたい	よみたくない
deseo	pasado	よみたかった	よみたくなかった
dar permiso	presente	よんでもいい	よんではいけない
dar permiso	pasado	よんでもよかった	よんではいけなかった
obligación	presente	よまなければならない	よまなくてもいい
obligación	pasado	よまなければならなかった	よまなくてもよかった
condicional	presente	よめば	よまなければ
condicional	pasado	よんだら	よまなかったら
voz pasiva	presente	よまれる	よまれない
voz pasiva	pasado	よまれた	よまれなかった
causativa	presente	よませる	よませない
causativa	pasado	よませた	よませなかった
causativa pasiva	presente	よまされる	よまされない
causativa pasiva	pasado	よまされた	よまされなかった
potencial	presente	よめる	よめない
potencial	pasado	よめた	よめなかった
volición		よもう	—

verbo	leer	formal (forma cortés)	
		afirmativo	negativo
presente		よみます	よみません
pasado		よみました	よみませんでした
gerundio	presente	よんでいます	よんでいません
gerundio	pasado	よんでいました	よんでいませんでした
imperativo	suave	よんでください	よまないでください
mandato		よみなさい	—
experiencia	presente	よんだことがあります	よんだことがありません
experiencia	pasado	よんだことがありました	よんだことがありませんでした
sugerencia	presente	よんだほうがいいです	よまないほうがいいです
sugerencia	pasado	よんだほうがよかったです	よまないほうがよかったです
deseo	presente	よみたいです	よみたくないです
deseo	pasado	よみたかったです	よみたくなかったです
dar permiso	presente	よんでもいいです	よんではいけません
dar permiso	pasado	よんでもよかったです	よんではいけませんでした
obligación	presente	よまなければなりません	よまなくてもいいです
obligación	pasado	よまなければなりませんでした	よまなくてもよかったです
condicional	presente	およみになれば	およみにならなければ
condicional	pasado	およみになったら	およみにならなかったら
voz pasiva	presente	よまれます	よまれません
voz pasiva	pasado	よまれました	よまれませんでした
causativa	presente	よませます	よませません
causativa	pasado	よませました	よませませんでした
causativa pasiva	presente	よまされます	よまされました
causativa pasiva	pasado	よまされました	よまされませんでした
potencial	presente	よめます	よめません
potencial	pasado	よめました	よめませんでした
volición		よみましょう	—

Ap

3 Conjugación de los verbos

Resumen de la conjugación de los verbos, agrupados según las categorías verbales vistas en el apartado de gramática (Grupos I, II y III). Como ya se vio allí, no existen tantas formas verbales como en español. Para la formación de las distintas formas verbales, la tabla ha de leerse como:
raíz + sílaba(s) conjugada(s) + terminación de la fila superior (ーない , ーば , etcétera).

formación						
				raíz	～ない forma negativa	～ます forma cortés
5だんどうし -u		かく	escribir	か	か	き
					no escribo かかない	escribo / escribiré かきます
		およぐ	nadar	およ	が	ぎ
		たつ	estar de pie	た	た	ち
		はなす	hablar	はな	さ	し
		よむ	leer	よ	ま	み
		とる	coger	と	ら	り
		いう	decir	い	*わ	い
1だんどうし	いだん iru	おきる	levantarse	お	き	き
		みる	ver	ー	み	み
		おりる	bajar	お	り	り
	えだん eru	たべる	comer	た	べ	べ
		ねる	acostarse	ー	ね	ね
		あける	abrir	あ	け	け
ふきそくどうし irregular		くる	venir		こ	き
		する	hacer		し	し

* se escribe わ por あ

formación		
infinitivo	imperativo ～ば　condicional	～う intencional
く	け	こ
escribo かく	¡escribe!　かけ si escribo...　かけば	¡escribamos! かこう
ぐ	げ	ご
つ	て	と
す	せ	そ
む	め	も
る	れ	ろ
う	え	お
きる	きれ / きろ	きよ
みる	みれ / みろ	みよ
りる	りれ / りろ	りよ
べる	べれ / べろ	べよ
ねる	ねれ / ねろ	ねよ
ける	けれ / けろ	けよ
くる	**くれ / こい**	**こよ**
する	**すれ / しろ**	**しよ**

4 Lista de verbos

Verbos básicos

	español	forma ます	infinitivo
1	encontrarse, ver (a alguien)	あいます	あう
2	comprar	かいます	かう
3	fumar, aspirar	すいます	すう
4	decir	いいます	いう
5	cantar	うたいます	うたう
6	lavar	あらいます	あらう
7	utilizar	つかいます	つかう
8	ayudar	てつだいます	てつだう
9	dar	やります	やる
10	haber, estar	あります	ある
11	terminar, finalizar	おわります	おわる
12	tardar	かかります	かかる
13	saber, conocer	しります	しる
14	vender	うります	うる
15	bailar	おどります	おどる
16	hacer, fabricar	つくります	つくる
17	alojarse; parar	とまります	とまる
18	coger; hacer fotos	とります	とる
19	llegar a ser, convertirse	なります	なる
20	subirse a un vehículo	のります	のる
21	entrar	はいります	はいる
22	empezar	はじまります	はじまる
23	llover, nevar	ふります	ふる
24	entender, comprender	わかります	わかる
25	volver, regresar	かえります	かえる
26	ponerse de pie	たちます	たつ
27	esperar	まちます	まつ
28	tener, sujetar	もちます	もつ
29	abrirse	あきます	あく
30	ir	いきます	いく

Grupo I: 5だんどうし　　Grupo II: 1だんどうし　　Grupo III: ふきそくどうし

	grupo	negativo	forma - て	pasado corto
	I	あわない	あって	あった
	1	かわない	かって	かった
	1	すわない	すって	すった
	1	いわない	いって	いった
	I	うたわない	うたって	うたった
	I	あらわない	あらって	あらった
	I	つかわない	つかって	つかった
	I	てつだわない	てつだって	てつだった
	I	やらない	やって	やった
	I	ない	あって	あった
	I	おわらない	おわって	おわった
	I	かからない	かかって	かかった
	I	しらない	しって	しった
	I	うらない	うって	うった
	I	おどらない	おどって	おどった
	I	つくらない	つくって	つくった
	I	とまらない	とまって	とまった
	I	とらない	とって	とった
	I	ならない	なって	なった
	I	のらない	のって	のった
	I	はいらない	はいって	はいった
	I	はじまらない	はじまって	はじまった
	I	ふらない	ふって	ふった
	I	わからない	わかって	わかった
	I	かえらない	かえって	かえった
	I	たたない	たって	たった
	I	またない	まって	まった
	I	もたない	もって	もった
	I	あかない	あいて	あいた
	I	いかない	＊ いって	＊ いった

31	escribir; dibujar, pintar	かきます	かく
32	escuchar; preguntar	ききます	きく
33	tirar; tocar un instrumento	ひきます	ひく
34	cepillar, pulir	みがきます	みがく
35	caminar, andar	あるきます	あるく
36	beber, tomar (medicinas)	のみます	のむ
37	leer, llamar	よみます	よむ
38	descansar, faltar (clase, trabajo)	やすみます	やすむ
39	jugar	あそびます	あそぶ
40	morir	しにます	しぬ
41	apagar; borrar	けします	けす
42	hablar	はなします	はなす
43	estar, haber	います	いる
44	bajar, descender	おります	おりる
45	levantarse, ocurrir	おきます	おきる
46	pedir prestado	かります	かりる
47	vestir	きます	きる
48	poder, saber	できます	できる
49	ver, mirar	みます	みる
50	abrir	あけます	あける
51	recibir; examinarse	うけます	うける
52	nacer	うまれます	うまれる
53	enseñar, instruir	おしえます	おしえる
54	colgar; telefonear	かけます	かける
55	cerrar	しめます	しめる
56	comer	たべます	たべる
57	salir	でます	でる
58	enseñar, mostrar	みせます	みせる
59	dejar de hacer algo	やめます	やめる
60	olvidar	わすれます	わすれる
61	venir	きます	くる
62	hacer	します	する

	I	かかない	かいて	かいた
	I	きかない	きいて	きいた
	I	ひかない	ひいて	ひいた
	I	みがかない	みがいて	みがいた
	I	あるかない	あるいて	あるいた
	I	のまない	のんで	のんだ
	I	よまない	よんで	よんだ
	I	やすまない	やすんで	やすんだ
	I	あそばない	あそんで	あそんだ
	I	しなない	しんで	しんだ
	I	けさない	けして	けした
	I	はなさない	はなして	はなした
	II	いない	-	いた
	II	おりない	おりて	おりた
	II	おきない	おきて	おきた
	II	かりない	かりて	かりた
	II	きない	きて	きた
	II	できない	できて	できた
	II	みない	みて	みた
	II	あけない	あけて	あけた
	II	うけない	うけて	あけた
	II	うまれない	うまれて	うまえれた
	II	おしえない	おしえて	おしえた
	II	かけない	かけて	かけた
	II	しめない	しめて	しめた
	II	たべない	たべて	たべた
	II	でない	でて	でた
	II	みせない	みせて	みせた
	II	やめない	やめて	やめた
	II	わすれない	わすれて	わすれた
	III	こない	きて	きた
	III	しない	して	した

Verbos intermedios (orden alfabético)

	español	forma ます	infinitivo	
1	encontrarse, ver, quedar	あいます	あう	会う
2	abrirse, estar abierto	あきます	あく	開く
3	abrir	あけます	あける	開ける
4	dar	あげます	あげる	上げる
5	jugar, divertirse	あそびます	あそぶ	遊ぶ
6	reunir, juntar, coleccionar	あつめます	あつめる	集める
7	ducharse	あびます	あびる	浴びる
8	lavar(se), limpiar	あらいます	あらう	洗う
9	haber, tener, estar	あります	ある	有る
10	andar, caminar	あるきます	あるく	歩く
11	guiar	あんないします	あんないする	案内する
12	decir	いいます	いう	言う
13	ir	いきます	いく	行く
14	darse prisa	いそぎます	いそぐ	急ぐ
15	estar, haber	います	いる	居る
16	**necesitar, requerir**	**いります**	**いる**	**要る**
17	meter, poner	いれます	いれる	入れる
18	tener un examen o entrevista	うけます	うける	受ける
19	recibir	うけとります	うけとる	受け取る
20	moverse, funcionar	うごきます	うごく	動く
21	cantar	うたいます	うたう	歌う
22	copiar, fotografiar	うつします	うつす	写す
23	nacer	うまれます	うまれる	生まれる
24	vender	うります	うる	売る
25	conducir	うんてんします	うんてんする	運転する
26	escoger	えらびます	えらぶ	選ぶ
27	despertarse, levantarse; ocurrir	おきます	おきる	起きる
28	poner, colocar	おきます	おく	置く
29	llegar tarde	おくれます	おくれる	遅れる
30	enviar	おくります	おくる	送る
31	enfadarse	おこります	おこる	怒る
32	apretar, empujar	おします	おす	押す
33	enseñar, instruir	おしえます	おしえる	教える
34	bailar	おどります	おどる	踊る
35	aprender, memorizar	おぼえます	おぼえる	覚える

	grupo	negativo	forma て	pasado corto
	I	あわない	あって	あった
	I	あかない	あいて	あいた
	II	あけない	あけて	あけた
	II	あげない	あげて	あげた
	I	あそばない	あそんで	あそんだ
	II	あつめない	あつめて	あつめた
	II	あびない	あびて	あびた
	I	あらわない	あらって	あらった
	I	ない	あって	あった
	I	あるかない	あるいて	あるいた
	III	あんないしない	あんないして	あんないした
	I	いわない	いって	いった
	I	いかない	いって	いった
	I	いそがない	いそいで	いそいだ
	II	いない	いて	いた
	I	**いらない**	**いって**	**いった**
	II	いれない	いれて	いれた
	II	うけない	うけて	うけた
	I	うけとらない	うけとって	うけとった
	I	うごかない	うごいて	うごいた
	I	うたわない	うたって	うたった
	I	うつさない	うつして	うつした
	II	うまれない	うまれて	うまれた
	I	うらない	うって	うった
	III	うんてんしない	うんてんして	うんてんした
	I	えらばない	えらんで	えらんだ
	II	おきない	おきて	おきた
	I	おかない	おいて	おいた
	II	おくれない	おくれて	おくれた
	I	おくらない	おくって	おくった
	I	おこらない	おこって	おこった
	I	おさない	おして	おした
	II	おしえない	おしえて	おしえた
	I	おどらない	おどって	おどった
	II	おぼえない	おぼえて	おぼえた

36	recordar, acordarse	おもいだします	おもいだす	思い出す
37	pensar, creer	おもいます	おもう	思う
38	nadar	およぎます	およぐ	泳ぐ
39	bajar(se)	おります	おりる	降りる
40	romper, plegar, doblar	おります	おる	折る
41	terminar, acabar	おわります	おわる	終わる
42	hacer compras	かいものします	かいものする	買い物する
43	comprar	かいます	かう	買う
44	cambiar	かえます	かえる	変える
45	devolver	かえします	かえす	返す
46	**regresar, volver**	**かえります**	**かえる**	**帰る**
47	tardar (tiempo), costar (dinero)	かかります	かかる	
48	escribir; pintar, dibujar	かきます	かく	書く、描く
49	prestar	かします	かす	貸す
50	colgar; ponerse gafas	かけます	かける	掛ける
51	adornar, decorar	かざります	かざる	飾る
52	poner en orden, recoger, limpiar	かたづけます	かたづける	片つける
53	ganar, vencer	かちます	かつ	勝つ
54	pedir prestado	かります	かりる	借りる
55	secarse	かわきます	かわく	乾く
56	cambiar(se), modificarse	かわります	かわる	変わる
57	pensar, reflexionar	かんがえます	かんがえる	考える
58	perseverar, esforzarse	がんばります	がんばる	頑張る
59	escuchar; preguntar	ききます	きく	聞く
60	**venir**	**きます**	**くる**	**来る**
61	ponerse, vestirse	きます	きる	着る
62	**cortar, desconectar**	**きります**	**きる**	**切る**
63	decidir	きめます	きめる	決める
64	darse cuenta, notar	きがつきます	きがつく	気が付く
65	cuidarse, tener cuidado	きをつけます	きをつける	気を付ける
66	comparar	くらべます	くらべる	比べる
67	apagar, borrar	けします	けす	消す
68	casarse	けっこんします	けっこんする	結婚する
69	hacer una visita educativa	けんがくします	けんがくする	見学する
70	hacer turismo	けんぶつします	けんぶつする	見物する
71	aprobar un examen	ごうかくします	ごうかくする	合格する
72	averiarse, estropearse	こしょうします	こしょうする	故障する

	I	おもいださない	おもいだして	おもいだした
	I	おもわない	おもって	おもった
	I	およがない	およいで	およいだ
	II	おりない	おりて	おりた
	I	おらない	おって	おった
	I	おわらない	おわって	おわった
	III	かいものしない	かいものして	かいものした
	I	かわない	かって	かった
	II	かえない	かえて	かえた
	I	かえさない	かえして	かえした
	I	**かえらない**	**かえって**	**かえった**
	I	かからない	かかって	かかった
	I	かかない	かいて	かいた
	I	かさない	かして	かした
	II	かけない	かけて	かけた
	I	かざらない	かざって	かざった
	II	かたづけない	かたづけて	かたづけた
	I	かたない	かって	かった
	II	かりない	かりて	かりた
	I	かわかない	かわいて	かわいた
	I	かわらない	かわって	かわった
	II	かんがえない	かんがえて	かんがえた
	I	がんばらない	がんばって	がんばった
	I	きかない	きいて	きいた
	III	**こない**	**きて**	**きた**
	II	きない	きて	きた
	I	**きらない**	**きって**	**きった**
	II	きめない	きめて	きめた
	I	きがつかない	きがついて	きがついた
	II	きをつけない	きをつけて	きをつけた
	II	くらべない	くらべて	くらべた
	I	けさない	けして	けした
	III	けっこんしない	けっこんして	けっこんした
	III	けんがくしない	けんがくして	けんがくした
	III	けんぶつしない	けんぶつして	けんぶつした
	III	ごうかくしない	ごうかくして	ごうかくした
	III	こしょうしない	こしょうして	こしょうした

73	contestar	こたえます	こたえる	答える
74	estar lleno, estar abarrotado	こみます	こむ	混む
75	matar	ころします	ころす	殺す
76	caerse	ころびます	ころぶ	転ぶ
77	romper, destruir	こわします	こわす	壊す
78	tener problemas	こまります	こまる	困る
79	florecer	さきます	さく	咲く
80	enfriar	さめます	さめる	冷める
81	hacer ruido	さわぎます	さわぐ	騒ぐ
82	tocar	さわります	さわる	触る
83	pasear	さんぽします	さんぽする	散歩する
84	buscar	さがします	さがす	探す
85	participar	さんかします	さんかする	参加する
86	hacer horas extras	ざんぎょうします	ざんぎょうする	残業する
87	regañar, reprender	しかります	しかる	叱る
88	practicar, entrenar	じっしゅうします	じっしゅうする	実習する
89	morir	しにます	しぬ	死ぬ
90	cerrar	しめます	しめる	閉める
91	reparar, arreglar	しゅうりします	しゅうりする	修理する
92	preparar	じゅんびします	じゅんびする	準備する
93	preguntar	しつもんします	しつもんする	質問する
94	comer	しょくじします	しょくじする	食事する
95	avisar, informar, comunicar	しらせます	しらせる	知らせる
96	investigar, consultar, averiguar	しらべます	しらべる	調べる
97	saber, conocer	しります	しる	知る
98	presentar	しょうかいします	しょうかいする	紹介する
99	preocuparse	しんぱいします	しんぱいする	心配する
100	fumar, aspirar	すいます	すう	吸う
101	estar vacío	すきます	すく	空く
102	tirar a la basura, desechar	すてます	すてる	捨てる
103	vivir, residir	すみます	すむ	住む
104	**hacer**	**します**	**する**	**する**
105	sentarse	すわります	すわる	座る
106	explicar	せつめいします	せつめいする	説明する
107	cuidar, atender	せわををします	せわをする	世話をする
108	lavar la ropa	せんたくします	せんたくする	洗濯する
109	limpiar, barrer	そうじします	そうじする	掃除する
110	consultar	そうだんします	そうだんする	相談する

	II	こたえない	こたえて	こたえた
	I	こまない	こんで	こんだ
	I	ころさない	ころして	ころした
	I	ころばない	ころんで	ころんだ
	I	こわさない	こわして	こわした
	I	こまらない	こまって	こまった
	I	さかない	さいて	さいた
	II	さめない	さめて	さめた
	I	さわがない	さわいで	さわいだ
	I	さわらない	さわって	さわった
	III	さんぽしない	さんぽして	さんぽした
	I	さがさない	さがして	さがした
	III	さんかしない	さんかして	さんかした
	III	ざんぎょうしない	ざんぎょうして	ざんぎょうした
	I	しからない	しかって	しかった
	III	じっしゅうしない	じっしゅうして	じっしゅうした
	I	しなない	しんで	しんだ
	II	しめない	しめて	しめた
	III	しゅうりしない	しゅうりして	しゅうりした
	III	じゅんびしない	じゅんびして	じゅんびした
	III	しつもんしない	しつもんして	しつもんした
	III	しょくじしない	しょくじして	しょくじした
	II	しらせない	しらせて	しらせた
	II	しらべない	しらべて	しらべた
	I	しらない	しって	しった
	III	しょうかいしない	ょうかいして	しょうかいした
	III	しんぱいしない	しんぱいして	しんぱいした
	I	すわない	すって	すった
	I	すかない	すいて	すいた
	II	すてない	すてて	すてた
	I	すまない	すんで	すんだ
	III	**しない**	**して**	**した**
	I	すわらない	すわって	すわった
	III	せつめいしない	せつめいして	せつめいした
	III	せわをしない	せわをして	せわをした
	III	せんたくしない	せんたくして	せんたくした
	III	そうじしない	そうじして	そうじした
	III	そうだんしない	そうだんして	そうだんした

111	comprobar, verificar, confirmar	たしかめます	たしかめる	確かめる
112	sacar; entregar; enviar una carta	だします	だす	出す
113	levantarse, ponerse de pie	たちます	たつ	立つ
114	luchar, pelear	たたかいます	たたかう	戦う
115	pedir, rogar	たのみます	たのむ	頼む
116	comer	たべます	たべる	食べる
117	ser suficiente, bastar	たります	たりる	足りる
118	advertir, tener cuidado	ちゅういします	ちゅういする	注意する
119	usar	つかいます	つかう	使う
120	cansarse, estar cansado	つかれます	つかれる	疲れる
121	llegar	つきます	つく	着く
122	adherirse, juntarse	つきます	つく	付く
123	hacer, fabricar	つくります	つくる	作る
124	encender, pegar, adherir	つけます	つける	付ける
125	continuar, seguir	つづけます	つづける	読ける
126	estar empleado, trabajar	つとめます	つとめる	勤める
127	llevar a alguien a un sitio	つれていきます	つれていく	連れていく
128	traer a alguien de un sitio	つれてきます	つれてくる	連れてくる
129	salir fuera, salir a la calle	でかけます	でかける	出かける
130	poder, saber	できます	できる	出来る
131	ayudar	てつだいます	てつだう	手伝う
132	salir	でます	でる	出る
133	telefonear, llamar por teléfono	でんわします	でんわする	電話する
134	enviar, despachar	とどけます	とどける	届ける
135	volar	とびます	とぶ	飛ぶ
136	hospedarse; pararse	とまります	とまる	泊まる、止まる
137	parar, detener, aparcar	とめます	とめる	止める
138	coger; hacer una foto	とります	とる	取る、撮る
139	reparar, corregir, arreglar	なおします	なおす	直す
140	curar	なおします	なおす	治す
141	arreglarse, corregirse	なおります	なおる	直る
142	curarse, sanar, ponerse bien	なおります	なおる	治る
143	llorar	なきます	なく	泣く
144	perder	なくします	なくす	無くす
145	arrojar, tirar, lanzar	なげます	なげる	投げる
146	aprender	ならいます	ならう	習う
147	ponerse en fila	ならびます	ならぶ	並ぶ

	II	たしかめない	たしかめて	たしかめた
	I	ださない	だして	だした
	I	たたない	たって	たった
	I	たたかわない	たたかって	たたかった
	I	たのまない	たのんで	たのんだ
	II	たべない	たべて	たべた
	I	たりない	たりて	たりた
	III	ちゅういしない	ちゅういして	ちゅういした
	I	つかわない	つかって	つかった
	I	つかれない	つかれて	つかれた
	I	つかない	ついて	ついた
	I	つかない	ついて	ついた
	I	つくらない	つくって	つくった
	II	つけない	つけて	つけた
	II	つづけない	つづけて	つづけた
	II	つとめない	つとめて	つとめた
	III	つれていかない	つれていって	つれていった
	III	つれてこない	つれてきて	つれてきた
	II	でかけない	でかけて	でかけた
	II	できない	できて	できた
	I	てつだわない	てつだって	てつだった
	II	でない	でて	でた
	III	でんわしない	でんわして	でんわした
	II	とどかない	とどいて	とどいた
	I	とばない	とんで	とんだ
	I	とまらない	とまって	とまった
	II	とめない	とめて	とめた
	I	とらない	とって	とった
	I	なおさない	なおして	なおした
	I	なおさない	なおして	なおした
	II	なおらない	なおって	なおった
	II	なおらない	なおって	なおった
	I	なかない	ないて	ないた
	I	なくさない	なくして	なくした
	II	なげない	なげて	なげた
	I	ならわない	ならって	ならった
	I	ならばない	ならんで	ならんだ

148	poner en fila, alinear	ならべます	ならべる	並べる
149	llegar a ser, hacerse	なります	なる	成る
150	acostumbrarse	なれます	なれる	慣れる
151	huir, escapar(se)	にげます	にげる	逃げる
152	parecerse	にます	にる	似る
153	quitarse ropa, desnudarse	ぬぎます	ぬぐ	脱ぐ
154	robar	ぬすみます	ぬすむ	盗む
155	acostarse, irse a la cama	ねます	ねる	寝る
156	quedar, permanecer	のこります	のこる	残る
157	subir, escalar	のぼります	のぼる	登る、上る
158	beber, tomar una medicina	のみます	のむ	飲む
159	subir (a un vehículo)	のります	のる	乗る
160	transbordar	のりかえます	のりかえる	乗り換える
161	**entrar, ingresar**	**はいります**	**はいる**	**入る**
162	ponerse (bajo cintura), calzar(se)	はきます	はく	履く
163	llevar, transportar	はこびます	はこぶ	運ぶ
164	empezar, comenzar	はじまります	はじまる	始まる
165	correr	はしります	はしる	走る
166	trabajar	はたらきます	はたらく	働く
167	descubrir	はっけんします	はっけんする	発見する
168	inventar	はつめいします	はつめいする	発明する
169	hablar	はなします	はなす	話す
170	pagar	はらいます	はらう	払う
171	pegar, fijar, adherir	はります	はる	貼る
172	tocar (Instrumento)	ひきます	ひく	弾く
173	tirar de, estirar	ひきます	ひく	引く
174	mudarse de vivienda, trasladarse	ひっこします	ひっこす	引っ越す
175	enfriar	ひやします	ひやす	冷やす
176	recoger del suelo	ひろいます	ひろう	拾う
177	repasar	ふくしゅうします	ふくしゅうする	復習する
178	pisar	ふみます	ふむ	踏む
179	llover, nevar	ふります	ふる	降る
180	estudiar	べんきょうします	べんきょうする	勉強する
181	alabar, elogiar	ほめます	ほめる	誉める
182	girar, doblar (la esquina)	まがります	まがる	曲がる
183	equivocarse, confundir	まちがえます	まちがえる	間違える
184	esperar	まちます	まつ	待つ

	II	ならべない	ならべて	ならべた
	I	ならない	なって	なった
	II	なれない	なれて	なれた
	II	にげない	にげて	にげた
	II	にない	にて	にた
	I	ぬがない	ぬいで	ぬいだ
	I	ぬすまない	ぬすんで	ぬすんだ
	II	ねない	ねて	ねた
	I	のこらない	のこって	のこった
	I	のぼらない	のぼって	のぼった
	I	のまない	のんで	のんだ
	I	のらない	のって	のった
	II	のりかえない	のりかえて	のりかえた
	I	**はいらない**	**はいって**	**はいった**
	I	はかない	はいて	はいた
	I	はこばない	はこんで	はこんだ
	I	はじまらない	はじまって	はじまった
	I	はしらない	はしって	はしった
	I	はたらかない	はたらいて	はたらった
	III	はっけんしない	はっけんして	はっけんした
	III	はつめいしない	はつめいして	はつめいした
	I	はなさない	はなして	はなした
	I	はらわない	はらって	はらった
	I	はらない	はって	はった
	I	ひかない	ひいて	ひいた
	I	ひかない	ひいて	ひいた
	I	ひっこさない	ひっこして	ひっこした
	I	ひやさない	ひやして	ひやした
	I	ひろわない	ひろって	ひろった
	III	ふくしゅうしない	ふくしゅうして	ふくしゅうした
	I	ふまない	ふんで	ふんだ
	I	ふらない	ふって	ふった
	III	べんきょうしない	べんきょうして	べんきょうした
	II	ほめない	ほめて	ほめた
	I	まがらない	まがって	まがった
	I	まちがえない	まちがえて	まちがえた
	I	またない	まって	まった

185	llegar a tiempo	まにあいます	まにあう	間に合う
186	cepillar, abrillantar, pulir	みがきます	みがく	磨く
187	mostrar, enseñar	みせます	みせる	見せる
188	ver	みます	みる	見る
189	acoger a alguien, recibir	むかえます	むかえる	迎える
190	solicitar, echar una solicitud	もうしこみます	もうしこむ	申し込む
191	tener, llevar, sujetar	もちます	もつ	持つ
191	llevar a un sitio	もっていきます	もっていく	持っていく
192	traer de un sitio	もってきます	もってくる	持ってくる
193	devolver	もどします	もどす	戻す
194	volver, regresar	もどります	もどる	戻る
195	recibir	もらいます	もらう	貰う
196	ser útil, servir	やくにたちます	やくにたつ	役に立つ
197	rasgar	やぶります	やぶる	破る
198	descansar, ausentarse	やすみます	やすむ	休む
199	parar, cesar (la lluvia)	やみます	やむ	止む
200	dejar, parar	やめます	やめる	止める
201	dar	やります	やる	
202	exportar	ゆしゅつします	ゆしゅつする	輸出する
204	importar	ゆにゅうします	ゆにゅうする	輸入する
205	preparar una lección	よしゅうします	よしゅうする	予習する
206	llamar	よびます	よぶ	呼ぶ
206	reservar	よやくします	よやくする	予約する
207	leer	よみます	よむ	読む
208	ir a estudiar al extranjero	りゅうがくします	りゅうがくする	留学する
209	cocinar	りょうりします	りょうりする	料理する
210	viajar	りょこうします	りょこうする	旅行する
211	hacer ejercicios, practicar	れんしゅうします	れんしゅうする	練習する
212	entender, comprender	わかります	わかる	分かる
213	despedirse, separarse de alguien	わかれます	わかれる	別れる
214	olvidar	わすれます	わすれる	忘れる
215	entregar	わたします	わたす	渡す
216	cruzar	わたります	わたる	渡る
217	reir	わらいます	わらう	笑う
218	romper, partir	わります	わる	割る

Ojo: Hay que tener cuidado con los verbos indicados en negrita, que por su infinitivo parecen del tipo "I-dan" pero en realidad son "5-dan".

	I	まにあわない	まにあって	まにあった
	I	みがかない	みがいて	みがいた
	II	みせない	みせて	みせた
	II	みない	みて	みた
	II	むかえない	むかえて	むかえた
	I	もうしこまない	こうしこんで	もうしこんだ
	I	もたない	もって	もった
	I	もっていかない	もっていって	もっていった
	I	もってこない	もってきて	もってきた
	I	もどさない	もどして	もどした
	I	もどらない	もどって	もどった
	I	もらわない	もらって	もらった
	I	やくにたたない	やくにたって	やくにたった
	I	やぶらない	やぶって	やぶった
	I	やすまない	やすんで	やすんだ
	I	やまない	やんで	やんだ
	II	やめない	やめて	やめた
	I	やらない	やって	やった
	III	ゆしゅつしない	ゆしゅつして	ゆしゅつした
	III	ゆにゅうしない	ゆにゅうして	ゆにゅうした
	III	よしゅうしない	よしゅうして	よしゅうした
	I	よばない	よんで	よんだ
	III	よやくしない	よやくして	よやくした
	I	よまない	よんで	よんだ
	III	りゅうがくしない	りゅうがきして	りゅうがくした
	III	りょうりしない	りょうりして	りょうりした
	III	りょこうしない	りょこうして	りょこうした
	III	れんしゅうしない	れんしゅうして	れんしゅうした
	I	わからない	わかって	わかった
	II	わかれない	わかれて	わかれた
	II	わすれない	わすれて	わすれた
	I	わたさない	わたして	わたした
	I	わたらない	わたって	わたった
	I	わらわない	わらって	わらった
	I	わらない	わって	わった

5 Verbos para vestirse

Dependiendo del tipo de prenda y la forma de ponérsela, se emplea un verbo u otro.

ponerse

はめる	しめる	つける	かける	する
hameru encajarse	shimeru ajustarse	tsukeru colgarse	kakeru colocarse	suru ponerse
ゆびわ anillo	*おび faja del kimono	ペンダント colgante	マスク mascarilla	エプロン delantal
てぶくろ guantes	ネクタイ corbata	イヤホーン auriculares	めがね gafas	マフラー bufanda
	ベルト cinturón	アクセサリー accesorios		スカーフ pañuelo

はずす hazusu *とく toku	とる toru

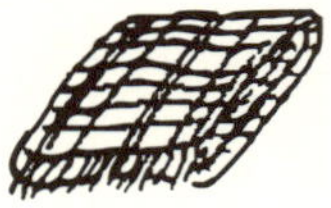

quitar(se)

*quitarse el *obi* = おびをとく (とく solamente se usa con esta prenda)

やまださんがつけているペンダントは　すてきです。
El colgante que lleva la señorita Yamada es muy bonito.

ふゆになると　かぜをひいて　マスクをかけているひとをたくさんみかけます。
Cuando llega el invierno, por los resfriados, se ve mucha gente que lleva mascarilla.

ponerse

かぶる	**はく**	**きる**
kaburu cubrir	haku de cintura para abajo	kiru de cintura para arriba
めん máscara	くつ zapatos	シャツ camiseta
ずきん caperuza	くつした calcetines	ジャケット chaqueta
ぼうし sombrero, gorro	スカート falda	きもの kimono
	ズボン pantalón	せびろ traje

とる
toru

ぬぐ
nugu

quitar(se)

にほんのいえでは げんかんでくつをぬいでへやにはいります。
En las casas japonesas se descalzan en la entrada para entrar en las habitaciones.

にほんのこどもたちは　きいろいぼうしをかぶってがっこうへいきます。
Los niños japoneses se ponen gorros amarillos para ir al colegio.

Conjugación y lista de adjetivos

Lista de adjetivos y conjugación

	afirmativo	negativo	pasado	pasado negativo
Adjetivos -i たかい	たかい	たかくない	たかかった	たかくなかった
Adjetivos -na しずかな	しずかだ しずかな *	しずかではない	しずかだった	しずかではなかった
Conjugación de adjetivos (otras flexiones)				
	forma -te	hacerse	cuando...	condicional
Adjetivos -i たかい	たかくて	たかくなる	たかいとき	たかければ
Adjetivos -na しずかな	しずかで	しずかになる	しずかなとき	しずかなら

Lista de adjetivos い ーけいよし

あたまがいい	inteligente	あたまがわるい	tonto, poco inteligente
あたらしい	nuevo	ふるい	antiguo
あかるい	claro	くらい	oscuro
あたたかい	templado, cálido	すずしい	fresco
あつい (熱い)	caliente (al tacto)	つめたい	frío (al tacto)
あつい (暑い)	caluroso (tiempo)	さむい	frío (tiempo)
あつい (厚い)	gordo	うすい	delgado
いそがしい	ocupado	ひまな	ocioso, libre
うれしい	contento, alegre	かなしい	triste
おいしい	delicioso, rico	まずい	asqueroso, malo
おおきい	grande	ちいさい	pequeño
おもしろい / たのしい	divertido, interesante	つまらない / たいくつな	aburrido, soso
おもい	pesado	かるい	ligero
かたい	duro	やわらかい	blando, tierno
かわいい	bonito, lindo	かわいくない	feo, hortera
こい	fuerte, concentrado	うすい	claro, suave
たかい	caro	やすい	barato
* たかい	alto	* ひくい	bajo
つよい	fuerte	よわい	débil, flojo
とおい	lejano	ちかい	cercano
ながい	largo	みじかい	corto
はやい (速い)	rápido	おそい	lento
はやい (早い)	temprano	おそい	tardío
ひろい	ancho, amplio	せまい	estrecho
ふとい	grueso	ほそい	delgado
めずらしい	raro, distinto	ありふれた	común, habitual
やさしい	fácil	むずかしい	difícil
よい (いい)	bueno	わるい	malo
わかい	joven	としとった	anciano

* Para referirse a la estatura de alguien se añade せが : せが たかい alto せが ひくい bajo
En español son adjetivos, pero en japonés estos dos conceptos se expresan mediante verbos.

Otras expresiones para el sabor

あまい dulce　　すっぱい ácido　　あまずっぱい agridulce　　からい picante　　にがい amargo
しぶい áspero　　しおけがたりない soso　　しょっぱい / しおからい salado

なー　けいようし

あんぜんな	seguro	きけんな	peligroso
かんたんな	simple, sencillo	ふくざつな	complicado
かねもちな	rico	びんぼうな	pobre
きれいな	limpio, bonito	きたない	sucio
きれいな	guapa	みにくい	fea
じょうずな	hábil	へたな	torpe
しずかな	silencioso, callado	うるさい	ruidoso, molesto
しずかな	tranquilo, calmado	にぎやかな	animado
すきな	preferido, que gusta	きらいな	odiado, que no gusta
げんきな	animado, sano	むきりょくな	apático
べんりな	conveniente, útil	ふべんな	Incómodo, inútil
りこうな	listo	ばかな	tonto
はでな	llamativo	じみな	modesto, sobrio
Otros adjetivos ～な			
へんな	extraño	りそうてきな	ideal
たいせつな	importante	ゆうめいな	famoso
ひつような	necesario	りっぱな	magnífico
Los adjetivos calificativos procedentes de idiomas extranjeros pasan a ser adjetivos ーな	エレガント	な	elegante
	チャーミング		encantador
	デリケート		delicado
	ハンサム		ingenuo
	ロマンチック		guapo
			romántico
Adjetivos que expresan sentimientos o carácter			
おとなしい	tranquilo, apacible	しんけいしつな	nervioso
ようきな	alegre, jovial	いんきな	triste, sombrío
かんじがいい	simpático	かんじがわるい	antipático
きまえがいい	dadivoso, generoso	けちな	tacaño
しんせつな	amable	ふしんせつな	rudo, grosero
しゃこうてきな	sociable	うちきな	tímido
すなおな	dócil, obediente	がんこな	terco, tozudo
やさしい	cariñoso, afable	つめたい	frío, insensible
まじめな	serio, formal , responsable	いいかげんな	poco serio, irresponsable
ていねいな	educado, cortés	らんぼうな	bruto, violento
Otros			
じぶんかってな わがままな	egoísta	なまけものな	perezoso, vago
		うらやましい	envidioso
りくつっぽい	polémico	しっとぶかい	celoso
きちょうめんな	escrupuloso		

Formas coloquiales de algunos adjetivos (otros sentidos)

あたら 新しい	nuevo fresco	あたらしいアイディア あたらしいさかな	idea nueva pescado fresco
あつ 厚い	grueso gordo	あついほん つらのかわのあついひと	libro grueso/gordo persona sinvergüenza ("con la piel de la cara gruesa")
あつ 熱い	caliente ardiente	あついおちゃ あついなか	té caliente enamorados ("relación caliente")
あま 甘い	dulce mimado	あまいもの あまいかんがえ こどもにあまいおや	(cosas) dulces, golosinas idea demasiado optimista padre mimoso con su hijo
かた 固い	duro	あたまがかたい かたいはなし	testarudo (cabeza dura) tema formal (aburrido)
から 辛い	picante severo	からいカレー からいてん	curry picante puntuación severa
きたない	sucio guarro	きたないへや やりかたがきたない	habitación sucia forma de hacer las cosas poco decente
こわ 怖い	aterrador severo	こわいはなし こわいせんせい	cuento de miedo profesor severo

つめ 冷たい	frío	つめたいのみもの つめたいひと	bebida fría persona fría
にが 苦い	amargo	にがいくすり にがいけいけん にがいかおをする	medicina amarga una experiencia amarga poner cara de disgusto
ひろ 広い	amplio grande	ひろいきょうしつ かおがひろい こころのひろいひと	aula amplia de muchos contactos (“cara amplia”) persona de gran corazón
ふか 深い	profundo	ふかいいけ ふかいねむり ふかいかんがえ	estanque profundo sueño profundo pensamiento profundo
ふる 古い	viejo antiguo	ふるいたまご ふるいまち あたまがふるい	huevos poco frescos ciudad antigua mentalidad anticuada
むずか 難しい	difícil complicado	むずかしいしけん むずかしいひと	examen difícil persona de carácter difícil
やわ 柔らかい	suave blando	やわらかいふとん／ マットレス ものごしがやわらかい やわらかいひかり	futón/colchón blando movimientos suaves luz suave

Los colores

<table>
<tr><th>color</th><th>sustantivo</th><th>color</th><th colspan="2">sustantivo</th></tr>
<tr><td>rojo</td><td>あか</td><td>verde</td><td colspan="2">みどり</td></tr>
<tr><td>azul</td><td>あお</td><td>gris</td><td colspan="2">はい</td></tr>
<tr><td>blanco</td><td>しろ</td><td>morado violeta</td><td>むらさき</td><td rowspan="8">いろ</td></tr>
<tr><td>negro</td><td>くろ</td><td>azul claro</td><td>みず</td></tr>
<tr><td>amarillo</td><td>きいろ</td><td>azul oscuro</td><td>こん</td></tr>
<tr><td>marrón</td><td>ちゃいろ</td><td>azul índigo</td><td>あい</td></tr>
<tr><td></td><td></td><td>oro</td><td>きん</td></tr>
<tr><td></td><td></td><td>plata</td><td>ぎん</td></tr>
<tr><td></td><td></td><td>naranja</td><td>オレンジ</td></tr>
<tr><td></td><td></td><td>gris</td><td>グレー</td></tr>
<tr><td></td><td></td><td>rosa</td><td colspan="2">ピンク / バラ</td></tr>
<tr><td colspan="2">Para formar adjetivo se añade い
Ej. あか + い = あかい</td><td colspan="3">Para formar adjetivo se añade の
Ej. オレンジいろ + の = オレンジいろの</td></tr>
</table>

Nota: Con los colores グレー , ベージュ , etc., que proceden de otros idiomas, no se suele añadir いろ .

ベージュのワイシャツ	camisa beis
ピンクのブラウス	blusa (de color) rosa
ネイビーブルーのズボン	pantalón azul marino
グレーのジャケット	americana gris

Interrogación

なにいろ (の)	(de) qué color
どんないろ (の)	(de) qué color

Delante de los nombres de color se pone こい para oscuro y うすい para claro.

A: どんないろが　すきですか。 — ¿Qué color le gusta?

B: あかが / みどりいろ / うすいむらさきいろが　すきです。 — rojo / verde / púrpura claro

A: どんないろの　セーターが　いいですか。 — ¿De qué color le gusta el jersey?

B: クリームいろの　セーターが　いいです。 — Lo prefiero crema.

A: きのうかったセーターは なにいろですか。 ¿De qué color es el jersey que compraste ayer?

B. うすい むらさきいろです。 Es violeta claro.

りんごが あかくなりました。 Las manzanas se pusieron rojas.

あかは きけんの シンボルです。 El rojo es símbolo de peligro.

¿Qué color?

はいいろの じんせい バラいろの じんせい	vida de color gris (vida monótona) vida de color rosa
あおいリンゴ	"manzana azul" ¿Existe? Sí, aunque la manzana sea verde por costumbre se dice que es azul.
しんごが あおになる。	Ponerse"azul"el semáforo. Ponerse verde el semáforo.

Es una curiosidad en el idioma japonés el color *aoi* azul. En el caso del semáforo, el color verde al principio era de color azul. Por eso se sigue utilizando あお .

7 Expresiones sobre el tiempo atmosférico

sustantivo	きょう 今日は あした 明日は	はれ くもり あめ ゆき	です。 (descripción) でしょう。 (especulación) ではありません。 (negación)	Hoy { está despejado. / está nublado. / llueve. / nieva. Mañana { estará despejado. / estará nublado. / lloverá. / nevará.
	きのう 昨日は		でした。 (descripción pasada) ではありませんた。 (negación pasada)	Ayer estuvo despejado / nublado. llovió / nevó.
gerundio	今日は	はれて くもって あめがふって ゆきがふって	います。	Hoy está { despejado. / nublado. / lloviendo. / nevando.
	昨日は	はれて くもって あめがふって ゆきがふって	いました。	Ayer estuvo { despejado. / nublado. / lloviendo. / nevando.
infinitivo	明日は	はれる くもる あめがふる ゆきがふる	でしょう。 (especulación)	Mañana va a { estar despejado. / estar nublado. / llover. / nevar.

おおあめ / こさめ　がふる　diluviar / lloviznar
みぞれがふる　caer aguanieve

しもがおりる　helar
きりがでる　haber (aparecer) niebla
よがあける　amanecer
ひがくれる　anochecer

たいふう　tifón
じしん　terremoto
つなみ　tsunami

ちいきのひなんばしょ　lugar de refugio de un barrio en caso de catástrofe

¿Cómo está el tiempo?　てんきはどうですか

きょうは	いい（お）てんきです。	Hoy hace buen tiempo.
	わるい（お）てんきです。	Hoy hace mal tiempo.
	むしあついです。	Hoy hace un calor pegajoso.
	あつい / あつくない　です。	Hoy hace / no hace calor.
	さむいです。	Hoy hace frío.
	かぜが つよいです。	Hoy corre bastante viento.
きのうは	いい　(お)　てんきでした。	Ayer hizo buen tiempo.
	あつかった/あつくなかったです。	Ayer hizo / no hizo calor.

Pronóstico del tiempo　～でしょう (especulación)

あしたは　いい(お)てんき / あめ でしょう。	Mañana hará buen tiempo / lloverá.
あしたのあさは　さむいでしょう。	Mañana por la mañana hará frío.
あしたは　あつく/ さむくなるでしょう。	Mañana hará más frío / calor.
あさゆうは　すずしいでしょう。	Hará fresco por la mañana y por la tarde.
さっぽろは　きょうははれるでしょう。	Hoy estará soleado en Sapporo.
ふくおかは　あしたも　むしあついでしょう。	Mañana también hará bochorno en Fukuoka.

とうきょうはごぜんちゅうははれますがごごからあめがふるでしょう。
Por la mañana en Tokio estará soleado pero por la tarde lloverá.

もうすっかりはるです。　¡Ya estamos en primavera!

あつさ さむさも ひがんまで。　"Hasta el 40 de mayo no te quites el sayo"

さいこうきおん	temperatura máxima
さいていきおん	temperatura mínima
こうすいかくりつ	posibilidad de precipitación

うめいちりん
いちりんほどの
あたたかさ

En el ciruelo
se abre una flor
Qué cálido el aire

8

¿Dónde está...?

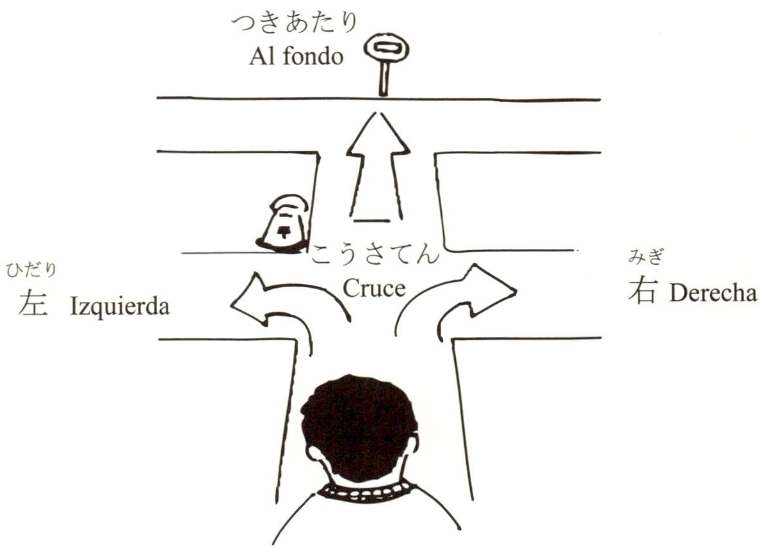

この / あのみち	esta/ aquella calle	みぎがわ	el lado derecho
ひとつめのとおり	la primera calle	ひだりがわ	el lado izquierdo
ふたつめのしんごう	segundo semáforo	あんないず	mapa de información
むこう	allí, allá	あんないばん	tablón informativo
てまえ	cerca, antes	こうばん	puesto de policía (de guardia)
かど	esquina	かいさつぐち	torniquete de entrada/salida
いちブロック	una manzana (bloque)	バスてい	parada de autobús
とおり	calle	バスターミナル	terminal de autobús
おおどおり	vía principal	タクシーのりば	parada de taxi
バスどおり	carril bus	ちゅうしゃじょう	aparcamiento
しゃどう	calzada	ガソリンスタンド	gasolinera
こうそくどうろ	autopista	ちかてつのえき	estación de metro
ちかどう	paso subterráneo	まっすぐいく	ir recto
ほどう	acera	みぎにまがる	girar a la derecha
おうだんほどう	paso de peatones	ひだりにまがる	girar a la izquierda
ほどうきょう	paso elevado	はしをわたる	pasar por un puente
ふみきり	paso a nivel	このさかをおりる	bajar esta cuesta
この / その / あのへん	por aquí/ahí/allí	このさかをのぼる	subir esta cuesta
どうろひょうしき	señal de tráfico		

A: きんだいびじゅつかんは どこに ありますか。
Perdone… ¿dónde está el Museo de Arte Moderno?

B: こうさてんを わたって みぎに まがってください。
Después de pasar un cruce doble a la derecha por favor.

A: このへんに クリーニングやさんが ありますか。
¿Hay una tintorería por aquí?

B: −かどを まがって みっつめが クリーニングやさんです。
La tercera desde la esquina es la tintorería.

−あのろじの つきあたりです。
Está en el fondo de aquella calle sin salida.

A: すみませんが、としょかんは どこですか。
Perdón, ¿dónde está la biblioteca?

B: えきのまえのみちを まっすぐいって ひとつめのとおりを みぎへ まがってください。
しんごうを わたって まっすぐいくと つきあたりに ゆうびんきょくが あります。
Siga recto por la calle de enfrente de la estación; gire a la derecha en la primera calle; cruce el semáforo y siguiendo recto al fondo, hay una oficina de Correos.

A: ゆうびんきょくですね。
Una oficina de Correos, ¿verdad?

B: はい。ゆうびんきょくの となりに ほんやが あります。
としょかんは そのほんやの となりです。
Eso es, al lado de Correos hay una librería, la biblioteca está al lado de la librería.

A: どうもありがとうございました。
Muchas gracias.

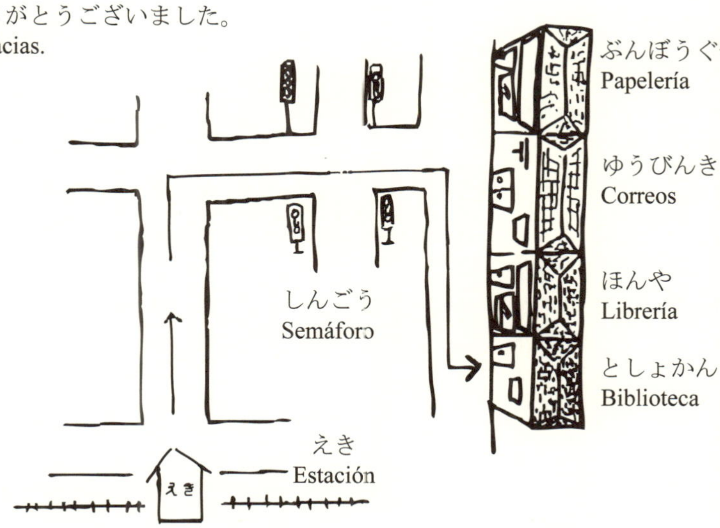

9 ¿Cuánto cuesta...?

En una hamburguesería:

てんいん：	いらっしゃいませ。	Bienvenido, ¿qué desea?
きゃく：	ハンバーガーを みっつください。	Déme tres hamburguesas, por favor.
てんいん：	みっつですね。	Tres, ¿verdad?
きゃく：	はい。いくらですか。	Sí, ¿cuánto cuesta?
てんいん：	ひとつ300えんですから 3つで 900えんです。	Una cuesta 300 yenes. Tres, 900 yenes.

てんいん：	はい。どうぞ。	Aquí tiene.
きゃく：	どうも。	Gracias.
てんいん：	どうもありがとうございました。	Muchas gracias.

En la oficina de Correos:

きょくいん：	ふなびんですか、こうくうびんですか。	¿Por barco, o por avión?
きゃく：	こうくうびんで おねがいします。いくらですか。	Por avión, por favor, ¿Cuánto cuesta?
きょくいん：	2, 500えんです。	2.500 yenes.
きゃく：	それから 150えんきって 3まい と はがきを 5まい ください。	Deme también 3 sellos de 150 yenes y 5 postales.
きょくいん：	はい。	De acuerdo.

A: これは 1さつ いくらですか。 — ¿Cuánto cuesta uno de estos?

B: 250えんです。 — Son 250 yenes.

A: このえんぴつは 1ぽん いくらですか。 — ¿Cuánto cuesta uno de estos lápices?

B: 1ぽん100えんです。 — Uno cuesta 100 yenes.

La moneda japonesa

La moneda empleada en Japón es el Yen ¥. En la figura se muestran los billetes y las monedas vigentes en la actualidad en Japón.

> En español se dice "yen" y no "en" por evitar la confusión con la preposición "en".

Algunas monedas

えん	en	Yen
ドル	doru	Dólar
ペソ	peso	Peso
ポンド	pondo	Libra
ルーブル	ruuburu	Rublo
ユーロ	yuuro	Euro
げん	gen	Yuan

Aritmética y geometría

1. けいさん　Cálculo: Uso de los signos aritméticos

	=	は イコール					
たしざん suma	+	たす プラス	1 いち	+ たす	2 に	= は	3 さん
ひきざん resta	−	ひく マイナス	10 じゅう	− ひく	4 よん	= は	6 ろく
かけざん multiplicación	×	かける	5 ご	× かける	7 なな	= は	35 さんじゅうご
わりざん división	÷	わる	30 さんじゅう	÷ わる	6 ろく	= は	5 ご

2. しょうすう、ぶんすう、わりあい　Números decimales, fracción, proporción

decimales	しょうすう 〜てん〜	1.1 いってんいち	10.5 じゅってんご	0.44 れいてんよんよん		
fracciones	ぶんすう 〜ぶんの〜	1/2 にぶんのいち un medio	1/4 よんぶんのいち un cuarto	2/5 ごぶんのに dos quintos	3/10 じゅうぶんのさん tres décimos	
porcentajes	パーセント % *わり	0.5　= れいてんご 1　= いち	50%　= 50パーセント 100%　= ひゃくパーセント	5わり ごわり 10わり じゅうわり	1.5% 10%	いってんご パーセント 10パーセント

* わり se utiliza sólo con los números enteros del 1 al 9. No se puede usar con decimales.　1.5 ~~わり~~

このセーターは 50% びきです。= このセーターは　5わりびきです。
Este jersey tiene un 50% de descuento.

しょう	すう	<número decimal>	はんぶん		la mitad
せい		<número entero>	に	ばい	doble
き		<número impar>	さん		triple
ぐう		<número par>	よん		cuádruple

3. せん　Líneas

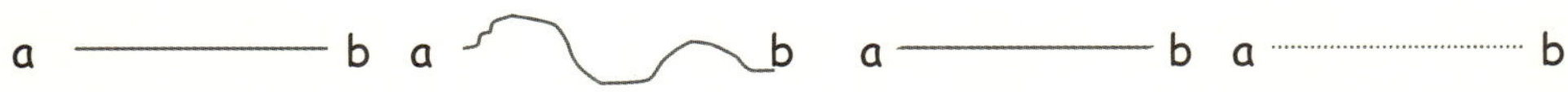

ちょくせん
línea recta

きょくせん
línea curva

じっせん
línea continua

てんせん
línea de puntos

へいこうせん
líneas paralelas

すいちょくせん
perpendiculares

ぶんり
divergentes

しゅうちゅう
convergentes

4. かくど　Ángulos

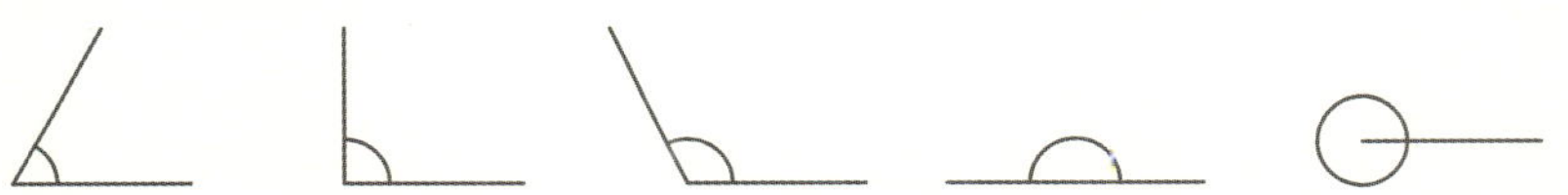

えいかく
Ángulo agudo

ちょっかく
Ángulo recto

どんかく
Ángulo obtuso

１８０ど
Ángulo plano

３６０ど
Ángulo completo

5. かたち　Formas geométricas

えん
círculo

だえんけい
óvalo

さんかっけい
（さんかくけい）
triángulo

しかくけい
cuadrado

ちょうほうけい
rectángulo

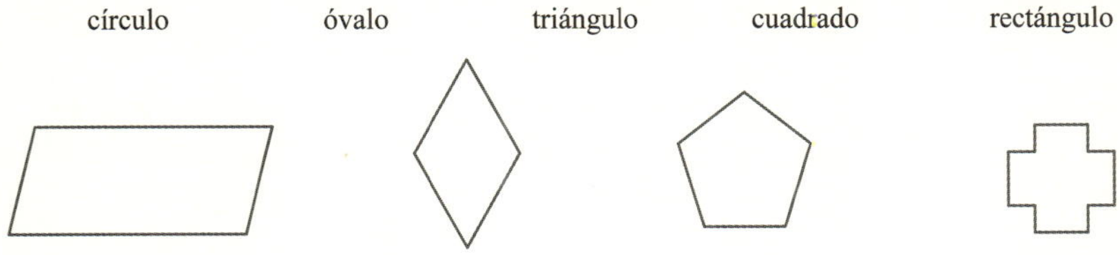

へいこうしへんけい
paralelogramo

ひしがた
rombo

ごかくけい
pentágono

じゅうじけい
cruz

Nota: けい significa “ forma ”. En algunos casos se puede omitir.

6. りったい Cuerpos

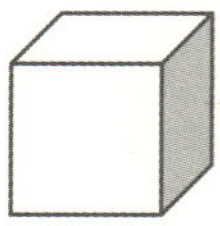

りっぽうたい
cubo

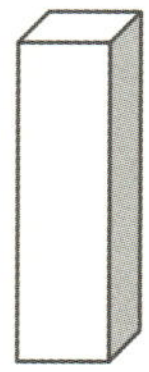

ちょくほうたい
prisma

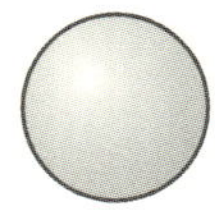

きゅうたい
esfera

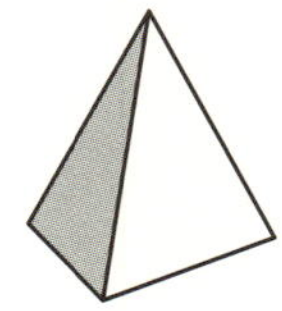

さんかくすい
pirámide triangular

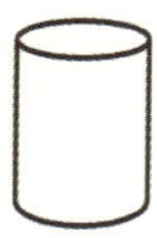

えんちゅう
cilindro

さんかくちゅう
prisma triangular

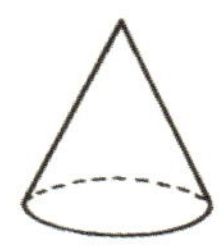

えんすい
cono

7. ながさ longitud, おもさ peso, めんせき superficie

ながさ longitud	メートル ＝ メーター		
	mm	ミリメートル	milímetro
	cm	センチメートル	centímetro
	m	メートル	metro
	km	キロメートル	kilómetro
	milla	マイル	milla
おもさ medidas de peso	mg	ミリグラム	miligramo
	g	グラム	gramo
	kg	キログラム	kilogramo
	t	トン	tonelada
めんせき superficie	m^2	へいほうメートル、ヘイベイ	metro cuadrado
	km^2	へいほうキロメートル	kilómetro cuadrado
	ha	ヘクタール	hectárea

A: あのとうのたかさは　どのくらいですか。
¿Cuánto tiene esa torre de altura?

B: 300 メートル ぐらいです。
Tiene unos 300 metros.

このはしは　ながさが 1000 メートルです。
La longitud de este puente es de 1000 metros.

8. たいせき、ようせき　　**Volumen y capacidad**

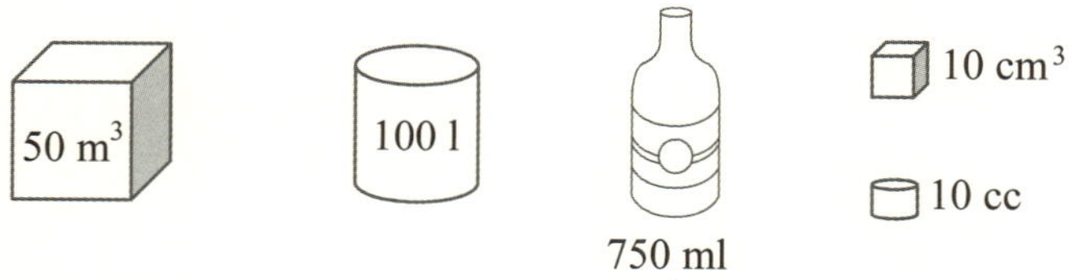

たいせき	cm^3	りっぽうセンチメートル	centímetro cúbico
ようせき	cc	シーシー	centímetro cúbico
volumen y capacidad	m^3	りっぽうメートル	metro cúbico
	ml	ミリリットル	mililitro
	dl	デシリットル	decilitro
	l	リットル =リッター	litro
	kl	キロリットル	kilolitro

Nota: En el lenguaje coloquial “kiro” no solamente puede ser kilogramo, sino que también se puede oír con el significado de kilómetro hablando de distancia o de kilómetro/hora hablando de velocidad.

ここから よこはままで 30キロぐらいです。
Hay 30 kilómetros más o menos desde aquí hasta Yokohama.

わたしの たいじゅうは 50キロです。
Peso 50 kilos.

このにもつは おもさが5キロあります。
Este paquete pesa 5 kilos.

にほんのめんせきは やく 37まんへいほうキロメートルです。
La superficie de Japón es de aproximadamente 370.000 km^2.

11 Cómo escribir una carta en japonés

ふうとう 封筒	sobre	きって 切手	sello	はがき 葉書	tarjeta postal
あてな 宛名	destinatario	あてさき 宛先	destino	いんさつぶつ 印刷物	impreso
こうくうびん 航空便	correo aéreo	ふなびん 船便	correo por barco	こづつみ 小包	paquete
そくたつ 速達	correo urgente	かきとめ 書留	correo certificado	ポスト	buzón
げんきんかきとめ 現金書留	certificado de dinero en efectivo	ゆうびんばんごう 郵便番号	código postal	ゆうびんかわせ 郵便為替	giro postal

てがみのかきかた　Cómo escribir una carta

はじめのあいさつ　Saludo

ひづけ (fecha)　x 年 x 月 x 日 (x ねん x がつ x 日にち)
はいけい　Estimado Sr./Sra. (en cartas formales)
ぜんりゃく　Estimado Sr. /Sra. (en cartas informales)
おげんきですか　¿Qué tal estás?
ごきげんいかがですか　¿Cómo está usted?
(そのご) おかわりありませんか　¿Todo le va bien a usted (desde entonces)?

きせつのあいさつ　Referencia al clima o a la estación actual del año

さむく / あつく / すずしく / あたたかくなりました。
Ya va haciendo frío / calor / fresco / templado.

ほんぶん　Cuerpo de la carta, texto principal

むすび　Cierre, despedida

けいぐ　Afectuosamente (carta formal) / そうそう (carta informal)
それでは (お) げんきで。　Cuídese, por favor
(お) からだに きをつけてください。　Cuídese, por favor (más formal)
みなさんに よろしく おつたえください。　Recuerdos a todos
(お) へんじを たのしみにしています。　Espero su respuesta
さようなら / ではまた　Adiós / Hasta la próxima

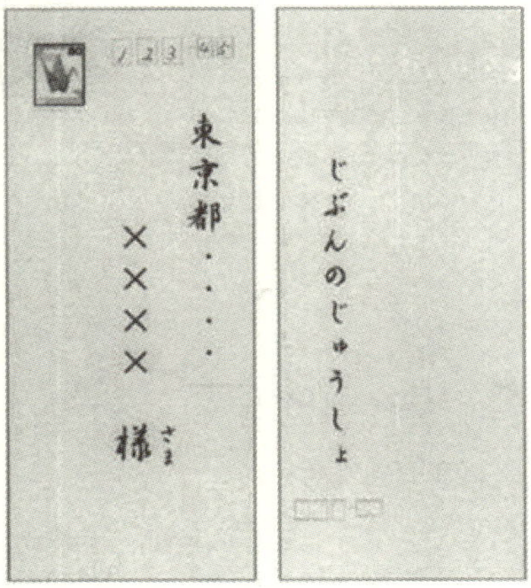

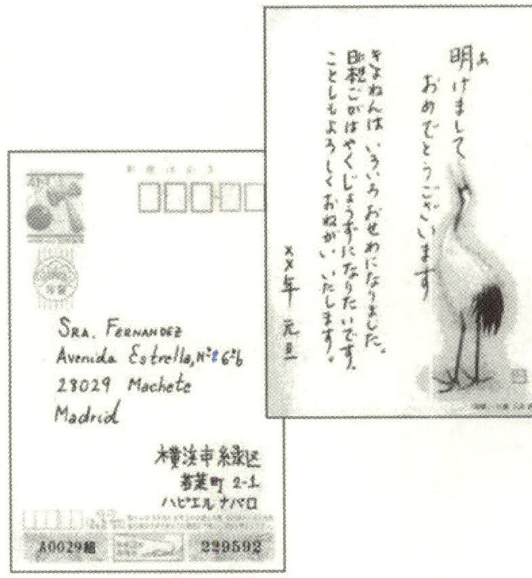

¡Feliz año nuevo!
Le agradezco toda su ayuda durante el año pasado.
Me gustaría mejorar mi nivel de japonés pronto.
Espero que este año nos sea próspero.

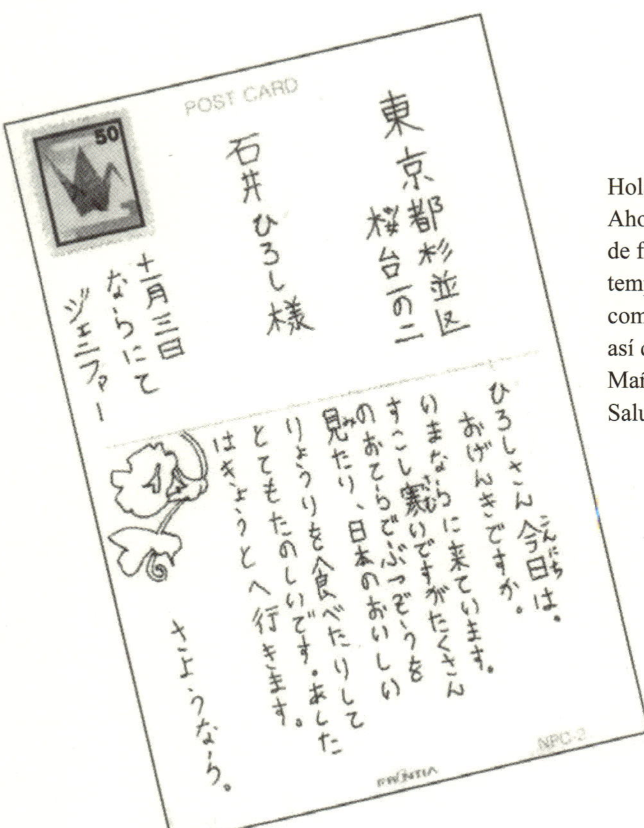

Hola Hiroshi, ¿cómo estás?
Ahora estoy en Nara. Hace un poco de frío, pero estoy visitando los templos, viendo las estatuas y comiendo sabrosa comida japonesa, así que estoy disfrutando mucho.
Mañana voy a ir a Kyoto.
Saludos.

12 Escribir notas

Para dejar un recado a alguien, dar un determinado aviso, pedir algo por escrito, o por ejemplo durante una ausencia, se suele dejar una nota. Escribirlas no es complicado pero hay que pensar muy bien a quién se está escribiendo. Cuando se escribe una nota a un superior es importante usar los términos de respeto.

Aquí veremos unos cuantos ejemplos para distintas situaciones.

Aviso de obras

おしらせ

このどうろはこうじのため
くるまがとおれません。

きかん: 2月2日ー2月20日

ごきょうりょくおねがいします。

Esta calle está cortada por obras.
Duración: del 2 al 20 de febrero.
¡Gracias por su colaboración!

Para un profesor

はやしせんせい、

きょうのごご２じにおや
くそくいたしましたが、
きゅうようでうかがえな
くなりました。べつのひ
にかえていただけないで
しょうか。

またおでんわいたします。

やまだ

Sr. Hayashi,

Desafortunadamente me ha surgido un asunto urgente y no podré reunirme con usted esta tarde a las 14:00 tal como acordamos. ¿No le importaría que nos reunamos otro día?

Le llamaré más tarde.

Yamada

Nota a un compañero de trabajo

メモ

やまださん、

５じごろもりさんから
でんわがありました。
あとででんわするそうです。

ゆみ

Sr. Yamada:

El Sr. Mori ha llamado a las 5 de la tarde.
Dice que volverá a llamar después.

Yumi

Nota de agradecimiento a un amigo

けんくん、

チケットありがとう。

_____のコンサートは
たのしかったです。

ユリ

Hola Ken,

Muchas gracias por la entrada. El concierto de ___ fue muy divertido.

Yuri

Recado para alguien de la familia

Si no te importa, grábame hoy las noticias de las 2 de la tarde.

En el canal 2, duran 30 minutos, desde las 2 de la tarde hasta las 2 y media.

Gracias.

Oferta

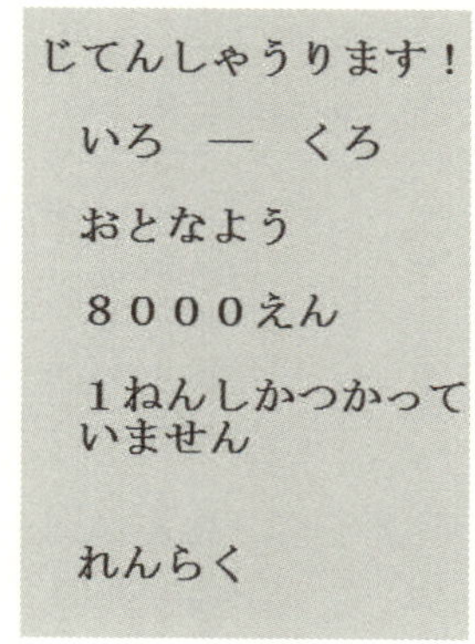

¡Se vende una bici!
Color: negro
Tamaño: adulto
Precio: 8000 yenes
Un año de uso
Contacto ___

Nota de la mujer al marido

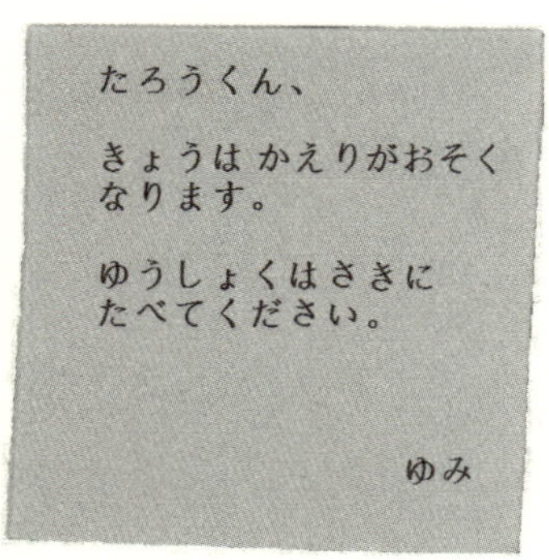

Taro,

Llegaré tarde esta noche. Ve cenando tú y no me esperes.

Yumi

Nota de una chica a una amiga, enfadada por la espera

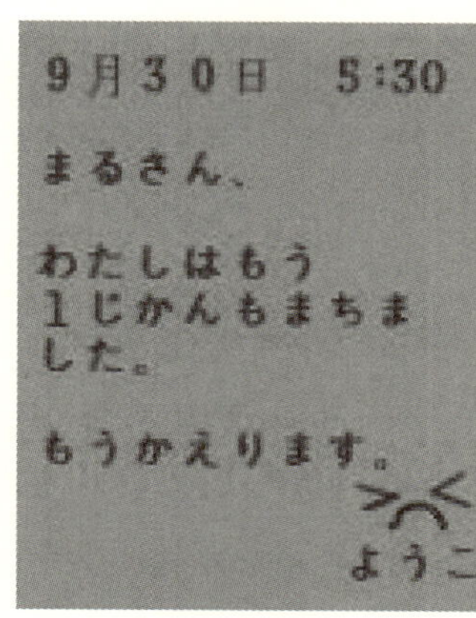

Maru, te he estado esperando una hora. Me vuelvo a casa.

Yoko

13 Profesiones

～いん empleado de / en		～か		～し	
かいしゃ	empleado de empresa	しょうせつ	novelista	べんご	abogado
ぎんこう	empleado de banco	ちょうこく	escultor	きょう	profesor
ゆうびんきょく	empleado de Correos	おんがく	músico	ぎ	ingeniero
としょかん	bibliotecario	さっきょく	compositor	ちょうり	cocinero
たいしかん	empleado de Embajada	が	pintor	りよう	peluquero
えき	empleado de estación	せいじ	político	びよう	peluquera
てん	dependiente	さっ	escritor	でんきぎ	electricista
こうむ	funcionario	けんちく	arquitecto		
		せんもん	especialista		
		まんが	dibujante de manga		

そのた Otros					
いしゃ	médico	がいこうかん	diplomático	しゅふ	ama de casa
はいしゃ	dentista	けいさつかん	policía	かんごふ	enfermera
けんきゅうしゃ	investigador	うんてんしゅ	conductor	じっしゅうせい	practicante
かがくしゃ	científico	かしゅ	cantante	*せんせい	profesor
つうやくしゃ	intérprete	じょしゅ	ayudante	せいと	alumno
そっきしゃ	taquígrafo	はいかんこう	fontanero	がくせい	estudiante
ひしょ	secretaria	しつぎょう	parado	むしょく	sin ocupación

* きょうし se emplea para referirse a la profesión de maestro o profesor, especialmente al hablar de uno mismo. A pesar de que es un error muy común, no se debe emplear せんせい para uno mismo puesto que es un término de respeto, aplicable además a otras profesiones como instructores, médicos, abogados, etc.

カタカナ　Profesiones en katakana					
プログラマー	programador	アシスタント	ayudante	かんこうガイド	guía turístico
マネージャー	mánager, director	エンジニア	ingeniero	インストラクター	instructor
デザイナー	diseñador, modista	インターン	internado	カメラマン	fotógrafo
ウェイター	camarero	スポーツせんしゅ	deportista	パイロット	piloto
ウェイトレス	camarera	タイピスト	mecanógrafo	アナウンサー	locutor
マスター	dueño	ボランティア	voluntario	ジャーナリスト	periodista

A: おしごとは なんですか。 ¿A qué se dedica? / ¿En qué trabaja?

B: – かいしゃいんです。 Soy **empleado de empresa**.
– いし(いしゃ)です。 Soy **médico**.
– がくせいです。 Soy **estudiante.**

Denominación de puestos

Jerarquías
En Japón, en las empresas, colegios, hospitales, etc., hay una serie de jerarquías laborales, las cuales determinan el nivel de respeto al hablar.

かいしゃ **Compañía, Empresa**
かいちょう Presidente del Directorio
しゃちょう Presidente de Empresa
ぶちょう Gerente de División
かちょう Jefe de sección
かかりちょう Encargado jefe
しゃいん Empleados

びょういん **Hospital**
いんちょう Director
ぶちょう Director Adjunto
ふちょう Jefa de Enfermeras

がっこう **Escuela**
がくちょう Rector (universidad)
こうちょう Director
えんちょう Director (guardería)

Nota: ちょう significa jefe, director...
してんちょう director de banco
えきちょう jefe de estación
しょちょう comisario
しちょう alcalde

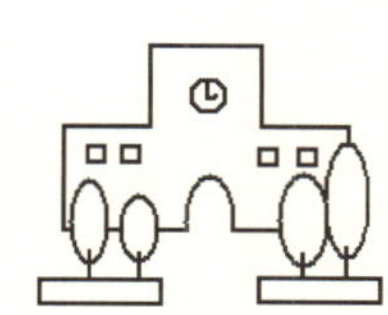

14 Lugares, habitantes e idiomas

Países くに / とし

Japón	日本	nihon	Australia	オーストラリア	oosutoraria
España	スペイン	supein	China	ちゅうごく	chuugoku
Italia	イタリア	itaria	Corea	かんこく	kankoku
Francia	フランス	furansu	Tailandia	タイ	tai
Alemania	ドイツ	doitsu	Filipinas	フィリピン	firipin
Grecia	ギリシャ	girisha	Rusia	ロシア	roshia
Portugal	ポルトガル	porutogaru	Egipto	エジプト	ejiputo
Suiza	スイス	suisu	Israel	イスラエル	isuraeru
Suecia	スエーデン	sueeden	Brasil	ブラジル	burajiru
Irlanda	アイルランド	airurando	Estados Unidos	アメリカ	amerika
Gran Bretaña	エイコク	eikoku	Canadá	カナダ	kanada
			Argentina	アルゼンチン	aruzenchin
Inglaterra	イギリス	igirisu	Venezuela	ベネズエラ	benezuera
Escocia	スコットランド	sukottorando	Perú	ペルー	peruu
Gales	ウエールズ	ueeruzu	Méjico	メキシコ	mekishiko
Bélgica	ベルギー	berugii	Ecuador	エクアドル	ekuadoru
Turquía	トルコ	toruko	Bolivia	ボリビア	boribia
Holanda	オランダ	oranda	Corea del Norte	きたちょうせん	kitachoosen
Noruega	ノルウェー	noruuee	Arabia Saudí	サウジ・アラビア	sauji arabia
Finlandia	フィンランド	finrando	Marruecos	モロッコ	morokko
Islandia	アイスランド	aisurando	Austria	オーストリア	oosutoria
Dinamarca	デンマーク	denmaaku	Nueva Zelanda	ニュージーランド	nyuujiirando
Polonia	ポーランド	poorando			

Continentes たいりく

Europa	ヨーロッパ	yooroppa	África	アフリカ	afurika
Asia	アジア	ajia	América	アメリカ	amerika
Oceanía	オセアニア	oseania	Antártida	なんきょく	nankyoku

Ciudades とし

París	パリ	pari	Atenas	アテネ	atene
Londres	ロンドン	rondon	Nueva York	ニューヨーク	nyuuyooku
Roma	ローマ	rooma	Venecia	ベネチア	benechia
Berlín	ベルリン	berurin	Florencia	フィレンツェ	firentse
Bruselas	ブリュッセル	buryusseru	Viena	ウイーン	uiin
Madrid	マドリード	madoriido	Amberes	アントワープ	antowaapu
Oslo	オスロ	osuro	Barcelona	バルセロナ	baruserona
Pekín	ペキン	pekin	Estocolmo	ストックホルム	sutokkuhorumu
Osaka	おおさか	oosaka	Praga	プラハ	puraha
Kyoto	きょうと	kyooto	Lisboa	リスボン	risubon
Seúl	ソウル	souru	Copenhague	コペンハーゲン	kopenhaagen
Singapur	シンガポール	shingapooru	Amsterdam	アムステルダム	amusuterudamu
Bangkok	バンコク	bankoku	Los Ángeles	ロス・アンゼルス	rosu anzerusu

Para formar la nacionalidad tenemos que añadir el sufijo じん al nombre del país, mientras que para formar el idioma le añadimos ご.

habitantes じん			idiomas ご		
japonés	にほんじん	nihon**jin**	japonés	にほんご	nihon**go**
chino	ちゅうごくじん	chuugoku**jin**	chino	ちゅうごくご	chuugoku**go**
español	スペインじん	supein**jin**	español	スペインご	supein**go**
francés	フランスじん	furansu**jin**	francés	フランスご	furansu**go**
alemán	ドイツじん	doitsu**jin**	alemán	ドイツご	doitsu**go**
griego	ギリシャじん	girisha**jin**	griego	ギリシャご	girisha**go**
inglés	イギリスじん	igirisu**jin**	inglés	えいご	ei**go**
coreano	かんこくじん	kankoku**jin**	coreano	かんこくご	kankoku**go**
italiano	イタリアじん	itaria**jin**	italiano	イタリアご	itaria**go**
portugués	ポルトガルじん	porutogaru**jin**	ruso	ロシアご	roshia**go**
árabe	アラビアじん	arabia**jin**	árabe	アラビアご	arabia**go**

A: (ご) しゅっしんはどちらですか。 ¿De dónde es usted?

B: バルセロナです。 De Barcelona.

A: (お) くにはどちらですか。 ¿De qué país es?

B: スペインです。 De España.

15 Kanji

かんじを　しろう　　**Vamos a aprender un poco de Kanji**

Los **radicales** (ぶしゅ bushu) son la parte o componente principal del kanji. Cada uno tiene su propio significado y es muy útil conocerlos ya que nos permiten clasificar los kanji y aprenderlos más rápidamente. Según su posición dentro del mismo se pueden clasificar en las siguientes siete categorías:

へん **HEN** Lado **izquierdo** del kanji	扌 - 持 氵 - 海　涙	たれ **TARE** Ángulo **superior izquierdo** del kanji	广 - 広　店 疒 - 病　疲
つくり **TSUKURI** Lado **derecho** del kanji.	刂 - 剣　判 欠 - 歌　次	にょう **NYOU** Ángulo **inferior izquierdo** del kanji	廴 - 建　延 辶 - 道　近
かんむり **KANMURI** Parte **superior** del kanji	⻗ - 電　雪 ⺮ - 答　筆	かまえ **KAMAE** Parte que **envuelve** al kanji, parcial o totalmente	囗 - 国　回
あし **ASHI** Parte **inferior** del kanji	心 - 思　意 儿 - 兄　元		門 - 問　聞

ひつじゅんのきまり　**Orden de trazos**. Al aprender los kanji hay que memorizar su orden de trazos correcto, que nos permitirá escribirlos correctamente con más facilidad y que queden visualmente más bonitos.
El orden de trazos básico es generalmente **de izquierda a derecha** y **de arriba abajo.**

1. De arriba abajo		6. Líneas exteriores primero	
2. De izquierda a derecha		7. Diagonal derecha primero	
3. Líneas centrales primero		8. Intersección vertical última	
4. Extremos primero		9. Intersección horizontal después	
5. Líneas horizontales primero			

memo

16 四字熟語 yojijukugo Expresiones compuestas

Estas expresiones compuestas están siempre formadas por cuatro *kanjis*. Se utilizan habitualmente de forma coloquial en la vida cotidiana y su uso hace más natural el idioma.

正々堂々 **sei sei doo doo** (cara a cara) (to tatakaimasu)

Jugamos limpio, luchamos dignamente (juramento de atleta).

以心伝心 **i shin** (corazón parecido) **den shin** (corazón transmitido)

"Telepatía", "comprensión mutua" (literalmente, "corazón parecido").

異口同音 **iku** (bocas distintas) **doo on** (un mismo sonido)

Al unísono.

一石二鳥 **isseki** (una piedra) **nichoo** (dos pájaros)

Matar dos pájaros de un tiro.

右往左往 **uoo** (ir a la derecha) **saoo** (ir a la izquierda)

Correr de un lado para otro, en total confusión.

一期一会 **ichigo** (última vez) **ichie** (encontrarse una vez)

Todo encuentro es único e irrepetible.

弱肉強食　**jyaku niku** (carne débil) **kyoo shoku** (el fuerte come)

El pez grande se come al chico.

百発百中　**hyappatsu** (100 tiros) **hyakuchuu** (100 aciertos)

Donde pone el ojo, pone la bala.

針小棒大　**shinshoo** (aguja pequeña) **boodai** (palo grande)

Hablar con exageración.

再三再四　**saisan** (otras tres) **saishi** (otras cuatro)

Advertir una y otra vez.

四角四面　**shikaku** (cuatro lados) **shimen** (cuatro caras)

Ser muy formal ("tetraedro").

七転八起　**shichiten** (caer siete) **hakki** (levantarse ocho)

Sobreponerse a las adversidades.

十人十色　**juunin** (diez personas) **toiro** (diez colores)

Cada persona tiene su propia opinión.

大器晩成　**taiki** (gran talento) **bannsei** (dar fruto tarde)

Los grandes talentos maduran lentamente.

17 Modismos más frecuentes

Desde antiguo, estas expresiones se utilizan con mucha frecuencia en la vida cotidiana. Se componen de dos o más palabras, cuyos significados resultan aparentemente contrapuestos entre sí.

A) Expresiones relacionadas con partes del cuerpo humano.

B) Expresiones relacionadas con la naturaleza (plantas, animales, etc.).

C) Expresiones relacionadas con colores, números, vida cotidiana, objetos, etc.

A)

modismos		traducción literal	sentido en español
顔	**kao cara**		
顔が利く	kaoga kiku	· la cara tiene efecto	· tiene mucha influencia
顔が広い	kaoga hiroi	· la cara amplia	· ser popular
顔に泥をぬる	kaoni dorowo nuru	· echar barro a la cara	· desacreditar a alguien
顔をたてる	kaowo tateru	· levantar la cara de alguien	· salvar el honor de alguien
あご	**ago barbilla**		
あごで使う	agode tsukau	· usar la barbilla	· ser muy mandón
あごを出す	agowo dasu	· sacar la barbilla	· rendirse
首	**kubi cuello**		
首になる	kubini naru	· cortar el cuello	· ser despedido
首が回らない	kubiga mawaranai	· no poder mover el cuello	· estar hasta el “cuello”de deudas
首を長くする	kubiwo nagakusuru	· alargar el cuello	· esperar con impaciencia

modismos	traducción literal	sentido en español
口 kuchi boca		
口がうまい kuchiga umai	· boca hábil	· tener mucha labia y poca sinceridad
口が重い kuchiga omoi	· boca pesada	· tener dificultad para expresarse o ser lento en la expresión
口が堅い kuchiga katai	· boca dura	· ser discreto y de confianza
口が軽い kuchiga karui	· boca ligera	· ser indiscreto e incapaz de guardar secretos
口を割る kuchiwo waru	· dividir la boca	· acabar por confesar
目 me ojo		
目が高い mega takai	· ojos altos	· tener buen ojo, buen instinto
目がない mega nai	· no tener ojos	· ponerse ciego de algo
目を三角にする mewo sankakuni suru	· poner los ojos en forma de triángulo	· enojarse, enfadarse
目と鼻の先 meto hananosaki	· la distancia entre los ojos y la nariz	· a dos pasos de aquí
目を丸くする mewo maruku suru	· poner los ojos redondos	· mirar con sorpresa
目をかける me wo kakeru	· fijarse en alguien	· favorecer, colmar de atención a alguien
目を皿のようにしてみる me wo sara no you ni shite miru	· poner los ojos como platos	· mirar atentamente
耳  **mimi oído**		
耳が痛い mimiga itai	· doler las orejas	· sentir remordimiento al oír algo
耳にたこができる mimini takoga dekiru	· salir callos en las orejas	· estar harto de oír algo
寝耳に水 nemimini mizu	· entrar agua en el oído al dormir	· sorprenderse al oír algo
耳がはやい mimi ga hayai	· tener el oído rápido	· estar siempre bien informado
鼻 hana nariz		
鼻が高い hanaga takai	· tener nariz alta	· estar orgulloso
鼻であしらう hanade ashirau	· tratar fríamente con la nariz	· tratar a uno con desprecio
鼻にかける hanani kakeru	· colgar de la nariz	· ser creído

modismos	traducción literal	sentido en español
頭 **atama cabeza** 		
頭がきれる atamaga kireru	· cabeza afilada	· sagaz, perspicaz
頭が古い atamaga furui	· cabeza vieja	· de mentalidad anticuada
頭にくる atamani kuru 	· llegar (el enfado) a la cabeza	· enrabietarse (no aguantar más)
頭を抱える atamawo kakaeru	· sostener la cabeza	· estar bloqueado, no encontrar solución
頭が下がる atama ga sagaru	· bajarse la cabeza	· sentir respeto
腹 hara vientre		
腹を決める harawo kimeru	· decidir con el vientre	· decidirse de forma irrevocable
腹がすわる haraga suwaru	· sentar el vientre	· ser imperturbable
腹の大きい harano ookii	· tener un vientre grande	· ser generoso
腹が黒い haraga kuroi	· tener el vientre negro	· ser mal pensado
腹を割って話す harawo watte hanasu	· hablar con el vientre abierto	· hablar sinceramente
尻 shiri culo		
尻が重い shiriga omoi	· tener el culo pesado	· tardar mucho en arrancar
尻に火がつく shirini higatsuku	· se incendia el culo	· estar apremiado por un negocio urgente
尻がおちつかない shiri ga ochitsukanai	· culo no se calma	· culo de mal asiento
足 ashi pie		
足を洗う ashiwo arau	· lavar los pies	· volver al buen camino
足が出る ashiga deru	· salirse los pies	· exceder el presupuesto
あげ足を取る ageashiwo toru	· coger la pierna levantada	· coger a uno en un desliz
足が棒になる ashi ga bou ni naru	· tener las piernas como un palo	· sentirse muy cansado

B)

modismos		traducción literal	sentido en español
水に流す	mizuni nagasu	· dejar correr el agua	· hacer borrón y cuenta nueva
馬があう	umaga au	· encontrarse dos caballos	· llevarse bien
芋を洗うような	imowo arau yoona	· como lavar patatas	· estar abarrotado de gente
人を食う	hitowo kuu	· comerse a una persona	· actitud insolente
うわの空で	uwano sorade	· encima del cielo	· estar en las nubes
いばらの道	ibarano michi	· un camino con espinas	· una vida muy dura

C)

modismos		traducción literal	sentido en español
あうんのこきゅう	a un no kokyu	· llevarse bien de la A a la Z	· buena compenetración
がが強い	gaga tsuyoi	· fuerte en sí mismo	· terco, cabezota
ぼつにする	botsu ni suru	· tirar algo	· anular, desechar
えりを正す	eriwo tadasu	· arreglarse el cuello	· prepararse para algo importante
ふところが寂しい	futokoroga sabishii	· corazón triste	· tener poco dinero
にしきをかざる	nishikiwo kazaru	· decorar la bandera con brocados	· volver triunfante a su tierra
白紙に戻す	hakushini modosu	· devolver un papel en blanco	· volver a empezar
一か八か	ichi ka bachi ka	· uno u ocho	· arriesgado
一目置く	ichimoku oku	· poner un ojo	· reconocer la superioridad de alguien
二の足をふむ	nino ashiwo fumu	· dar el segundo paso	· dudar antes de aceptar
二つ返事で	futatsu henjide	· con dos “sí”, “sí”	· hacer algo de buena gana
ピンからキリまで	pinkara kirimade	· desde “pin” hasta “kiri” (el mejor) (el peor)	· de todo hay en la viña del Señor
けたがちがう	ketaga chigau	· diferencia enorme en las cifras	· no tener comparación
わり切れない	wari kirenai	· número indivisible	· no cuadrar
手を足もでない	te wo ashi mo denai	· no poder mover manos ni pies	· quedarse bloqueado
ねこをかぶる	neko wo kaburu	· cubrirse con un gato	· hacerse la mosquita muerta
すねをかじる	sune wo kajiru	· morder las piernas de alguien	· vivir a costa de alguien

18 ことわざ kotowaza
Proverbios japoneses

Los japoneses usan los refranes con mayor frecuencia que los europeos. En conversaciones cotidianas, la gente de más edad usa frases proverbiales en momentos apropiados. Es interesante conocerlas y aprender algunas.

En japonés | En español

びんぼうひま
貧乏暇なし
binboohimanashii : No disponer de tiempo libre para nada.

binboo no es una marca de pan japonés; significa "pobre". Si se pregunta a un hombre de negocios rico e importante: "¿qué tal está?", éste puede contestar: "binboo himanashii desuyo", queriendo decir que no tiene tiempo para divertirse, en vez de querer decir que es pobre en sentido literal.

さる き お
猿も木から落ちる
sarumo kikara ochiru :
(Hasta los monos se caen de los árboles.)
El mejor escribano echa un borrón.

くち わざわい もと
口は災の元
kuchiwa wazawaino moto :
(La boca es la fuente de los problemas.)
En boca cerrada no entran moscas.

かげ
うわさをすれば影
uwasawo sureba kage:
(Puedo ver la sombra de quien hablas.)
Hablando del rey de Roma, por la puerta asoma.

たな
棚からぼたもち
tanakara botamochi :
(De la estantería cayó *botamochi* [comida muy apreciada])
Venir como caído del cielo.

ひと うわさ
人の噂も75日
hitono uwasamo 75 nichi :
(Los rumores tardan en pasar 75 días.)
Las palabras se las lleva el viento.

せんり みち いっぽ
千里の道も一歩から
senrino michimo ippokara :
(Una caminata de cien millas empieza con el primer paso.)
Zamora no se ganó en una hora.

い なか かわずたいかい し
井の中の蛙大海を知らず
ino nakano kawazu taikaiwo shirazu :
(La rana que vive en un pozo no sabe lo grande que es el océano.)
La ignorancia es atrevida.

るい とも よ
類は友を呼ぶ
ruiwa tomowo yobu :
(Amigos iguales siempre juntos.)
Dios los cría y ellos se juntan.

言(い)うは易(やす)し行(おこな)うは難(かた)し
iuwa yasushi okonauwa katashi:
(Es fácil decirlo pero difícil hacerlo.)
Del dicho al hecho hay mucho trecho.

三(み)つ子(ご)の魂(たましい)百迄(ひゃくまで)も
mitsugono tamashii hyakumademo:
(El alma de tres años dura hasta los cien.)
Genio y figura hasta la sepultura.

酒(さけ)は百薬(ひゃくやく)の長(ちょう)
sake wa hyakuyakuno choo:
(El sake, la mejor de entre 100 medicinas.)
El vino es el mejor de los remedios.

猫(ねこ)に小判(こばん)
nekoni koban:
(Dar dinero a los gatos.)
Echar flores a los cerdos.

蛙(かえる)の子(こ)は蛙(かえる)
kaerunoko wa kaeru:
(El hijo de una rana es otra rana.)
De tal palo tal astilla.

あばたもえくぼ
abatamo ekubo:
(Los granos se convierten en hoyuelos para los enamorados.)
El amor es ciego.

去(さ)るものは日々(ひび)にうとし
sarumonowa hibini utoshi:
(Lo que se va se olvida día a día.)
Ojos que no ven, corazón que no siente.

二兎(にと)追(お)うものは一兎(いっと)をもえず
nito oumonowa ittowomoezu:
(El que persigue dos liebres no alcanza ninguna.)
El que mucho abarca poco aprieta.

仏(ほとけ)の顔(かお)も三度(さんど)
hotokeno kaomo sando:
(Buda puede sonreir hasta tres veces.)
La paciencia tiene un límite.

灯台(とうだい)もと暗(くら)し
toodai moto kurashi:
(La base del faro está oscura.)
Lo que se tiene más cerca es lo que menos se ve.

馬(うま)の耳(みみ)に念仏(ねんぶつ)
umano mimini nenbutsu:
(Rezar al oído del caballo.)
Predicar en el desierto.

早起(はやお)きは三文(さんもん)の徳(とく)
hayaokiwa sanmonnotoku:
(Quien madruga encuentra dinero.)
A quien madruga Dios le ayuda.

百聞(ひゃくぶん)は一見(いっけん)にしかず
hyakubun wa ikkenni shikazu:
(Ver sólo una vez es como escuchar cien.)
Vale más una imagen que mil palabras.

意欲(いよく)あるところに道(みち)あり
iyokuarutokoroni michiari:
(Donde hay ganas hay camino.)
El que quiere puede.

一(いち)を聞(き)いて十(じゅう)を知(し)る
ichiwokiite juuwoshiru:
(Escuchar una cosa y saber diez.)
A buen entendedor pocas palabras bastan.

19 十二支 juunishi
El horóscopo en Japón

Raramente se le pregunta la edad a una mujer, ni siquiera en Japón, pero se le puede, probablemente, preguntar el signo del zodíaco y tratar de adivinar (irse por las ramas), que es más educado.

El 2014 es el año del caballo, el cual volverá después de 12 años.
Intenta buscar tu signo y comprueba si coincide con tu carácter.

Según el rito budista, si no respetas los cinco mandamientos en esta vida, te reencarnarás en la forma de tu zodíaco en tu próxima vida.

Los cinco mandamientos son:

1. No matar animales. 2. No cometer robos. 3. Evitar la lujuria.
4. No mentir. 5. Abstenerse de tomar alcohol.

¡Ya lo sabes, pórtate bien!

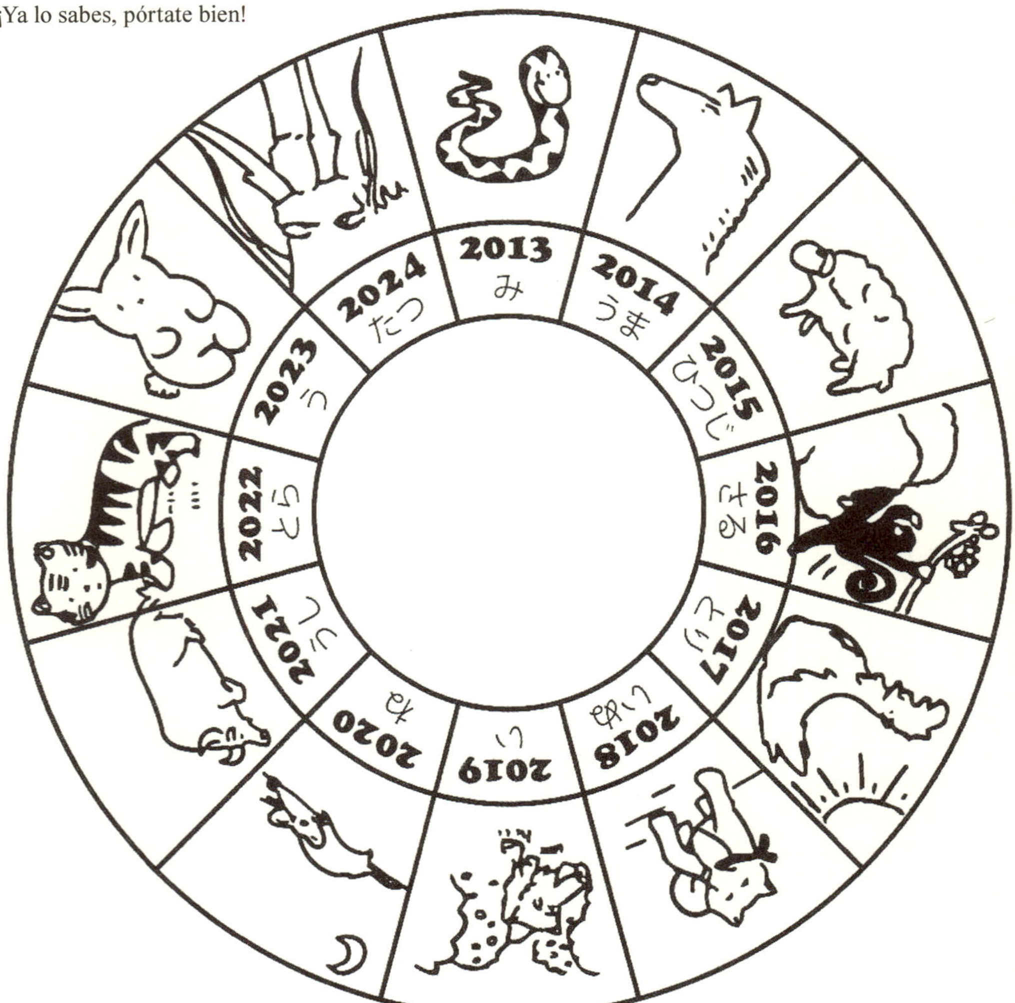

(1)	Rata	1924,	1936,	1948,	1960,	1972,	1984,	1996,	2008,	2020
(2)	Buey	1925,	1937,	1949,	1961,	1973,	1985,	1997,	2009,	2021
(3)	Tigre	1926,	1938,	1950,	1962,	1974,	1986,	1998,	2010,	2022
(4)	Conejo	1927,	1939,	1951,	1963,	1975,	1987,	1999,	2011,	2023
(5)	Dragón	1928,	1940,	1952,	1964,	1976,	1988,	2000,	2012,	2024
(6)	Serpiente	1929,	1941,	1953,	1965,	1977,	1989,	2001,	2013,	2025
(7)	Caballo	1930,	1942,	1954,	1966,	1978,	1990,	2002,	2014,	2026
(8)	Oveja	1931,	1943,	1955,	1967,	1979,	1991,	2003,	2015,	2027
(9)	Mono	1932,	1944,	1956,	1968,	1980,	1992,	2004,	2016,	2028
(10)	Gallo	1933,	1945,	1957,	1969,	1981,	1993,	2005,	2017,	2029
(11)	Perro	1934,	1946,	1958,	1970,	1982,	1994,	2006,	2018,	2030
(12)	Jabalí	1935,	1947,	1959,	1971,	1983,	1995,	2007,	2019,	2031

(1)	Rata	La gente nacida en el signo de la rata tiene buena fortuna, pero es exigente con las cosas pequeñas.
(2)	Buey	Muy pacientes. Logran alcanzar el éxito, pero son excéntricos.
(3)	Tigre	Sensibles pero temperamentales. Tranquilos, no se preocupan demasiado.
(4)	Conejo	El más afortunado. Charlatanes y ambiciosos.
(5)	Dragón	Saludables, enérgicos y honestos pero excitables y temperamentales.
(6)	Serpiente	Increíblemente afortunados con el dinero. Hablan muy poco y poseen sabiduría. Apasionados y hermosos.
(7)	Caballo	Muy alegres y habladores. Muy independientes. Gozan de la buena vida.
(8)	Oveja	Sabios y amables, pero tienden a apenarse fácilmente por los no afortunados.
(9)	Mono	Listos y hábiles en las operaciones a gran escala. Apasionados y de naturaleza fuerte, pero tienden a resfriarse.
(10)	Gallo	Pensadores profundos y siempre ocupados. Nada tímidos y bastante valientes. Excéntricos y no confían en la opinión de otra gente.
(11)	Perro	Tienen profundo sentido del deber, son honestos y poco habladores, algo egoístas y tercos. Sin embargo son buenos jefes en la industria.
(12)	Jabalí	La gente nacida en el año del jabalí no hace muchos amigos pero los hace para toda la vida. Bastante temperamentales, odian las riñas o debates.

20 Fiestas populares y celebraciones

1月1日　元日（がんじつ）　Día de Año Nuevo

Es la celebración del Año Nuevo, el día más especial del calendario. Durante los primeros siete días, los recibidores de las casas son decorados con dos pequeños pinos y ramas de bambú, también decorado con hojas de helecho y *yuzu*, una especie de naranja amarga. La gente bebe un sake llamado toso sazonado y toman una sopa llamada zooni, que es un caldo con torta de arroz.

El 2º lunes de Enero　成人の日（せいじんのひ）　Día de la Mayoría de Edad

Dedicado a los jóvenes que cumplen 20 años. Sus familiares y amigos les alientan a independizarse de la familia.

2月11日　建国記念の日（けんこくきねんのひ）　Fundación del País

En este día se muestra el patriotismo y se medita sobre el origen del país. De acuerdo con la mitología, el día corresponde al primer día de ascensión al trono del primer Emperador, el Emperador Jimmu, antepasado de la familia imperial actual.

3月21日ごろ (aprox.)　春分の日（しゅんぶんのひ）　Día del Equinoccio de Primavera

Día del Equinoccio de Primavera, alrededor del 20~23 de Marzo. Durante esta semana los templos budistas mantienen servicios especiales y la gente visita las tumbas de sus ancestros para mostrar su respeto.

4月29日　昭和の日（しょうわのひ）　Cumpleaños del Emperador de la era Showa

Este día era el cumpleaños del Emperador de Showa. Hoy en día se recuerdan los tiempos pasados y se celebra el progreso del país.

5月3日　憲法記念日（けんぽうきねんび）　Día de la Constitución

El día de la Constitución es el aniversario de la presente Constitución, que data de la Segunda Guerra Mundial.

5月4日　みどりの日（みどりのひ）　Día de la Naturaleza

Es un día para acordarse y disfrutar de la naturaleza.

5月5日　こどもの日（こどものひ）　Día de los Niños

El festival de los niños. Este día se enarbola una carpa hecha de tela o papel sobre un palo alto. El deseo es que los niños lleguen a ser tan fuertes y valientes como las carpas.

*ゴールデンウィーク

* ゴールデンウィーク： Significa “Semana de Oro”. Es una semana de vacaciones que incluye el Día de la Constitución y una serie de fiestas nacionales.

El 3º lunes de Julio　海の日（うみのひ）　Día del Mar

Es un día para rendir tributo al mar y gozar de la prosperidad de una nación marítima.

El 3º lunes de Septiembre　敬老の日（けいろうのひ）　Día de la Tercera Edad

Día de los ancianos. Se celebra por respeto a las personas mayores en general, dándoles las gracias y deseándoles una larga vida. Reconocimiento hacia las personas que han contribuido activamente a la sociedad durante muchos años.

9月23日ごろ (aprox.)　秋分の日（しゅうぶんのひ）　Día del Equinoccio de Otoño

Equinoccio de Otoño. Al igual que en el de primavera, se visitan los templos con servicios especiales y se veneran las tumbas de los antepasados.

El 2º lunes de Octubre　体育の日（たいいくのひ）　Día del Deporte y la Salud

Día de los deportes. Se promueve la salud física y mental. Antes se celebraba el día 10 de Octubre en conmemoración de los Juegos Olímpicos de Tokio en 1964.

11月3日　文化の日（ぶんかのひ）　Día de la Cultura

En el Día de la Cultura se acentúa la importancia de la ciencia y se recuerda a quienes han contribuido al avance científico y cultural del país. Ese día los Emperadores imponen medallas a personajes destacados.

11月23日　勤労感謝の日（きんろうかんしゃのひ）　Día de Acción de Gracias por el Trabajo

Día del trabajo. Promociona el respeto hacia trabajo.

12月23日　天皇誕生日（てんのうたんじょうび）　Día del cumpleaños del Emperador

El día del cumpleaños del Emperador, es costumbre que la familia imperial aparezca en el balcón del Palacio Imperial y salude al público. Ese día se puede acceder al recinto del Palacio.

21 Acontecimientos anuales

Hatsumôde　初詣で
Primera visita al templo al principio del año. Las personas rezan por una larga vida y felicidad el día de Año Nuevo. En este día se comportan de forma muy piadosa aunque durante el resto del año ni se acuerden de ello, pero gracias a esto los templos, tanto budistas como sintoístas, recaudan una gran cantidad de dinero, de tal forma que incluso se necesitan varias personas para contar el dinero durante varios días.

Shinnenkai 新年会
Fiesta para celebrar el año nuevo entre colegas de trabajo y conocidos de negocios, amigos, etc. Es uno de los eventos anuales para las compañías japonesas y se celebra pocos días después de Año Nuevo, siempre con bebida, "sake", por supuesto.

Yukimatsuri 雪祭り
Festival de la nieve, que se celebra cada año en febrero en Sapporo, ciudad que hace años albergó los Juegos Olímpicos de Invierno y tuvo mucho éxito, y que está situada en la isla de Hokkaido. Se caracteriza por elaborar esculturas e imágenes de nieve que se muestran a lo largo de las principales calles.

Setsubun　節分
Día festivo víspera del día inicial de la primavera en el calendario lunar. En la celebración se lanzan semillas de soja asadas gritando "¡fuera los demonios! ¡dentro la buena suerte!". La soja es símbolo de salud. Este día se sigue usando la soja como un arma para luchar contra los demonios.

Hinamatsuri　雛祭
Festival de las muñecas, también llamado Festival de las Niñas. Se celebra en marzo. Era costumbre que se exhibieran graciosas muñecas del emperador, la emperatriz y las personas de la corte de la época Heian (s. VII) para celebrar la salud de las niñas y desear que fueran tan recatadas y agraciadas como los nobles de Heian. Es una costumbre que los abuelos se las regalen a su primera nieta.

Hanami　花見
Observación de la flor del cerezo. Tiene lugar en plena primavera y mucha gente visita los lugares famosos por ello. Se pasea bajo los cerezos en flor y la gente come, bebe, canta y baila alegremente en un ambiente festivo. En ocasiones hay personas que se emborrachan y tienen problemas con la policía.

Tsuyu　梅雨
Época de lluvias que tiene lugar a principios del verano, a partir de mediados de julio, y que tiene una duración de tres o cuatro semanas. Es desagradable y pesada para la gente pero el agua resulta indispensable para la agricultura. Durante esta estación los campesinos están muy ocupados en trasplantar el arroz, que es el alimento principal de los japoneses y se cultiva por todo el país, especialmente en el norte, donde se produce un arroz de calidad superior.

Taue　田植え
Trasplante de las plantas de arroz a los campos. Se realiza durante la temprana estación de lluvia en verano y es conducido por los agricultores. Se considera una ocasión próspera para los granjeros.

Tanabata 七夕

Festival de las Estrellas, que se celebra el 7 de julio. Se decoran las varas de bambú con largas tiras de papel de colores sobre el que se han escrito poemas y deseos, y otros adornos coloridos. En algunas zonas la costumbre es arrojar los adornos y el bambú al río para ver que floten y traigan felicidad a la familia.

Obon お盆

Festividad budista de los difuntos que se celebra alrededor del 15 de julio. Es el tiempo en el que se cree que los espíritus de los difuntos visitan a sus familias. La gente hace fuegos de Bon para guiar a los espíritus a sus casas, bailan la danza de Bon y visitan las tumbas de los antepasados para confortar a los espíritus. Equivale al Día de Todos los Santos en España.

Bon odori 盆踊り

Baile folclórico celebrado por las tardes de la época de obon. El escenario se coloca en el templo o en su recinto y hombres y mujeres se ponen el kimono de verano "yukata" y danzan en círculo hasta la madrugada. El motivo es dar la bienvenida y consolar a las almas de los difuntos.

Keirô no hi 敬老の日

Día de la Tercera Edad. Se celebra el 15 de septiembre y es un día en honor a los ancianos. La Nación desea a las personas una larga vida y les agradece haber contribuido a la sociedad por muchos años.

Momijigari 紅葉狩り

Caída otoñal de las hojas. En Japón en otoño los árboles se tiñen de inflamados colores y se convierten en una escena hermosa e indescriptible. Cuando las hojas cambian de color la gente va a admirarlas para disfrutar de la belleza de este fenómeno natural.

Shichi gosan 七五三

Fiesta para los niños de 3 y 5 años y las niñas de 3 y 7 años. Los padres los llevan al templo para expresar su agradecimiento a los dioses y rezar por la protección divina.

Boonenkai 忘年会

Fiesta de fin de año. Se celebra para olvidar las cosas desagradables del año anterior y para dispensar una buena acogida al nuevo año. Generalmente se celebra entre amigos o compañeros de negocios.

Oomisoka 大晦日

Nochevieja. Con ocasión de este día, la gente come *toshikoshisoba* (fideos que se comen en nochevieja) y permanece hasta la media noche para escuchar las 108 campanadas de Nochevieja. Cada cadena de televisión informa en distintas provincias, mostrando costumbres típicas en un ambiente solemne.

Joya no kane 除夜の鐘

Son las 108 campanadas que se dan en los templos a medianoche el día de Nochevieja. Con este sonido se despide al año pasado y se recibe al nuevo año con los brazos abiertos. En el mundo budista, el ser humano tiene 108 bajas pasiones o deseos pecaminosos, de ahí el número, y se dice que al escuchar el sonido de las campanadas podemos liberarnos de ellos. En España es como los llamados siete pecados capitales. En Japón los pecados son pequeños pero muchos.

Mapa de Japón

Japón está compuesto de cuatro islas principales: Hokkaido, Honshuu, Kyuushuu y Shikoku, y más de 4000 islas de menor tamaño. Actualmente está dividido en 47 divisiones administrativas: 1都（いっと, significa tookyooto） 1道 (いちどう, hokkaidoo） 2府（にふ, oosakafu y kyooto） 43 県（よんじゅうさんけん, prefecturas).

Antiguamente la ciudad de Kyooto, literalmente “ciudad capital” , era la capital de Japón. Más tarde, ésta se trasladó a una ciudad situada en el este 東 **too**. De ahí viene el nombre de 東京都 tookyooto, capital del Este.

Nota: Los nombres de las ciudades están escritas en romaji siguiendo la pronunciación japonesa, donde la doble “oo” corresponde a una “o” larga

1 hokkai**doo**
2 aomoriken
3 iwateken
4 miyagiken
5 akitaken
6 yamagataken
7 fukushimaken
8 ibarakiken
9 tochigiken
10 gunmaken
11 saitamaken
12 chibaken
13 tookyoo**to**
14 kanagawaken
15 niigataken
16 toyamaken
17 ishikawaken
18 fukuiken
19 yamanashiken
20 naganoken
21 gifuken
22 shizuokaken
23 aichiken
24 mieken
25 shigaken
26 kyooto**fu**
27 oosaka**fu**
28 hyoogoken
29 naraken
30 wakayamaken
31 tottoriken
32 shimaneken
33 okayamaken
34 hiroshimaken
35 yamaguchiken
36 tokushimaken
37 kagawaken
38 ehimeken
39 koochiken
40 fukuokaken
41 sagaken
42 nagasakiken
43 kumamotoken
44 ooitaken
45 miyazakiken
46 kagoshimaken
47 okinawaken

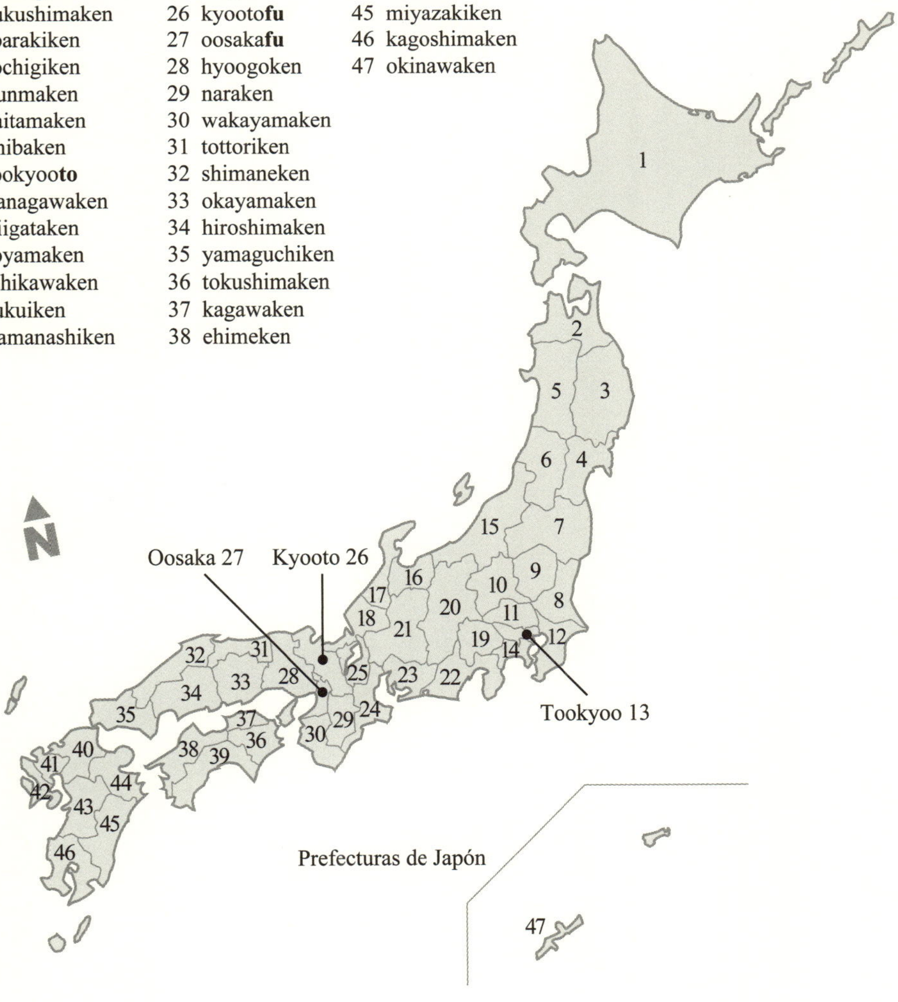

Prefecturas de Japón

Glosario Japonés

な

は

ま

や

ら

Sobre la autora

Yoko Nakazawa

Licenciada en Filología y Ciencias de la Educación por la Universidad Aoyama Gakuin de Tokyo. Especializada en la enseñanza de inglés y japonés para extranjeros. Se licenció en Enseñanza de Inglés para Extranjeros en el Moray House College of Education en Edimburgo, e impartió clases en el Instituto Tsurumi Girls High School de Yokohama. Asimismo, realizó varios cursos de especialización en la enseñanza de japonés , como el Curso para la Formación de Profesorado de Lengua Japonesa del NAFL Institute, y obtuvo una beca en el Programa de Enseñanza para Profesores de Japonés para Extranjeros, en el Japanese Language Institute de la Fundación de Japón.
Reside en España desde 1989, donde se dedica a la enseñanza de japonés e inglés, habiendo impartido clases de japonés en diversas escuelas, como el Colegio Mayor Nuestra Señora de África, o la Academia Language Studies. Asimismo, ha realizado varios cursos sobre arte y cultura española, como el Diploma de Estudios Hispánicos de la Universidad Complutense de Madrid.
En 2003, publicó el libro *Vocabulario Clasificado de Español y Japonés* por la Editorial Hiperión. En 2007 publicó el libro *Manual de Japonés Básico* por la Editorial Pearson.

PRIMERA EDICIÓN, septiembre 2014
DECIMOCUARTA EDICIÓN, abril 2025

TÍTULO: *KOI, manual básico de japonés*
AUTOR: Yoko Nakazawa

C/ Domingo Juliana, 16, 33213, Gijón, España
www.satoriediciones.com

Diseño de cubierta: Juan Hernaz

Impresión: Kadmos

ISBN: 978-84-942390-1-4
Depósito legal: AS 01292-2018